Tim Cook
The Genius Who Took Apple to the Next Level
ティム・クック
アップルをさらなる高みへと押し上げた天才

リーアンダー・ケイニー［著］
堤 沙織［訳］

SB Creative

序論　うまくやってのける

「ある個人が理想のために立ち上がり、多くの人々の生活を改善するために行動し、不正に立ち向かうとき、その度に、その人は希望の小さなさざ波を送り出し、それは異なる100万もの源泉から送り出されたエネルギーや勇気のさざ波と交わり、やがて潮流となって抑圧や障害の巨大な壁を押し流す。」

ロバート・F・ケネディ

2011年、ティム・クックがアップルの最高経営責任者（CEO）を引き継いだとき、そこには埋めなければならない大きな空白があった。世界で最も大きく革新的な企業の1つが、その先見の明を持つ創設者を失ったばかりだった。スティーブ・ジョブズと彼が共同で設立した企業は、象徴としての存在を超えていたため、専門家たちは彼の死が悲惨な事態を引き起こすと予想した。Androidとの競争の激化や、将来の製品に対する不安が相まって、クックは運転席に足を踏み入れた瞬間に、すべてを失うように思われた。

しかし、批評家たちは間違っていた。クック主導のもと、アップルは目まぐるしい8年間を、完全にうまくやってのけている。ジョブズの死後、アップルは最大の節目を迎えた。世界初の1兆ドル（約110兆円）企業となり、世界中で最も価値のある企業となったのだ。株価はほぼ3倍になり、現金保有高は2010年から4倍以上に増え、2672億ドル（約30兆円）を記録した――自社株買いおよび配当金としての支出が、約2200億ドル（約25兆円）あったにもかかわらずである。比較のため挙げておくと、米国政府ですら、利用可能な現金は2710億ドル（約30兆円）しか保有していない。

ティム・クックがCEOになってから、アップルがどれほど並外れた成果を上げているかは、私がこの本を書いている2018年の第1四半期に、883億ドル（約9兆8000億円）の収益と、200億ドル（約2兆2000億円）の利益を上げたことを考えれば一目瞭然である。一方、フェイスブックの利益は、2017年の丸1年間で406億ドル（約4兆5000億円）だ。あまり大きな声では言えないが、ライバルであるマイクロソフト――ハイテク業界でかつて最大の企業だった――が、2017年の丸1年間で得た900億ドル（約10兆円）を、アップルはたった3カ月で稼いでいる。

クックのアップルは、ほとんどすべての部門において、競合他社を圧倒している。

- iPhoneは、史上最大の成功をおさめた製品だ。発売されてから10年間、そのうちの4年間はジョブズ主導のもと、残りはクック主導のもとで、アップルは12億台以上のiPhoneを販売している。累計販売額は、iPhoneだけで1兆ドル（約110兆円）に達している。Androidはより多くの端末を出荷しているようだが、収益はアップルのほうがはるかに高く、モバイル業界全体の利益の80%を独占している。アップルが高額な端末を30～40%の利益率で販売しているのに対し、業界他社は利益率の極めて低い低価格帯の製品市場で、残りの利益をめぐり争っている。iPhone Xとその次世代機により、アップルのマーケットシェアは拡大し続けており、競合他社はますます小さくなる利益の残りかすをめぐって、争うほかないのが現状だ。

●アップルはコンピューター部門でも成功をおさめている。コンピューターはiPhoneの脇役的存在ではあるが、同社はここ数十年で初めてPC市場のシェアを拡大している――そして拡大し続けている唯一の企業である。PCの売り上げは、2011年のピークから、市場全体で26％下落しており、タブレットとスマートフォンのおかげで、PC市場が回復する見込みはないかに思えた。しかしクックが引き継いだ後のアップルは、2011年の5％から今日の7％まで、わずかではあるが着実に市場を拡大している。決して大きな進歩とは言えないが、iPhoneと同様、アップルは高価格帯の製品市場で業績を伸ばしている唯一の企業なのだ。

●アップルはウェアラブル端末によって、まったく新しい産業を生み出した。2015年4月に発売されたApple Watchは、ティム・クック時代において、スティーブ・ジョブズの息のかかっていない最初の主要製品だった。これは思いがけないヒットを生み、同製品の着用者は4000万人を超え、売上高は四半期ごとに50％増加した。アップルの時計部門は、すでにロレックスよりも大規模なものになっている。AirPodsもまたヒットをおさめた製品だ。新たなHomePodスピーカーも登場し、アップルのスマートオーディオ事業は、年間100億ドル（約1兆1000億円）を超える可能性がある。

・アップルのサービス部門もまた、桁外れな成長を遂げている。2018年第2四半期には91億ドル（約1兆円）の貢献を果たし、アップルで2番目に収益の大きい事業となった。もしサービス部門が独立した企業であったなら、フォーチュン500（『フォーチュン』誌による全米企業上位500のランキング。順位は総収入によって決定し、毎年更新されている）に選ばれていただろう。一部の専門家は、音楽配信やアプリ、デジタル購読の販売を基盤とするサービス事業が、2020年までに500億ドル（約5兆5000億円）規模まで成長すると予想している。これはMacとiPadを足した以上の大きさだ。ディズニーやマイクロソフトをも上回る規模である。

そしておそらく、最高の時はまだ来ていない。アップルが密かにロボットカーを製造しているという噂があり、もし成功すれば、携帯電話業界を圧倒したのと同じように、2兆ドル（約220兆円）規模の世界の自動車産業を崩壊させる恐れがある。GMとフォードは、ノキアとモトローラのような終わりを迎えるかもしれない。

アップルは世論をものともせず、ティム・クック体制のもとで、かつてないレベルの成功を楽しみ、その将来は明るく輝いている。ジョブズの死後、才能ある社員の多くがアップルを去り、鍵となるプレイヤーがライバル社に引き抜かれるのではないかという恐れがあったが、クックはジョブズから引き継いだマネジメントチームを強く団結させ、そこを自ら採用した賢く実績のある社員たちを補った。彼はジョブズの死後の不安定な時期に、アップルをうまく軌道に乗せ、信じられないほどの成長に結びつけただけでなく、社内文化の改革を導いてもいた。

アップルはクックのもとで、以前のような冷酷で殺伐とした職場ではなくなった。そのために主要製品が白紙に戻ったり、利益が減少したりすることもなかった。ジョブズはチーム同士、個々の役員同士でさえよく競い合わせたが、クックはより円満な方法を好み、以前は自分たちのことしか考えていなかったチーム同士が協調する機会を増やし、対立といざこざの元凶だった少数の役員たちを立ち去らせた。

企業は良い価値観と一体となった戦略をとるべきだと、クックは強く信じている。2017年末、アップルの経営における6つの核となる価値観が、人目につかない財務諸表の中でひっそりと公開され、その後アップルのウェブサイト上に独自のページが作られた。クックやアップルが、正式な場でこれらに言及したことはないが、ここ8年における彼のリーダーシップのスタイルを見ると、これら6つの価値観は次の通りで、リーダーとしての彼をより明確にし、アップルでこれまで行ってきたすべての土台となっているようだ。

【1】アクセシビリティ：アップルは、アクセシビリティを基本的人権ととらえ、テクノロジーはすべての人に利用可能なものであるべきだと考える。

【2】教育：アップルは、教育を基本的人権ととらえ、質の高い教育を誰でも受けられるようにすべきだと考える。

【3】環境：アップルは、製品のデザインと製造過程において、環境に対する責任を果たす。

【4】インクルージョンとダイバーシティ：アップルは、多様性のあるチームが革新を可能にすると考える。

【5】プライバシーと安全性：アップルは、プライバシーを基本的人権ととらえ、すべてのアップル製品は、顧客のプライバシーと安全を徹底的に保護するためにデザインされている。

【6】サプライヤー責任：アップルは、サプライチェーンで働く人々を教育し、その成長を支援し、最も貴重な環境資源の保護に取り組んでいく。

本書を執筆中に、これら核となる価値観が、クックのアップルにおけるリーダーシップの基盤となっていることに確信が持てた。これより読者は、彼がアップルに入社した初日から今日まで、これらの基盤をどのように手に入れ、どうやってアップルの基盤としていったかを知ることになる。本書では、クックが人生を通してこれらの価値観をどのように発達させ、それらがアップル文化の心臓部と魂をどうやって支えてきたのかを探っていく。そのために彼がトップの役職を引き継ぐことになった経緯や、それがどれほど危険な賭けだったのかを考察し、その後は彼の幼少期まで遡り、早期のキャリアやアップルに移ってからの仕事ぶりを順番に論じていく。

シリコンバレーで最も大きな本社の1つであり、最近完成したばかりの未来的な宇宙船型本社に落ち着いてから、アップルはまだ征服していない業界――例えば医薬品や健康、フィットネス、自動車、スマートホーム――に参入するという、第3の大きな行動に向けた準備をしている。アップルにおけるクックの在任期間は、すでにビジネス界では伝説級となり、アップルと世界に対する彼の貢献が、適切に称賛されるべき時期に来ている。何しろ彼は、アップルを世界初の1兆ドル企業に導いたのだ。これより先は、アップルを目がくらむような高みまで押し上げた静かなる天才、ティム・クックの物語である。

リーアンダー・ケイニー

目次

第6章 スティーブ・ジョブズの後を引き継ぐ —— 139

第7章

魅力的な新製品に自信を持つ

第8章

より環境に優しいアップル——217

第 1 章

スティーブ・ジョブズの死

2011年8月11日、ティム・クックは自らの人生を変えることになる1本の電話を受けた。電話の相手はスティーブ・ジョブズで、彼は、自宅まで来るようクックに頼んだ。このとき、膵臓《すいぞう》がんと先日受けた肝臓移植の治療が快方に向かっていたジョブズだが、2003年にがんの診断を受け、初めのうちは治療を拒んでいた。でも、身体を蝕《むしば》む病と闘うため、次第に大がかりになっていく手術を何度か経験していた。クックはその電話に驚き、いつそちらへ向かえばいいのか尋ねると、ジョブズは「今だ」と答えた。重要な用件だとわかった彼は、すぐにジョブズの家へ向かった。

到着すると、ジョブズはアップルのCEOをクックに引き継いでほしいと話した。ジョブズの計画では、自分はCEOの座を退き、半引退という形をとって、アップルの取締役会会長に就任することになっていた。彼の容態はかなり悪かったが、2人ともそれが一時的なものだと信じていた。あるいは少なくとも、信じているように振る舞った。

ジョブズが診断を受けたのは数年前のことだったが、彼は長年この病とともに生きており、仕事を休んだり、アップルから退いたりすることを拒み続けていた。ジョブズは常に断固として後退することを拒み、病気が深刻であることも認めようとしなかった。そしてこのときの彼は、病を克服できると心から信じていた。

ジョブズとクックの双方にとって、会長というジョブズの新たな役職は、名誉の称号でも、株主たちを満足させておくためのものでもなかった。それは彼がアップルの今後の進路を監督し、導いていくために必要な仕事だった。『ニューヨーク・タイムズ』紙とヤフーで記者を務めているデビッド・

ポーグは、次のように記している。「会長になっても、ジョブズがゴッドファーザーであり続ける可能性は高い。彼は依然として多くの糸を操り、慎重に作り上げたチームに自らのビジョンを伝え、会社が進む方向について意見していくだろう」。ジョブズはすでに1度アップルを去っている。しかし、世界で最も革新的な企業の1つにした今、もう一度そこを去る気は毛頭なかった。

重要な8月のその日、ジョブズとクックがCEOの引き継ぎについて話し合う中で、クックはスティーブの「ゴッドファーザー」としての役割を話題に挙げた。2人は自分たちが新たな役職において、どのように協力して仕事をしていくかを話し合ったが、スティーブがどれほど死に近づいているのかに気づいてはいなかった。「私は……スティーブが、もっとずっと長く生きるだろうと思っていました」。当時の会話を振り返りながら、クックはそう語った。「会長になる彼とともにCEOになることが、私にとって何を意味するかについて、あらゆる点から議論を交わしました」と彼は回想した。

ジョブズに「君がすべての決断を下すんだ」と言われたとき、クックは何かがおかしいと感じた。ジョブズは決して、自ら進んで手綱を譲るような人物ではなかった。そのためクックは「それはつまり、もし私がある広告を再検討して良いものができた場合、あなたのオーケーなしに運用してもいいということ？」といった質問をして、彼を駆り立てるものを探し当てようとしたという。するとジョブズは笑って「うーん、少なくとも一言はほしいね！」と答えた。クックは2、3度「本当に私にCEOになってほしいのですか？」と尋ねた。ジョブズがその時点では回復に向かっているのを見て、必要ならCEOに戻ってもらう心持ちでいたという。

広告についての質問に対するジョブズの返答は、意味深長なものだった。彼は口を出さずにはいられない性分で有名で、このことは、すでに日々の運営を任されているのはクックであるにもかかわらず、ジョブズがアップルを監督し続けるだろうと彼が考えるにいたった主な理由の1つだった。最高執行責任者（COO）としての役割を果たすため、クックはすでに数年にわたって大いに腕をふるってきたが、その間もCEOの座はジョブズのものだった。そしてすべての形式的な責任から遠ざかっていたにもかかわらず、ジョブズは依然として会社にとって重要な存在であり続けた。

クックは彼を巻き込むのを止めなかった。「平日や時には週末にも彼の自宅へ行っていましたが、会う度に回復しているように見えたのです。彼自身もそう感じていました」。ジョブズとアップルのPRチームは、両者とも彼が病気を患っていることを否定し続けた。彼が死に近づいているとは、誰も認めようとしなかった。しかし「残念ながら、そううまくはいきませんでした」とクックは語った。それからたった数カ月後、ジョブズの訃報は世界中に衝撃を与えた。

クックは取るに足りない人物

ジョブズの後継者を決める段階になったとき、アップルの取締役会は社外から適任者を選ぶ可能性が高いという噂が流れたが、事実は全く異なっていた。取締役会は、時に物議をかもすほどジョブズに忠実で、彼がその役職に選んだ人物ならば、たとえ誰であっても常に受け入れようとしていた。ジョブズはアップルの文化に「染まった」社内の人物を求めており、その要件をクックほど完璧に満たす人物はいないと確信していた。先の2度にわたる自らの不在時に、アップルの指揮を任せるほど信頼を置いていたのだ。

長年にわたりアップルを陰で指揮してきたクックは、ジョブズの後継者として理にかなった人物であったが、外部の多くの人々にとっては、彼のCEOへの昇進は想定外のことだった。アップルの社外はもちろん社内にさえ、クックが先見の明をもち、誰もがアップルに必要だと考えるジョブズのようなタイプのリーダーであるととらえる者はいなかったからだ。アップルでジョブズの次に先見の明のある人物として広く認知されていたのは、クックではなく、チーフデザイナーのジョニー・アイブだったのである。

なぜなら、彼のようなオペレーションに対する能力と経験のある人物は他にいなかったからである。アイブは初代iMacの時代から、ジョブズと緊密に協力しながら仕事を行ってきた。このコンビは10年以上かけて、アップルをデザイン主導の組織へと作り変え、アイブは多くのアップル製品のプロモーションビデオに登場し、彼個人がカルト的地位を築いていた。彼はiMacやiPod、iPhone、そしてiPadのデザインで多くの注目に値する賞を受賞し、結果としてその顔は広く一般に知られることとなった。

一方のクックは、それに比べて非常に謎めいた人物だった。製品のビデオに出演したことが一度もなく、ジョブズの体調が悪化した際にほんの数回、製品発表の場に姿を見せただけだった。彼はこれまでのキャリアにおいて、ほとんどインタビューを受けたことがなく、不十分な知識で書かれた彼に関する記事が雑誌に出たくらいで（彼自身は関与していない）、多くの人は彼を知らなかった。

アイブはアップルのビジョンや製品になくてはならない存在であり、ジョブズの跡を継ぐにふさわしい地位にいると考える人々もいたが、彼自身はビジネスを経営することに興味がなかった。彼はデザインを続けることを望んでいた。アップルにおいて、彼は無限のリソースと創造の自由という、すべてのデザイナーが夢見る職についていたのだ。そのような貴重で解放的な地位を犠牲にしてまで、企業全体を経営するのに必然的に伴う、マネジメントの苦悩を選び取るつもりはなかった。

外部メディアの有識者たちが、他に考えられる候補者として噂していたのは、当時iOSソフトウエア担当の上級副社長で野心家のスコット・フォーストールだった。彼はMacintoshに搭載されていたソフトウエアであるMac OS Xのような、注目を集めるプロジェクトを指揮し、アップルの出世コースを歩んでいた。しかし彼が一躍有望株になったのは、自らがソフトウエアの開発を指揮したiPhoneが大ヒットを飛ばしたときだった。

フォーストールは積極的な攻めの姿勢と、要求の厳しいこと、そしてジョブズのスタイルを真似ることで有名で、彼と同じシルバーのメルセデス・ベンツSL55 AMGに乗るほどだった。「ミニスティーブ」という通称もあり、一部の人にとって、彼を次のCEOの本命とするのは筋の通った想定だった。しかし、アップルは秘密主義を貫き、後継者の候補について何一つコメントしなかった。

多くの人は、アップルが先見の明あるリーダーを、ジョブズとは性格が非常に異なるどころか、ほとんど正反対と言ってよい人物に変えることに戸惑っていた。クックが世界最大のハイテク企業のトップに昇進したことを、アップル新時代の象徴として受け止めるのは、今となっては容易なことだが、2011年の時点では、それは新たな章というよりも、エンディングのように感じられた。「ティム・クックをCEOに選ぶヤツはいない」。シリコンバレーのとある投資家は、『フォーチュン』誌のアダム・ラシンスキーに、数年前の2008年にこう語っている。「馬鹿げているよ。アップルに、ただ事を運ぶだけの男は必要ない。必要なのは、物作りの才能にあふれた男であって、ティムは違う。あれはオペレーション畑のヤツだ。すでにオペレーションがアウトソーシングされた企業のな」。辛辣《しんらつ》な分析だが、ここには確かな真実が見てとれる。多くの人はクックについて全く知らず、彼がしたことよりも、していないことのほうが注目されていたのだ。

しかし結局のところ、この想定外の選択は会社にとって最善のものだった。クックはアップルを指揮するという重大な経験をすでに済ませており、非常にうまくやり遂げていた。2003年に初めて膵臓がんと診断されたジョブズが、その後2009年と2011年の2度にわたって休職した際のことだった。ジョブズがいない間、クックは最高責任者としてアップルを指揮し、日々のオペレーションを監督していた。彼はスティーブ・ジョブズとは似ても似つかなかったが、2度にわたる経営に成功していたため、取締役会は彼ならアップルの長きにわたる安寧《あんねい》を維持してくれるだろうと確信していた。

彼らがクックに対する信頼を示したのはこれが初めてではない。2010年、クックはCOOとして破格の5800万ドル（約64億円）の給与とボーナス、そして株式報酬を得ていた。そしてCEO

に移った後、アップルの取締役会は、彼に100万ドル（約1億1000万円）の制限付き自社株購入権を与えることを票決した。しばらくの間は確実にCEOでいてもらうため、購入権の半分は5年後の2016年8月に譲渡される予定になっていた。もう半分は、10年後の2021年8月に譲渡予定である。アップルの取締役会は、自社に必要なCEOがティム・クックであることを確信していた。

ジョブズが辞任し、クックがCEOに

クックにCEOを引き継ぐよう頼んでから2週間と経たずにジョブズは辞任し、クックが後継者であることを公表した。アップルの動向を観察している者の多くは、ジョブズは完全に去るわけではなく、依然として大きな存在であり続けるため、この変化はアップルに大きな衝撃を与えるものではないだろうと考えていた。これまでも彼は休職をし、その度に戻ってきていた。そして辞任した後、すぐに会長に任命されたことも、アップルの将来を監督し続けていくことを意味していた。

しかしアップルの取締役会は、世論を不安視していた。彼らは自分たちが知っているクックという人間を、世界にも知ってほしかった。スティーブ・ジョブズほど愛されてはこなかったかもしれないが、彼のもつユニークな強みを、世間が好きになってくれること、そしてやり方は異なれど、ジョブズと同じくらいうまく会社を経営していくと、世間が信用してくれることが重要だった。そして、アップルのプレスリリースの場で、ジョブズの辞任とクックのCEOへの昇格が発表された。「取締

役会は、ティムが我々の次のCEOに適した人物であることに、完璧な自信を持っています」。ジェネンテック（サンフランシスコに本社を置くバイオベンチャー企業）の会長であるアート・レビンソンは、アップルの取締役会を代表してこう述べた。「ティムの13年に及ぶアップルへの貢献は、その卓越した実績が証明しており、彼は成すことすべてにおいて、驚くべき才能と正しい判断力を示してきました」。

2011年8月24日、ジョブズの辞任が発表された同じ日に、『ウォール・ストリート・ジャーナル』をはじめとしたメディアは、ジョブズがこれまで通り、アップルの製品戦略に積極的にかかわっていくという「お馴染みの状況」を引き合いに出した。彼はどこにも行くことはない。アップルの経営はクックが担うが、ジョブズは「これからの主要な製品戦略の開発」にかかわっていくだろう。ジョブズがこれからも変わらないことを確信するための根拠を、人々は手当たり次第に求めた。彼はディズニーの取締役会を辞めず、アップルからも完全に身を引くことはない。多くの人々は、彼の健康状態が「突然悪化した」ことを受け入れようとしなかった。アップルの株価はわずかに下がっただけで、下落率は6％にも満たなかった。つまり市場ですら、彼が姿を消すとは考えていなかったのだ。

クックはCEOの役職を受け入れ、同時にジョブズが確立したシステムを引き継ぐことを承認した。これは1997年に、ジョブズがアップルに戻ってきた頃とは異なっていた。ジョブズとは違い、クックはうまくいっていない部分を解体して作り直すことは考えていなかった。彼はすでにCOOとして堅実な船長を務めており、船を今いる軌道に留めておこうとしていた。

当然のことながら、投資家やファンが懸念するような大きな変革を、ただちに発表することはなかった。彼はまず人々の信用を得ようとした。加えて、このとき広まっていた噂によれば、ジョブズは少なくとも次の4年にわたる、製品のパイプラインに関する詳細な計画（噂によると新しいiPhoneやiPad、Apple TV）を残していたという。ジョブズの影響力は、すぐに消えてなくなるわけではなく、クックが与えた変化はすべて、彼がこれまでアップルに貢献してきたのと同じように静かで、目立たないように行われた。

COOからCEOに移行するにあたり、クックはジョブズが苦手としていた日々の管理上の問題に、より一層関与するようになり、昇進や社内の報告体制に関して、より実践的な方法をとった。また教育を重視し、慈善支援プログラムを立ち上げた（これとは対照的に、ジョブズはCEOに就任した後、アップルの慈善事業の多くを取りやめている）。

クックは、ジョブズの支配下にあったときには欠けていた、企業の友愛精神を創造したいと願っていた。そのため彼は、より広範囲の社員を対象としたメールを送ることを習慣化し、その中でアップルの従業員たちを「チーム」と呼んだ。CEOになってすぐの2011年8月に送信されたメッセージの1つは、安心させるような調子で次のように記されていた。

世界で最も革新的な企業に、CEOとして尽くすことのできる素晴らしい機会に恵まれたことを、喜ばしく思っています。スティーブは並外れた主導者であり、師でもあります。我々はスティーブが会長として、指導とインスピレーションを与え続けてくれることを、心から望んでいます。

私は皆さんに、アップルはこれからも変わらないということを、確信してほしいのです。スティーブは、世界に類を見ない企業と文化を作りました。我々はそれを守り抜いていくのです。わが社にとって最高の年は、これからやってくると信じています。我々は一丸となって、アップルをこれまでと同じく魔法のような場所にしていきましょう。

スタッフとより直接的な方法で交流することは、ジョブズのスタイルとは異なっていた。クックの最初のメールは、彼の主導のもとで、アップルが新たな文化を発展させていく起爆剤となった。彼のメールと、タウンホール・ミーティングのような社内のコミュニケーション方法は、新しいCEOが自らの価値観を会社全体に広めるのに役立った。彼はまた、2人のリーダー間の連続性を確立するために、ジョブズが築き上げたものを意識的に採用する努力をしていた。より親しみやすい存在になるようにジョブズが自ら採用したものに、誰でも送信可能なメールアドレスがあった。クックはこの伝統を受け継ぎ、CEOに任命後、大量に寄せられた何百件ものメールのいくつかに自ら返信した。

ジャスティン・Rと名乗る送信者は、クックに対し「ティム、僕はあなたの幸運を祈っています。そして僕たちの多くは、アップルがどこへ向かうのかを知るのが、楽しみで仕方ないことを伝えたいんです。あ、あともう1つ、ウォーイーグル最高！（クックの母校であるオーバーン大学のアメフト部「ウォーイーグル」のスローガン）」。もちろん、クックはこれに返信した。「ありがとう、ジャスティン。ウォーイーグルよ永遠に！」。彼はただの退屈な経営人間ではなかった。これらのメールは、世間に彼の性格の一片を垣間見せ、会社だけではなく顧客のことも同じように重視するリーダーであることを示していた。

クックは常任CEOへの移行を滞りなくスタートさせ、同時に、先見の明を持ちアップルという企業を定義したリーダーは、会長という新たな役職に移行した。しかし不運にも、ジョブズがアップルの会長に長く留まることはなかった。

スティーブ・ジョブズの死

2011年10月5日、スティーブ・ジョブズの死は世界を震撼《しんかん》させた。クックがCEOを引き継いでから、ちょうど1カ月を過ぎた頃で、ジョブズは56歳。最初に膵臓がんと診断されてから8年後のことだった。彼は病魔に抗《あらが》い続け、1年後の生存確率は20％、5年後にはわずか7％という病と約10年をともにした。人々は、ジョブズとアップルは不滅であると長い間信じていた。1990年代後半、倒産寸前からの驚異的な成功という劇的な転換、iPodとiPhoneの他に類を見ないエンジニアリングの偉業、iTunesによる音楽業界の再構築など、アップルは常に不可能を可能にしてきた。そしてそのすべては、ジョブズの功績だった。アップルは聖域のような場所と考えられ、その主導者は神話上の人物となっていた。彼が実際に死ぬ運命にあることを受け入れる人は、ほとんど見当たらなかった。

ジョブズが亡くなったのは、サンフランシスコのヤーバブエナ芸術センターで、アップルがiPh

oneｅ 4Sを発表した翌日のことだった。4Sの主な新機能は、AI音声アシスタントのSiriであり、ジョブズがアップルにおいて積極的に携わった最後のプロジェクトの1つだった。会見会場には、ジョブズのために「予約済」と書かれた席が用意されていた。彼の身体はそこになかったが、その存在は感じることができた。そして彼のために席が取ってあったという事実は、そのすぐ翌日にこの世を去ることを暗示していたかのようで、さらに心が痛む。

ジョブズの訃報は、世界中にショックと悲しみのさざ波を引き起こした。最高経営責任者の死が、世間にこれほど強い影響を与えたことはかつてなかった。彼の死に対する反応は、類を見ないものだった。世界で最も価値のある企業における、しばしば専制的と言えるようなリーダーシップにもかかわらず、世間は好意的なイメージを持ち続けていた。彼が亡くなったのは、「ウォール街を占拠せよ」運動――富の不平等と「上位1%」に対する抗議活動――が始まって数週間後のことだった。しかし、彼はその標的に含まれていなかった。人々は彼を、自分たちが毎日持ち歩いて愛用しているiPhoneやiPod、未知のものにアクセスできるMacBookやiMacのような、世界を変える力を持っている製品と結びつけていた。彼が亡くなったとき、アップルの長年にわたる競合相手だったマイクロソフトでさえ、半旗を掲げ弔意《ちょうい》を示した。バラク・オバマ大統領は、ジョブズを「アメリカの最も偉大な革新者の1人。人と違うことを考える勇気と、世界を変えることができると信じる大胆さ、そしてそれを実現する才能をもっていた」と称え、世界もそれに賛同した。

世界中のアップルストアはジョブズの祭壇と化し、ファンがCEOを悼《いた》んで書いたメッセージやカードで、ガラス張りの部分が埋め尽くされていた。皆、彼のことを自分たちの一部だと感じていた。外の歩道にはたくさんの花やキャンドルが置かれ、窓ガラスを覆う多くの付箋には、心からの賛辞が記されていた。パロアルト（スティーブの住んでいた町）のアップルストアの窓ガラスは、賛辞が書かれた付箋によって左右とも埋め尽くされていた。企業の経営者の死に対して、このように世間が嘆き悲しむのはかつてないことだった。

ジョブズ亡き後の数カ月は、クックをはじめジョブズを知り、愛していた人々にとっては悲劇的な日々であっただろうが、アップル製品の人気はかつてないほど高まっていた。ｉＰｈｏｎｅ ４Ｓは、これまでに発売されたどのｉＰｈｏｎｅをも上回る予約注文数と出荷台数を記録し、最初の週末だけで４００万台以上を売り上げた。ウォルター・アイザックソンによるジョブズの伝記は、すべての書籍の中で史上最多の予約注文数を記録し、ジョブズの死後は、アマゾンで４万２０００％という大幅な増加率を記録した。

スティーブ・ジョブズの会社を経営する

世界中のあらゆる新聞や雑誌、ブログ、テレビチャンネルやラジオ局が、スティーブ・ジョブズの不朽の名声を称えるのが一段落すると、世界の関心はすぐにティム・クックへ向けられた。ジョブズを称賛する追悼《ついとう》記事が続く中、新たなＣＥＯに対する懸念は根強く残っていた。

専門家たちは、先見の明ある主導者を失ったアップルの行く末に懐疑的で、ファンはその将来に不安を感じていた。CEOに任命されたことは、クックにとって祝福でもあり、呪いでもあることは最初から明白だった。アップルのCEOという役職は、一生に一度の機会であり、多くの人は夢見ることもできない地位であるとともに、世界で最もリスクの高い職業の1つでもあった。彼に会社を任せるというジョブズの決断は、クックの力量と手腕に対する力強い支持を意味したが、世界からのプレッシャーと監視の目のもとで、ジョブズの跡を継ぐのは非常に困難なことに思われた。アップルを経営するということは、クックにとって世界で最も注目を浴びるCEOになることを意味し、非常に高いリスクを伴うものだった。

それはクックにとって恐怖の時期だった。彼は10年以上をアップルで過ごし、ジョブズの最も近い右腕として最高執行責任者の地位までのぼりつめたが、彼は今や何百万もの熱狂的ファンを持つ象徴的企業の手綱をとり、アメリカのビジネスと文化の中心に立つという過酷な任務に直面していた。アップルは世界で最も急成長している企業の1つであり、広大な範囲にわたって事業を展開していたが、世界を席巻しているモバイルコンピューティング革命による競争の激化に直面してもいた。

ティム・クックに対する掛け金は、かつてないほど跳ね上がっていた。

破滅する運命のアップル

私生活に踏み込まれるのを嫌い、穏やかな性格であるクックは、自分がCEOになるとは思ってもいなかった。そして、自分がジョブズに取って代わることができると思ったこともなかった。よく知られているように、彼はかつて次のように語っていた。「いやいや、スティーブの代わりですって？　やめてください、彼の代わりは誰にも務まりません。世間の人にはそこを理解してもらいたいですね。私には70代で白髪交じりのスティーブが、私の引退したずっと後も働いているのが目に浮かぶんです」。もちろん、この想像が実現することはなかった。

ジョブズは死後、現代アメリカで最ももてはやされるＣＥＯとなった。１９９０年代の終わりにアップルを窮地から救っただけでなく、同社を巨大なヒットメーカーへと変えたのだ。画期的な製品であるＭａｃやｉＰｏｄ、ｉＰｈｏｎｅ、そしてｉＰａｄは、アップルをハイテク業界で最も大きく、そして最も模倣される企業の１つへと変えた。

クックに勝ち目はなかった。アップルはＡｎｄｒｏｉｄとの競争の激化によって、市場での主導権を失う危機にさらされており、多くの人は、先見の明あるリーダーなしでは破滅するだろうと考えていた。クックの知名度は非常に低く、彼が常任ＣＥＯとしてどのような行動をとるのかは、誰にもわからなかった。

クックに対する評判が、はじめは彼自身の足を引っ張っていた。オペレーションの達人であることに間違いはなかったが、多くの人は彼のことを、個性がなく想像力に欠けたドローンのようだと感じていた。人々がアップルのＣＥＯに期待する、前職者が持っていたようなカリスマ性も、皆を駆り立てるような気質も、彼にはなかった。さらに悪いことに、彼にはジョブズのような想像力がなかった。アップルのとてつもなく素晴らしい製品の次世代機は、誰が生み出すのか？　ジョブズはアップル製品に大成功をもたらした立役者であり、この分野の専門家たちは、彼なしではこの一連のヒットは終わりを迎えるだろうと危惧していた。

ジョブズが正式に辞任する以前にも、専門家たちは彼が実権を握らなくなれば、アップルは破滅の運命をたどるだろうと、躊躇《ちゅうちょ》なく指摘していた。そしてそれは大げさではなかった。「なぜアップルは破滅するのか」というタイトルの論説が、2011年5月の『ハフィントン・ポスト』紙に掲載された。「彼のマネジメントや、ビジョンでさえも代替可能だ。しかしアップルの成功を支えてきたのは、その卓越した審美眼であり、次の体制にそれを補うことはできないだろう。彼の死によって、アップルは唯一無二の存在ではなくなってしまうだろう……。非常に優れた製品なしでは、あの傲慢《ごうまん》なマーケティングを続けることはできない。消費者はより躊躇することなく、代替品を探すようになるだろう」と。

多くの人はこれに賛同していた。ジョブズは非凡な主導者であり、アップルの製品は彼と深く結びついていたため、彼のいないアップルを思い描くことは不可能に近かった。リサーチ兼コンサルタント会社のフォレスターで、CEOを務めるジョージ・F・コロニーは、ジョブズなしではアップルは倒産するだろうと予想していた。「スティーブ・ジョブズが亡くなったとき、彼は次の3つを一緒に持って行ってしまったのです。(1)会社をひとつに団結させ、社員たちから並外れた功績を引き出す、非凡なカリスマ的リーダーシップ。(2)大きなリスクを負う能力、そして(3)製品を構想および設計する比類なき才能」。アップルの勢いは、長くともせいぜいあと2～4年の間トップを維持するに留まると、コロニーはほのめかした。「新しいカリスマ的リーダーが現れなければ、アップルは最良の会社から良い会社へと転落し、それに伴って、収益の成長率と製品の革新性は後退するでしょう」。

クックは皆が望むカリスマ的リーダーではなかった。彼はスティーブ・ジョブズとは非常に異なっていたため、コロニーを含むアナリストたちは、伝説的な共同創設者だった盛田昭夫の去った後のソニーや、エドウィン・ランドが去った後のポラロイド、ウォルト・ディズニーが亡くなってから20年間のディズニー、さらには1980年代半ばにジョブズが最初に去った後のアップル自体とも比較した。極めて重要な創設者や主導者が亡くなった後や、会社を去った後、つまずいてしまった企業は歴史上数多く存在している。フォードとウォルマートも似たような急降下を経験しており、アップル最大のライバルであるマイクロソフトも、伝説的存在だったビル・ゲイツの後を、スティーブ・バルマーが引き継いでから困難に陥っていた。

数年たった後でさえ、人々はアップルがクックのもとで生き残れるのかを疑問に思っていた。「クックがアップルの勢いを維持できるのかという疑問は、他のどんな疑問よりも頻繁に話題に上がっています」。ペンシルベニア大学ウォートン校の経営学教授で、同校のリーダーシップ・チェンジ・マネジメントセンターの理事を務めるマイケル・ユシームは、ジョブズの死から3年半後の2015年3月、『フォーチュン』誌にこう語っている。

世論は悲観的だった。ジョブズの死から3年後の2014年、最も話題になった本の1つに

『ウォール・ストリート・ジャーナル』紙の記者、ケイン岩谷ゆかりによる『沈みゆく帝国』があった。そこでは、アップルは前リーダーの不在に苦しんでいると書かれていた。その一節には「ティム・クックがアップルの広大な帝国を支配しても、彼が前任者の影から逃れることはできない。クックはどのようにその影を追い抜くのかという疑問は残ったままである。死してなお人々の記憶に残り続ける、先見の明を持った素晴らしい主導者に勝てる者など存在するのだろうか？」と書かれていた。

ジョブズの持っていたビジョンが、クックが実権を握ることで失われてしまうのを多くの人が恐れていた。1985年の『プレイボーイ』誌のインタビュー――皮肉にも、ジョブズがその後10年にわたってアップルを追放されることになったのと同じ年に行われた――において、彼は「企業が数十億ドル規模にまで成長すると、どういうわけかビジョンを失ってしまう」と嘆いていた。彼が亡くなったとき、アップルは数十億ドル規模の企業となっており、あらゆる角度から検討しても、アップル史上最も成功した時期であることに間違いはなかった。しかし主導者であるジョブズのビジョンは、まだ失われていなかった。クックは自社製品に対する正しい洞察力と情熱を持っているのか？　アップルの未来に対するビジョンはあるのか？

クックの同僚たちは、この、前COOがどれほど大きな責任を背負いこんだかを理解しており、最初は不安を感じる者もいた。「非常に困難な挑戦でした」と語ったのは、アップルで国際製品マーケティング担当副社長を務めるグレッグ・ジョズウィアックだ。彼はアップルで30年以上、そのうちの20年はクックの同僚として過ごしている。「それはまるで、自分が自転車に乗っていると思ったら、実はただの自転車ではなくバイクで、しかもハーレーだったようなものです」。2018年3月19日、アップルの宇宙船型新本社で行われた個人インタビューで、彼はこう語っている。「その挑戦は過酷なものでした」。

しかしこの挑戦を受けることをクックが不安に感じていたとしても、彼はそれを表には出さず、ジョズウィアックのような親しい同僚さえ気づかなかった。「世界中が不安を感じていました。（クックも）同じだったとしても、彼はそれを完全に隠していました」。この重大な挑戦を前にして、クックがこのように冷静な態度でいなければ、アップルはジョブズの死後、彼にとって働くのがずっと困難な場所となっていただろう。しかしアップルの社員たちは、たとえ世間が知らずとも、クックの経営方法を理解していた。「彼は最初のうち、フェアではない批判をたくさん受けていました……。世間の人々は、彼をスティーブと比べたがっていました。しかしクックは、スティーブになるつもりはなかったのです」とジョズウィアックは語った。「そしてそれは賢明な判断でした。誰もスティーブにはなれないんですから……。その代わりに、ティムはティムでした。彼は自分がビジネスにおいてできることをやろうとしていました」。

成功をおさめた多くのリーダーと同じように、クックは会社を効率的に経営するため、自身のユニークな強みを発揮した。2014年9月、チャーリー・ローズとのインタビューで、ジョブズはクックが自分と同じやり方で、アップルを導くことを望んでいなかったと語った。「彼は私を選んだときから、私が彼と似ていないこと、彼のコピーではないことを知っていました」。クックはローズにそう語った。「彼はアップルを導く理想の人物像について、深く考えていました。私は今も、その責任を常に感じています」。クックはジョブズが残したものを何とかして維持し、自分の持つすべてを会社に注ぎ込むことを望んでいた。しかし、ジョブズの真似をしようと考えたことはなかった。「自分がなれるのは、自分自身だけだということを理解しています」と彼は続けた。「私は最高のティム・クックになるよう努力しているのです」

そしてそれこそが、彼の成し遂げたことだった。

第2章

アメリカの深南部で形作られた世界観

スウィートホーム・アラバマ

ティム・クックこと、ティモシー・ドナルド・クックは、1960年11月1日、メキシコ湾に面した港湾都市であり、アラバマ州で3番目に大きな都市モービルで生まれた。彼はドナルドとジェラルディン・クック夫妻の3人の息子のうちの次男だった。

彼の両親は2人ともアラバマの田舎で生まれ育ち、父はピント・アイランドにあるアラバマ・ドライドック・アンド・シップビルディングの所有する造船所で働いていた。そこは当時、モービルで最も多くの従業員を抱え、軍用船の建造と修繕を行っていた。ジェラルディンは、パートタイムの薬剤師として働き、残りの時間は家事に従事していた。

クックは両親と非常に良い関係を築きながら成長し、今日でも2人を深く気にかけている。「息子はどこで何をしていても、毎週日曜日には電話をくれるんです」。クックの父は2009年、テレビのインタビューでこう語っている。クックがアップルのCEOを引き受ける2年前のことである。「ヨーロッパやアジア、たとえどこにいても、毎週日曜日には母親に電話をしてくるんです。1度もサボったことはありません」。ジェラルディンは2015年、77歳で亡くなったが、ティムは今日まで、父親とは緊密に連絡を取り合っている。

クック家はあるとき、モービルから車で1時間ほどのところにあるフロリダ州ペンサコーラへ一時的に移り住んだ。そこにある巨大な海軍基地で、父が仕事を見つけたためだ。しかし1971年、ティムが中学生だったとき、クック家はアラバマへ戻り、ロバーツデールのイースト・シルバーヒル・アベニューに落ち着いた。そこは、アラバマ州にある郡としては、最も大きいボールドウィン郡のちょうど真ん中に位置する小さな田舎町だった。クック家は、ロバーツデールに定住することを決め、3人の息子たちは、一流の公立高校制度の恩恵を受けることができた。

学生時代

ロバーツデールは、典型的な南部アメリカの田舎町だった。正式には市だが、その面積はわずか5平方マイル(約13平方キロメートル)しかなく、現在の人口は5000人強にすぎない。クックが暮らしていた子どもの頃は、そのたった半分の約2300人だった。そこでは、町の全員が顔見知りだった。

20世紀はじめ、その肥沃な農地の恩恵を受け、住民たちは静かでゆったりとした生活を送っていた。町の主な収入源は農業だったが、40分ほど離れたガルフ・ショアーズのビーチへ向かう人々から、次第に利益を得るようになった。クックが子どもの頃は、映画館もボーリング場もない簡素な町で、一番盛り上がるイベントといえば、秋のボールドウィン・カウンティ・フェア(年1回開催されるお祭りで、農産物と家畜の品評会やゲームなどさまざまなイベントが行われる)だった。ジェラルディンは親しみをこめて、「地面に開いたちっぽけな穴」のようだと、ロバーツデールを表現している。この町の町長は、30年間ずっと同じ人物が務めている。

クック家は信仰に篤《あつ》く、クックもおのずとそうなっていった。彼はこれまでのキャリアを通して、自らがクリスチャンであることについて言及してきた。「幼い頃に、バプテスト教会で洗礼を受けてから、信仰は私の人生の大きな部分を占めてきました」。2015年、『ワシントン・ポスト』紙の論説で、彼はこう記している。この信仰心が、優しく寛大なリーダーとしての彼の人格に、影響を与えていると考えることもできるだろう。2014年、『ブルームバーグ』誌の論説で、自らが同性愛者だと公表したときにも、彼は神に言及し、次のように記している。「ゲイであることは、神が私に与えてくれた最高の贈り物の1つだと考えています」。最近のクックは、宗教的信条に関してあまり語ることがないが、それが今の彼という人間を形作り、リーダーとなるにあたって大きな役割を果たしてきたのは明白である。

クックが子どもの頃のことを誰に聞いても、ロバーツデールにうまく順応していたという答えが返ってくる。ジョブズがときどき、自らを向こう見ずのティーンエイジャーだったと表現したのに対し、クックは控えめで向上心が高く、常に成績優秀な生徒だった。当時の写真には、ダニー・オズモンド風の髪型をしてリラックスした笑顔を見せている、少しぎこちないがたくましい若者が写っている。

クックは、代数や幾何学、三角法といった、分析可能な指標を持つすべての科目に秀でていた。中学と高校の6年間を通して、彼は「最も勤勉な生徒」に選ばれ、1978年には同学年で2番目に良い成績をおさめ、卒業式の式辞を読む役に抜擢された。

彼に数学を教えていたバーバラ・デイビスは、次のように当時を振り返った。「彼は信頼できる生徒でした。課題に対して、常に細心の注意を払って取り組んでいたので、よくできていることは、採点する前にわかりました」。多くの同僚と元上司たちも、同じように語っている。彼は常に良い仕事をすると信頼されており、物事を公正に行うということが、彼のキャリアにおける特徴となっていた。

クックは勤勉であると同時に、社交的で仲間から好かれる人物だった。「彼はガリ勉とは程遠い存在でした。友達が一緒にいたいと思うような子でしたね」とデイビスは語った。彼の友人の多くは、クックは知的で穏やかな性格だったが、陽気な一面もあったとコメントしている。クックより良い成績をおさめていた（そして卒業生総代を務めた）テレサ・プロチャスカ・ハンツマンは、彼のことを「いろんな側面を持った人でした。彼のことを好きにならない人はいませんでした。素晴らしい性格の持ち主だったんです」と語っている。

元クラスメイトで友人のクラリッサ・ブラッドストックは、次のように語った。「彼は本当に賢くて、本が好きで、ユーモアのセンスにあふれていました。私たちは、ただ一緒につるんでいました。『サタデー・ナイト・ライブ』を観たり、学校や、他の色々なことについて議論をしたんです」。そしてさらに、こう付け加えた。「南部アラバマの小さな町の出身者である彼が、あのような地位に就くことができるというのは、本当に驚くべきことです。私たちの国を象徴するような出来事です。でもそれは、彼自身を象徴することでもあるんです」。クックの高校時代の友人たちは、彼が成し遂げたことを、間違いなく誇りに感じている。

早期のビジネス経験

クックはスター性のある学生だったが、勉強以外の活動にも秀でており、早い時期からビジネスに対する洞察力があることを垣間見せていた。

彼は学校の吹奏楽団でトロンボーンを担当し、校内のダンス行事やアメフトの試合、パレードや、生演奏を必要とする地元のイベントなどで、定期的に演奏を依頼されていた。また校外で小遣いを稼ぐために、モービルの地域新聞である『プレス・レジスター』紙を配達したり、レストランでのアルバイトや、リー・ドラッグスという地元の薬局で、母親とともにパートタイムで働いていた。

学生時代のクックは、上級生になると、学校年鑑を作る作業に参加し、そこでビジネスマネージャーとよく似た役割を引き受けた。彼の仕事は、年鑑の管理と製作コストをまかなうための広告主を見つけることだった。

年鑑に掲載された1枚の写真には、製作に携わった全生徒が同じトレーナー姿で写っている（クックは前列の真ん中におり、何かに向かって微笑んでいる）。そのトレーナーには、生徒たちに年鑑を買ってもらうため「あなたはもう手に入れた?」というキャッチコピーのようなものがプリントされている。クックのおかげで、その年の学校年鑑は売り上げ記録を更新し、広告収入も上昇したことが、その年の年鑑に記されている。

バーバラ・デイビスは、クックのことを、このような職に「必要とされるタイプの人物」と評している。一度にいくつもの仕事をこなし、学校のプロジェクトでビジネスマネージャーのような役割を担ったことは、クックの早い時期における重要なビジネス経験となった。そしてその経験は、その後、彼が発展させていく厳格な労働倫理と、抜け目のない商才の基礎となった。そして彼は、学校年鑑の新記録を更新したときと同じことを、長い年月を経た後にアップルでも成し遂げることになるのだ。

学校年鑑に関する出来事には、他にもアップルでの彼の将来を予見している一面があった。中学の年鑑に掲載された1枚の写真には、クックがもう1人のクラスメイトと一緒に、大きなヘッドフォンと電動タイプライターという、当時のエキサイティングな最新テクノロジーを披露する様子が写っている。写真の説明文には、「テレサとティムが、勉強の効率をアップしてくれる現代的な2つの道具を使う様子」と書かれている。当時の彼は、いつの日か史上最大のハイテク企業を率いることを、予感していたのだろうか。

ロバーツデールがクックの世界観を築いた

確かにロバーツデールは、南部の町に典型的な優雅なもてなしの心と古風な魅力を備えていたが、同時にその根底には悪意ある人種差別が根を張っていた。クックがロバーツデールで経験した人種差別は彼に大きな衝撃を与え、その後の世界に対する彼の見方と、平等を重視する姿勢に影響を与えた。

クックの両親は、子どもたちを最高の学校に入学させるために、ペンサコーラからロバーツデールに引っ越したと主張しているが、その行動は、当時多くの人々が取った行動と同じだった。圧倒的に白人が多く規模も小さなロバーツデールに比べると、人種が混在し、より大きなペンサコーラのほうが、人種間の対立は顕著だったようだからだ。

「私たちの学校には、アフリカ系アメリカ人はほとんどいませんでした」。クックのクラスメイトだったクラリッサ・ブラッドストックは、そう語っている。「ボールドウィン郡は、石油の産出により、当時最も裕福な郡の1つでした。でも私たちの通っていた学校は、とても小さなものでした。私は、公然と人種差別が行われているのは見たことがありませんが、アラバマは人種間の分断が色濃く残っているところでした。アフリカ系の人々の前で、人種差別的なジョークを言う人を見たことがあります。当時はそれが普通だったんです」。

実際、クックがロバーツデールに移り住む数年前には、町の中央のショッピングストリートにあったスーパーマーケットのピグリー・ウィグリーには、人種別に分かれた水飲み場があった。あるボールドウィン郡の住民は、この地域で起きた明らかな人種差別について、次のように証言している。「1966年、私の兄弟は若い黒人女性と、密かにデートをしていました。しかし、彼女にハンバーガーを買うために立ち寄ったカフェで、白人たちに見つかってしまったんです。彼女は念のため、彼の車の中で待っていました。私の兄弟（白人）がカフェから出ると、すぐにその男たちが軽トラに乗って追いかけてきて、車を止めさせました。そして彼を車から引きずり下ろし、ひどく殴った後、瀕死の状態で森の近くに置き去りにしたんです。それから1週間、彼はスープをストローで飲むはめになりました」。当時のアラバマでは、不幸にもこのような人種差別的事件は、決して珍しいことではなかった。

クック自身も、その後何年にもわたって彼の人生に影響を及ぼすような人種差別を経験していた。１９７０年代のはじめ、彼が中学生だった頃、夜中に新品の10段変速の自転車に乗って、ロバーツデールのはずれにある一本道を走っていると、彼はその道沿いで火事が起きていることに気がついた。自転車を漕《こ》いで近くまで行くと、白いフードとローブに身を包んだＫＫＫ（クー・クラックス・クラン）の団員たちが、燃える十字架を囲んでいるのが見えた。ＫＫＫの団員数は、全盛期の１９２５年の４００万人から、１９７０年代初頭には、わずか数千人にまで減少していたが、当時の南部の一部地域ではＫＫＫの集会が行われることは珍しくなかった。クックが見たという団員たちは、そこに住む黒人家族の敷地内に、燃える十字架を打ち立てていた。考える間もなく、彼が「やめろ！」と叫ぶと、ＫＫＫの団員たちは、一斉に彼のほうを振り向いた。そのうちの1人がフードを上げると、それはロバーツデールの教会の1つで、助祭を務めていた男だった。彼はクックに、そのまま走り去るよう警告した。若いクックにとって、これは衝撃的な経験だった。

２０１３年、母校であるオーバーン大学で、国際計量言語学会（ＩＱＬＡ）の生涯功労賞を受賞した際、クックはこの経験を次のように振り返った。「当時の記憶は、私の頭の中に永久に焼き付いて、その後の人生を永遠に変えてしまいました。私にとって、あの燃える十字架は、マイノリティに対する無知と憎悪、恐怖の象徴なのです。私には到底理解することができないものです」。人種差別に遭遇した経験は、彼の生き方に影響を与え、最終的には、彼のビジネスのやり方にも影響を与えることとなった。

しかし、クックがそれを真実として語る一方で、KKKの団員たちが町内で十字架を燃やすのを見たという彼の話に異を唱える住民たちがいる。そのうちの1人であるクックの元学友のテッド・プラットは、次のように語っている。「私にはロバーツデールに今も住んでいる家族や友人たちがいますが、彼らは誰もそのようなことが起きたことを、覚えていないんです。あの町を故郷と呼んでいる人々は、彼の話に相当な怒りを覚えています」。当然のことながら、ロバーツデールの過去と現在の住人たちは、公然とKKKと結びつけられることを望んでおらず、自分たちの小さな町が、知名度の高い会社役員によって、そのような悪い印象を与えられたことに動揺していた。

「ロバーツデールの過去と現在」と名づけられたフェイスブックの長いスレッドには、現在と過去の数十人にわたるロバーツデールの住民たちが、クックの記憶に疑問を投げかけている。ロッド・ジャーキンスと名乗る人物は、「ティム・クックは、この事件に関して完全に嘘をついている。そんな事件が起きたことはない」とコメントしている（これにはたくさんの「いいね」がついており、このスレッドで最も「いいね」されたコメントの1つで、この意見が広く共有されていることを示している）。

実際、クックを擁護するコメントを見つけることはできず、143のコメントのうち、ほとんどがクックの記憶に異を唱えるものだった。ジャーキンスのコメントに対し、マービン・ジョンソンと名乗る人物は、「僕よりずっと長く、50年以上にわたってここに住んでいる親戚に聞いてみたけど、そんな事件は起こったことがないと話していた」と返信しており、その後には、「彼は完全に嘘をついている。終了」というコメントが続いている。

しかし、このフェイスブックのスレッドからわかる通り、ロバーツデールの住民の多くは、現実から目をそらしている。たとえ数十年が経った後であろうと、KKKの活動があったことをフェイスブックに本名で投稿するのはなかなか勇気のいることだろう。このグループに投稿した何人かは、燃える十字架は見なかったが、「燃え尽きた」十字架は見たことがあるとコメントしており、クリスマスのパレードが行われている間、燃える十字架が隣町に立っているのを見たと証言する者もいた。このことは、ロバーツデールではKKKの活動がかなり多かったという苦い真実を物語っている。

パトリシア・トッド議員は、KKKの活動はクックが子どもの頃だけでなく、今日でも数多く見られると語っている。「彼らはこの2年間、バーミングハム（アラバマ州で最大の都市）のさまざまなコミュニティでビラ配りをしてきました。我々は、公民権をめぐるアラバマの負の歴史を否定することはできません。しかし人種差別は、今日のアラバマにも根強く残り、盛り上がりを見せています。大きな声では言いませんが、自分たちとは異なる人々を心から憎んでいる人間は、まだたくさんいるのです」。

KKKに遭遇してから数年後にもクックは人種差別を経験し、そこから学ぶことがあった。16歳のとき、彼は地元の電力会社であるアラバマ・ルーラル・エレクトリック・アソシエーションが主催するエッセイコンテストで優勝した。テーマは「地方電力協同組合――過去、現在、未来の挑戦者」だったが、家族にタイプライターを買う余裕がなかったため、クックはエッセイを手書きしていた。

優勝賞品は首都のワシントンへの無料招待旅行で、素晴らしい晩餐会《ばんさんかい》に出席し、ホワイトハウスでジミー・カーター大統領の演説を聞くというものだった。しかしその旅は、アラバマ州知事のジョージ・ウォレスに会ったという事実によって汚されてしまった。1960年代、生粋の分離主義者であるウォレスは、公立高校を統合しようとする連邦政府の試みに対し、無駄な抵抗をしていた過去があった。クックはウォレスと握手を交わしたことを、後になって後悔した。「州知事に会ったことは、私にとって名誉なことではありませんでした。彼と握手をしたことは、自分の信条を裏切る行為のように感じられました。これは間違っている、自分の魂の一部を売り渡したような気分でした」と彼は語っている。

しかし幸運にも、彼はこの経験から学ぶことができた。今日の彼は、どのような種類の人種差別をも決して許さず、経過途中ではあるが、アップルがより人種的に多様な場所になるよう働きかけている。彼の指導のもと、アップルはシリコンバレーの多くの同業者よりも、従業員のマイノリティの割合が高く、歴史上黒人の多い大学や慈善団体、財団に対して、多額の助成金を寄付し、マイノリティの学生が理系科目を学ぶことを奨励している。

彼がアップルで実践した価値観の多くは、子どもの頃に経験した差別と直接結びついているようだ。

2013年、デューク大学フュークア・スクール・オブ・ビジネス（クックはここで修士号を取得している）で行われた学生向けの講演会で、クックは、キング牧師とケネディ大統領の2人が、子どもの頃からのヒーローだと語っている。「私は南部で生まれ育ち、成長の過程で、差別が引き金となった最悪の行動の数々を目にし、非常に気に病む思いをしてきました」と、彼は学生たちに語った。だからこそ、命がけで差別と戦ったキングとケネディを、心から尊敬しているのだろう。「私が自分のオフィスに、ケネディの写真2枚と、キングの写真1枚を飾っているのはそのためです。オフィスにある写真は、その3枚だけです。私は毎日彼らの姿を見て、彼らは我々全員の素晴らしい手本であると考えています。これは政治的意見ではなく、単に人々を公正に扱おうという意見の表明なのです」。

彼が子どもの頃に遭遇した憎しみと差別は、彼の人生にずっとついて回り、私生活とビジネスの両方において、彼のとる行動に影響を及ぼすこととなった。アフリカ系アメリカ人女性として初めて環境保護庁の長官を務め、アップルの環境に対する取り組みを推進するためにクックが2013年に採用したリサ・ジャクソンは、彼の人生観は、南部での子ども時代の経験に大きく影響を受けていると語った。「そのときの経験が、今の彼の一部になっているんです。南部で生まれ育った人々は、人間の醜悪さに触れると同時に、希望と可能性も感じているんです」。そして次のように付け加えた。「少なくとも私にとって、それらは今の自分と切り離せないものであり、ティムもそれに同意していました」。

アラバマ行動主義のルーツ

クックは自身のキャリアを通して、アップルや他の企業で自身の主義を貫き続けた。2015年、ジョージ・ワシントン大学の卒業式の訓示で、彼は「良いことをすることと、良い成果を上げること」のどちらをとるかで悩んではならない、という自身の信念を表明している。望ましい価値観に対して妥協することを拒む彼の姿勢は、これまで何度も試されてきたが、アップルの成功に直接的な貢献を果たしている。

2014年5月、保守系シンクタンクのNCPPRのメンバーは、サスティナビリティ（持続可能性）・プログラムが、アップルの収益に与える影響について検討するよう迫ったが、クックはこれを拒否した。「我々がアップルのデバイスを、視覚に障害のある方でも利用できるよう改良するときに、忌々《いまいま》しい投資利益率なんてものは考慮していません」と彼は語った。そしてこの考え方は、アップルの環境に対する取り組みや、労働者の安全確保といった、さまざまな方針にも適用されている。「私に投資利益率のことだけを考えるよう望むなら、わが社の株を手放したほうがいいでしょう」。彼は保守派の投資家に対し、声を荒げてこう言い放った。その後NCPPRは、クックの姿勢を非難する次のような声明を発表した。「今日の会議に出席した投資家たちは、アップルがいわゆる気候変動と呼ばれるものに対抗するため、数値化できないほど多くの株主資本を無意味に消費していることに確信が持てたでしょう」。しかしクックはいつも通り、自分の主義に対して忠実を貫いた。

子どもの頃に培ったこの道徳的指針は、公人としてのジョブズとクックを隔てる最も大きな相違点の1つである。ジョブズは慈善寄付を避け、サスティナビリティを気にかける様子をほとんど見せず、社会問題について語ることもめったになかった。彼にとっての世界に対する貢献は、自らが進んで世に出す製品で十分だった。極めて美しいグラフィカルユーザーインターフェースを備えたMacintoshは、全人類に対する貢献としては十分すぎるものだった。ジョブズは、アップルでの彼の仕事は、どんな慈善事業よりも世界に貢献できると信じていたのだ。

一方、クックにとっての社会貢献とは、より多くの意味合いを持った複雑なものである。彼はアップル製品の品質について、常に非常に高いプライドを持って語っているが、同時に彼は、世界で最も価値ある企業のCEOという地位を生かし、アップルを「善行を促進する」存在にしていくと率直に語っている。後の章で見るように、クックはアップルの慈善寄付を大幅に増やし、再生可能エネルギーを積極的に活用する企業の先駆けとなり、自社製品をより毒性が少なく、リサイクル可能なものにすることを追求し、サプライチェーンをより安全で非搾取的な環境にするために働きかけ、アップルをより包括的で多様性のある職場にするために多くの努力を行ってきた。

彼の倫理観は、クリスチャンの家庭環境や南部の風俗、そして彼の英雄であるキング牧師とケネディ大統領の教えに根ざしたものだ。彼はあるスピーチの中で、次のように回想している。「私は両親や教会から学び、自分の心で培ってきた倫理観を日々生かしています。そしてそれは、自分自身を発見する旅へと私を導いたのです」。また彼は、本から学んだ経験も生かしている。彼は子どもの頃、ロバーツデールの図書館で、ハーパー・リーの『アラバマ物語』を借りたことがあったという。架空のアラバマの町において、心優しい弁護士であるアティカス・フィンチが、人種差別と正義の戦いを繰り広げる様子は、明らかにクックと共鳴するところがある。

社会から軽視されているマイノリティグループに対するクックの支援は、彼が南部の同性愛者として育った経験が生かされたものである。

トークショーの司会者であるスティーヴン・コルベアが、2015年のテレビインタビューで直接質問するまで、クックが自分の人生を、この側面から公に語ったことは一度もなかった。「そのセクシュアリティに生まれたことで、アラバマで一種のアウトサイダーとして育った経験は、今のあなたが世界中の困難を抱える人々を支援しようとしていることと、何か関係がありますか」というコルベアの質問に対し、クックは肯定的な返答をし、世間にはびこっている同性愛に対する嫌悪に対抗するため、何かしなければならないと感じていると語った。「子どもたちは学校でいじめられ、その多くは差別され、両親から拒絶されています。私が何とかしなければならないと感じたのです」と彼は語った。この返答は、私生活に触れられるのを極端に嫌う男のプライベートな部分を、ほんの一瞬垣間見せてくれるものだった。

クックが同性愛者であることと、彼が進歩的な人権問題について語ろうとする意欲を持っていることの間には接点があるというコルベアの考え方に賛同する者は他にもいた。「1960年代にアラバマで育ち、彼がその後してきたことを鑑みると、同性愛者である彼は沈黙の危険性を人一倍理解していたと私は確信しています」。ケネディ大統領の娘で、人権活動家のケリー・ケネディはこう語った。

「今の彼は、間違ったことを目にしたとき、立ち上がることを恐れてはいないのです」。

クックは、ゲイの若者としての経験を話したことがほとんどなく、話を聞いたところによると、高校ではそのことを隠していたようだ。彼の友人であるクラリッサ・ブラッドストックは当時、彼がゲイであることを知らず、彼に恋心を抱いてすらいたと語っている。彼らの通っていた高校は、カミングアウトするのに適した環境とは言えなかったかもしれないというのが、彼女の見解である。「当時の高校には、おそらく異なった性的指向を持っていると私が感じていた生徒が、何人かいました」と彼女は語った。「でも、誰も何も言いませんでした。彼らが嫌がらせを受けることはありませんでしたが、カミングアウトすることは、もちろん許されていなかったのです」。

「ロバーツデールは、州内でもリベラルの拠点であるとは言い難いところです」と、パトリシア・トッド議員は語った。彼女はこの州で唯一、同性愛者であることを公表した議員である。「もし彼が若いときにカミングアウトしていたなら、それはずっと過酷なものになっていたでしょう」。あるボールドウィン郡の住民も、この意見に賛同した。「もし彼がゲイであることを知っていたなら、地元の人たちは彼と距離を置いたでしょう。ゲイの人が待ち伏せされて、殴られた話はたくさんありますす。加害者が警官で、被害者は『階段から落ちた』と判事に証言したこともあったんです」。ロバーツデールに住んでいた間、クックが自らのセクシュアリティを公言しない選択を取ったのは、当然のことと言える。

しかし今では、トッド議員を含めた多くの人々が、クックがカミングアウトしたことを称賛している。彼女は、このことは他の人たちに彼の後を追う力を与え、同性愛者に対する偏見を取り除くことにつながると語っている。

「ティムのようなCEOがカミングアウトすることは、大きな変化を生じさせると私は考えます。それによって人々は、私たちのコミュニティが、どれほど多様なものであるか、そして我々のような存在はどこにでもいるということに気づくのです。性別や人種、民族のような、差別の要因となる他の特徴とは異なり、私たちは隠すことができます。しかし今、人々はカミングアウトする勇気を得たと感じているのです。ティムは、その立役者の1人です。最も成功している企業のCEOがカミングアウトすれば、人々は関心を持つでしょう」。

そしてそれこそが、クックの意図したところだった。彼は『ブルームバーグ』誌で「カミングアウト」について語った論説の中で、「アップルのCEOがゲイであると知ることは、本当の自分を受け入れることに苦しむ人々の支えとなり、孤独を感じるすべての人の慰《なぐさ》めとなり、彼らが自分たちの平等を訴えるきっかけをもたらす可能性があるのです。そしてこれは、私自身のプライバシーをさらす価値があることなのです」と記している。

故郷のアンチヒーロー

ロバーツデールの住民の多くは、クックの功績を知っていたが、彼が故郷で公に称賛されたことは今日までない。彼の古い友人やクラスメイトの中には、彼の成し遂げたことを誇らしげに語る者もいるが、今も昔も、クックの功績に対して、バッジやトロフィーが贈られたことは一度もない。

彼が通っていた高校のガラスケースには、1950年代の卒業生であるジョー・ナルドレス——アメフトの花形選手で、全米フットボール連盟のランニングバックだった——を称える品々が飾られているが、クックに関するものは見当たらない。彼はアスリートではなく、ビジネスマンであることが理由なのかもしれない。そして、現在の住民の1人は、ほとんどの町民はクックが何者であるかを知らないと語っている。彼らはアラバマの小さな町から出ることがなく、世界的に著名なCEOに関心がないのだ。

クックが誰であるかを知っている住民の中には、彼らが求める地元の経済に対する貢献を、彼が十分に果たしていないと考える者もいる。フェイスブックの「ロバーツデールの過去と現在」というスレッドでは、なぜ彼はアップルを通してこの地域に貢献しないのか、長きにわたって議論されている。投稿者の1人は、クックの故郷であるにもかかわらず、なぜロバーツデールはテクノロジーの中心地になっていないのかと訴えていた。そしてこれは、多くの人が共有している疑問のようだ。

現在の住民の1人である21歳のディラン・ゴズネイは、この町で仕事にありつくのは本当に難しいと語っている。彼は日雇いの溶接工として働くこともあるが、本当のところ失業者だという。それは彼だけではない。アメリカの多くの地方と同じように、ロバーツデールは長きにわたって失業問題に苦しめられてきた。「ここで生きていくにあたって、最大の悩みの種が仕事です。皆が3つの仕事を掛けもちしなければ、やっていけないほど過酷なんです。何もないんですから。ここに本社がある有名企業は、1つもありません。多くの住民は、彼がここに何かしらの施設を作って雇用を生み出してくれることを期待しているんです」と彼は語った。

しかし、アップルがこの町に来るのは、しばらく先のことになりそうだ。現在のアラバマ州には、人種や年齢、セクシュアリティに基づいた差別を禁止する明確な法律が存在していない。2014年、アラバマ名誉市民に任命されるとすぐに、クックは州が差別禁止法を可決するまでアップルがこの地に投資することはない、とトッド議員に対して内々で語っている。「アラバマの市民たちは、今日でも、自らの性的指向のために解雇される可能性を抱えています。私たちは、過去を変えることはできなくとも、そこから学び、異なる未来を創造していくことはできるのです」と彼は語った。

クックの訪問のすぐ後、彼に刺激を受けたトッド議員は、彼の名にちなんだ反差別法案をアラバマ州議会に提出した。「ティムは自身の名がつけられたことを光栄に感じていました」と彼女は語った。しかし不幸にも、それが法律になることはなかった。「もちろん、うまくいかないとわかっていました」と彼女は語った。「私は民主党員ですが、州議会は共和党員によって支配されています。彼らは過半数を超えているのです。彼らが反差別の法案を通すことはありません。共和党にとって、何より象徴的なことですから。ですが少なくとも、我々は議論を始めたのです」。法律化には失敗したものの、州議会は正しい方向への一歩を踏み出した。

自らが育った町と州に対して、クックが決して無関心ではないことは明白だ。トッド議員は、次のように語っている。「彼はアラバマで起こっていることに対して、強い関心を抱いています。彼は常に気にかけているんです。州が前進するための手助けをしようとしています。とはいえ何しろここはアラバマですから、長い時間がかかるとは思いますが……」。

２０１４年12月、クックはワシントンに拠点を持つ人権擁護団体であるＨＲＣに、非公開ではあるが「相当な」額の寄付を行った。この団体は、アラバマ州、アーカンソー州、ミシシッピ州における同性愛者の権利のための３年にわたる８５０万ドル（約9億4千万円）のキャンペーンを開始したところだった。このキャンペーンは現在も進行中で、３つの州すべてに、現地事務所と専任のスタッフが置かれている。クックの寄付により、ＨＲＣは国内で最も大きなＬＧＢＴＱ（レズビアン、ゲイ、バイセクシュアル、トランスジェンダーおよびそれ以外の性的マイノリティの総称）のための公民権団体にまで成長し、３００万人以上の団員と支援者を抱えている。

またクックは、アラバマの「黒人居住地帯《ブラックベルト》」――その地域に特有の黒土にちなんで名づけられた貧困地帯――の貧困家庭の子どもたちが通う学校に、ｉＰａｄを寄付している。「彼は州に貢献してきましたが、選出された議員たち、特に州議会の議員たちに対して、『あなたたちが反差別法を制定しない限り、アラバマで事業を拡大するつもりはありません』と、非常にはっきり宣言しています。しかもちろん、アラバマに良い雇用をもたらすよりも聖書に狂信的であるほうが大切だというのなら、法律が通ることはないでしょうね」と、トッド議員は語った。

またクックは、地元のビジネス団体に対して、反差別を積極的に表明することを促している。現行の法律やバスルーム法（生まれ持った性別以外の性の、トイレなどの使用を禁じる法律）のような分断的取り組みが推奨される現状においては、アラバマに事業を誘致するのは困難なことだった。「10年前、これから反差別運動の先頭に立つのは、軍隊と企業になると言われたら私は笑ったでしょう。ですが実際に今、そうなっているのです」とトッド議員は語った。「時代に逆行し、差別を許容している州であると認識されれば、優良企業を誘致し、経済を発展させていくのは困難になるのが現状です」。

ゆっくりとした足取りではあるが、アラバマ州が法律を改正することに、クックは望みを抱いている。結局のところ、この場所は彼にとって特別なのだ。母校のオーバーン大学のアメフトを観戦し、家族を訪ねるため、彼は定期的に帰省している。人生の最初の21年間をこの地で過ごしたことが、彼に影響を与えたのは言うまでもない。彼はアラバマ州バーミングハムを訪れた際、若者のグループに対して「私の人格のほとんどは、このアラバマで作られたんだ」と語っている。うまくいけば、彼らの何人かはクックの後を追い、アラバマを良い方向へ進ませることになるだろう。

オーバーンで工学を学ぶ

1978年に高校を卒業すると、クックはロバーツデールを後にして、生産工学の理学士号をとるため、オーバーン大学へ進学した。これは彼が長年抱いていた夢の1つだった。「まだ7年生だった頃から、あの子は『オーバーンに行きたい』と言っていました」と、彼の母は回想している。オーバーン大学はクックの故郷からは比較的近い所にあった。

また、アラバマ州に留まることは、彼にとって重要なことだった。他の選択肢として、タスカルーサにあるアラバマ大学があったが、自分にはお上品すぎる気がしていた。「アラバマ大は、医師や弁護士を志望する富裕層が行くところだったので、自分を労働者階級の1人だととらえていた私には適さないと思いました。そして労働者階級の人々は、オーバーンへ行っていたのです」と彼は説明している。

オーバーンで生産工学を学ぶという彼の選択は、賢明なものだった。クライスラーの元CEOのリー・アイアコッカや、ウォルマートの元CEOのマイク・デューク、ユナイテッド・パーセル・サービスの元CEOのマイケル・エスキューらは、全員が生産工学部出身だった。この学部を選択した若きクックは、彼らと同じ道を歩むこととなり、それは彼の感性と能力に合致するものだった。

生産工学は、複雑なシステムを最適化する方法に焦点を置き、無駄な支出を取り払い、資源を最大限活用する最善策を見つけ出す学問である。これはクックが早くから身に付けていた能力の1つだった。「彼は不必要なものを切り捨てて、問題の要点にすばやく到達することができたのです」。彼を教えていた教授の1人であるロバート・バルフィンはこう語っている。

オーバーン大学におけるクックの経歴は、目を見張るようなものとは言えなかったが、中身の濃いものだった。彼は最終学年のとき、極めて優れた工学部卒業生に推薦されたが、その栄誉に対して信じられないほど謙虚だった。「私にはもったいないものです。この栄誉に値する人たちは、私の他にたくさんいます」。当時の彼はこう主張していた。

クックを教えた学部教授の1人であるサイード・マグスドゥルは、彼のことを「BプラスかAマイナスを手堅く取る生徒」として認識していた。クックがアップルのCEOになった年に発行された『ニューヨーク・タイムズ』紙のインタビューで、マグスドゥルは彼を「とても静かで控えめだが、非常に熱心な生徒」で、「静かに座って勉強していた」と振り返っている。しかし同時にクックは、人柄がよく友達にするにはぴったりで、高校時代と同じくらい大学でも人気者だった。当時の写真には、友人グループと冗談を言って笑う彼の姿が写っている。

オーバーン大学で、彼は今後のキャリアを通して役に立つスキルの多くを身に付けていった。そのうちの1つがプログラミングである。ある授業で、彼は大学の近くにある信号機が切り替わるタイミングを改良するためのシステムを製作した。「私は交通を最適化しようとしました。当時は信号の切り替えが、交通状況にかかわらずタイマーで時間ごとに設定されていたのです」と彼は説明した。「周囲の環境を安全に保ったまま、人々が長く待たなくてもいいように、信号待ちの列を減らす方法を考案したかったのです」。

彼のシステムは、実際にうまく働いたため、地元警察はそれを採用した。「当時はすごくクールなシステムでした。そして実際、うまく働いたのです。警察はそれを実装しました」と彼は語っている。しかし最近の彼は、プログラミングの腕が落ちたようで、自分のプログラミングの腕は「悪くはない」が、「アップルには私より優れた能力の持ち主がとてもたくさんいるんです」と冗談を飛ばしている。

オーバーンでの日々は、クックの仕事に対する姿勢と、世界を見る目に大きな影響を与えたようだ。1943年、同大学の初代フットボールコーチだったジョージ・ピートリーによって書かれたオーバーン大学の理念は、次のようなものである。「私はここが、実践的な世界であると信じており、ゆえに、自分が培ったもののみが信頼に値すると考えている。したがって私は、働くこと、ひときわ懸命に働くことの価値を信じる。そしてそのための知識を与え、巧みに働くために精神と手先を鍛えてくれる教育の価値を信じる。私は、正直であることと、誠実であることの価値を信じる。それなしでは、仲間の尊敬と信頼を勝ち取ることはできない」。

クックは2010年、オーバーン大学の卒業式のスピーチで、これらの言葉を自分の信念として復唱した。「言葉自体は単純なものですが、ここには途方もない尊厳と知恵が含まれており、それらは時を経ても不変なのです。賢明な努力をせずに成功を遂げようと目論む者は、最終的には自分自身を欺《あざむ》き、さらに悪いことには他人を欺くことになるのです」。彼は聴衆に向けてこう語った。クックは若い頃から、懸命に働くことの価値を心から信じており、彼のアップルの経営方法を見ると、社員たちにもそれを重んじるよう望んでいるのは明白である。

オーバーン大学で、クックは初めて真の企業経営を経験した。学生時代、彼は協同教育プログラムを受講しており、バージニア州リッチモンドにあるレイノルズ・アルミニウム社にある大学施設に赴《おもむ》くことがあった。結果的にこのプログラムは、リアルな仕事現場を学ぶ特訓の場となった。

クックが受講し始めてからすぐに、同社は従業員の多くをリストラする必要に迫られたが、彼らの損失は、クックにとっての利益となった。彼はその埋め合わせをする機会に恵まれ、社長の側近として会社を経営する手助けをすることになったのだ。アップルのトップになる数十年前に、社内で上から2番目の指揮官の役割を担ったことは、のちの彼という人間を完成させる出来事の1つとなった。

クックはオーバーン大学を1982年に卒業した。これはアップルが自社株を初めて売り出してからおよそ18カ月後、飛躍的な発明であるMacintoshを発売する18カ月前のことだった。しかしアップルはまだ、この21歳の視界には入っていなかった。彼が大学を卒業したとき、コンピューター業界大手で、初代IBMがPCを発売したばかりだったIBMのリクルーターが彼に就職を勧めてきた。クックはアンダーセン・コンサルティングとゼネラル・エレクトリックからもオファーを受けており、両社とも働くのには魅力的な企業だったが、IBMに就職する決心をしたことについて、次のように語っている。「実は私は、コンピューターについて深く考えたことがなかったのです。もし違う選択をしていたら、異なる未来を歩んでいたか、ですか？　わかりません。でも人生において自分が何者であるかを定義するものはほんの一握りしかなく、私にとって当時のこの選択は、確実にその中の1つでした」。それまでハイテク業界で働くことを考えたことがなかった――この業界はまだできて間もなく、卒業生の就活リストの上位に載ることはほとんどなかった――にもかかわらず、IBMでの仕事は彼にとって条件が良く、クックはそれを受け入れた。

電気工学の学位を取得した直後に、クックは急成長しているＩＢＭのＰＣ部門に加わった。そこはコンピューター業界大手の比較的新しくできた部署であり、ノースカロライナ州のリサーチ・トライアングル・パークにある巨大な組み立て工場を操業していた。アメフトの試合観戦のため、オーバーンへ一時的に戻るときを除いて、当時の彼が過去を振り返ることはなかった。

第3章
ビッグブルーで業界を学ぶ

ＩＢＭ ＰＣ

ＩＢＭでの仕事を確保したことは、若いクックにとって幸運だった。１９８０年代初頭、コンピューター業界は、エキサイティングで活気に満ちあふれた場所だった。才能と意欲のある人間にとって、やればやるだけ大きな報いを望める環境だった。そこでクックが頭角を現したのは、当然だと言える。

家庭用コンピューター産業は当時まだ新しく、アップルやアタリ、コモドール、そしてＩＢＭのPersonal Computerが、徐々に関心を集めていたにもかかわらず、アメリカで自分たちのＰＣを所有している家庭は、10％に満たなかった。その市場は、爆発的成長を遂げる前段階にあり、製造業者たちは、初めてのＰＣを買おうとしている顧客を、どう惹きつけるかで競い合っていた。

当時、ＩＢＭはこの業界の熱の中心にいた。初代ＰＣを発売する前のＩＢＭは、企業や政府向けの部屋を埋め尽くすほど巨大なコンピューターの販売で有名で、すでに世界規模で35万人以上の社員を抱えていた。１９８１年、スティーブ・ジョブズとスティーブ・ウォズニアックの開発したＡｐｐｌｅ Ⅱが、当時最も小さなコンピューターとして成功したことをきっかけに、このコンピューター業界大手は、駆け出しのＰＣビジネスに参入することを決定した。

ＩＢＭ初のPersonal Computerは、今日ではこの企業の象徴となっている画期的なマシンだった。大きな商業的ヒットを飛ばし、スタンダードな部品で作られていたために、多くの企業に模倣された。

その名も「Personal Computer」――略してPC――は、小さくて速度の速い安価なマシンの総称となった。IBMが言うところのクローン・マシンは、それから10年で数十億ドル規模のPC産業を支配することになった。

1565ドル（約18万円）のPCには、BASICという当時一般的だったプログラミング言語が使われており（Microsoft Windowsが発売されたのは、数年後の1985年である）、さまざまな用途に使える柔軟性を持ち、パフォーマンスも高く、使いやすいものだった。16ビットのマイクロプロセッサ、16キロバイトのRAM（自由に読み書き可能な半導体メモリ）、40キロバイトのストレージが内蔵されており、当時としては高性能だった。

しかし、非常に高い処理能力と大きなストレージを持つ今日のコンピューターと比べると、その速度は遅く、性能も基本的なものに限られた。Apple Watch Series 3を例にとると、手首に装着できるほど小さなデバイスの中に、PCの40万倍のストレージ（Apple Watchが16ギガバイトなのに対し、PCは40キロバイト）を内蔵している。

また、PCの「高解像度」ディスプレイには、25行のスペースがあり、各行には最大80文字を入力することができた。1982年、最も手頃な価格のIBM製コンピューターだったPCについて、当時のカタログの1つには、次のようなうたい文句がつけられていた。「高度な設計特性と、多岐にわたる生産的プログラムが、自分だけのコンピューターを持つことの価値を高め、使う楽しさをより大きなものにします」。このマシンは、会計や通信、請求書の作成といった、日常の社内業務のために、比較的安価でさまざまな用途に使えるコンピューターを求めていたビジネス界で、特に人気となった。

そしてすぐに、世界中のオフィスのスタンダードとなった。かつてはオタク趣味の人のためのニッチな産業だったものが、ビジネス界の主流となったのだ。

その年の終わり、ＩＢＭは毎分1台はＰＣを売っていた。同社は当初、5年間で約25万台に推移すると想定していたが、ひと月に製造したＰＣがその月にすべて売れてしまったこともあり、ＡｐｐｌｅⅡの最も大きな競合相手となっていた。１９８２年、ＩＢＭのオリジナルＰＣと、競合他社が作ったクローン――率直に言うとＰＣの模倣――は、アメリカ国内で合わせて２８０万台を売り上げ、その数は前年の2倍となった。

その非常に好調な滑り出しのおかげで、このコンピューターは１９８２年、『タイム』誌の「マン・オブ・ザ・イヤー」（現在の名称は「パーソン・オブ・ザ・イヤー」）」に選ばれるという名誉を授かった。

さらにこれは、アップル――具体的にはスティーブ・ジョブズ――に影響を与えた。彼は自分が、「マン・オブ・ザ・イヤー」に選ばれなかったことに動揺していた。アップルはその年、コンピューター業界で初めて、年間売上高が10億ドル（約１１００億円）に達する企業となっていたので、彼は確実に自分がこの賞に選ばれるだろうという誤った想定をしていた。「彼らは私宛に、この号を宅配便で送ってきたんだ」。ジョブズは、彼の伝記を書いていたウォルター・アイザックソンに、死の数年前にこう暴露している。「包みを開けたときのことを覚えているよ。表紙には自分の顔が写っていると信じていたのに、実際はあのコンピューターだ。私は『はあ？』となって、それから記事を読んだ」。ジョブズは付け加えた。「本当にひどかったよ、実際、泣いてしまったほどだ」。

これはアップルにとって大きな打撃だったが、クックがここで働くことを考える、ずっと前の出来事だった。当時の彼は、ＩＢＭのＰＣ部門でキャリアをスタートさせたことに喜びを感じており、そこでの経験がアップルで名声を得るために必要な技術を彼にもたらすことになった。

リサーチ・トライアングル・パークの工場

ＩＢＭのＰＣ部門の拠点は、リサーチ・トライアングル・パーク（ＲＴＰ）にある大きな工場だった。当時、急成長している最中で、多くの新入社員を必要としていた。当時のＩＢＭの戦略は、多くの大学卒業生を採用して仕事を教え込み、独自のランク内で昇進させるというもので、クックが同社で初めて昇進を経験した方法だった。彼がＩＢＭに入社したとき、ＲＴＰの施設は、60万平方フィート（約5万5000平方メートル）におよぶ巨大な工場だった。そこでは組み立ておよび検査を行っており、これほど大きいものは他に存在しなかった。また、自社工場で作られたいくつかのコンポーネント（キーボードなど）を除いて、ＩＢＭはコンピューターのほとんどの部品を、インテルのような外部企業から購入していた。

工場は6つの生産ラインを稼働させ、月曜から金曜まで、24時間、3交代制で操業していた。週末には操業を停止していたが、遅れが出ているときや、大口の注文が入ったときは別だった。毎日欠かさず、100台以上の18輪セミトラックが部品を運搬していた。しかし、倉庫は1つもなかった。部品は工場の入り口から運び入れられ、数時間後には、組み立てられたコンピューターとして運び出された（1ライン当たり、毎分およそ1台のコンピューターが完成する計算だった）。

工場の1万2000人の従業員のうち、約半数は組立工で、ほぼすべての組み立て作業は、手作業で行われていた。IBMの古株で、工場長だった当時36歳のジーン・アデッソは、毎日6000〜8000台のコンピューターが組み立てられ、ピーク時には1日1万台を超えることもあったと語っている。組み立てが終わったマシンは、ベルトコンベヤーを通って検査エリアへ進み、そこでいくつかの検査を受けた。合格すると、そのまま梱包エリアへ進んだが、そこは工場で唯一、高度に自動化されたエリアだった。そのプロセスが完了すると、梱包済の製品はトラックに積み込まれ、販売業者や顧客のもとへ運ばれた。

ジャストインタイム生産方式

工場での製造は、無駄がなく効率的だった。ジャストインタイム生産方式（JIT）もしくは、IBMで言うところの「連続生産方式」（CFM）と呼ばれるシステムを採用していた。「JITは、倉庫内の在庫を維持する必要がないことを意味しています。ただ作って、運ぶ。時間と資金の大きな節約になったんです」とアデッソは説明した。部品や完成品の在庫を抱えることが全くなかったため、倉庫のスペースも必要なかったのだ。

アメリカ国内で一般に「無駄のない生産方式」と呼ばれるJITの理念は、製品の余剰を避けつつ、顧客の需要を効率的に満たすことだった。この生産方式は、1960〜70年代を通して日本で普及しており、自動化とJITの2つを全生産システムを柱としたトヨタが、その先頭を務めた。この方式は製造工程をより効率的なものにし、投資収益率の向上につながった。

JIT生産方式では、「製造工程において、組み立てに必要な適切な部品が、必要なときに、必要な量だけ、製造ラインに到達していなければならない」。トヨタの元エンジニアで、「トヨタ生産方式」の生みの親と考えられている大野耐一は、自身の著書である『トヨタ生産方式——脱規模の経営をめざして』の中でこう説明している。「全体を通して、この工程を確立している企業は、在庫をゼロにできる可能性がある」。これこそが、IBMのゴールだった。急激な成長途中にあるPC業界では、半年以内に製品が時代遅れになる可能性があるため、部品や完成済のコンピューターへの投資を、最小限に抑えようとしたのである。

大野とトヨタは、JITの考えをアメリカの自動車産業界から得ていたと誤解されることが多い。しかし、トヨタの方式は、実はアメリカのセルフサービスのスーパーマーケットに着想を得たものだった。スーパーマーケットは必要に迫られたものを買う場所なのです」と大野は考察している。「スーパーマーケットの経営者たちは、顧客が必要なものを、いつでも購入することができるようにしておく必要があるのです」。

大野は、このような量販店が、顧客の購買習慣やその頻度に応じて、在庫を補充していることに気づいていた。彼らは顧客の需要に見合った十分な在庫を抱えており、必要なときがきたら、棚いっぱいに補充するという作業を繰り返していた。

トヨタはＪＩＴのパイオニアであり、他社もすぐそれに続いたが、同様の生産プロセスは、すでにかなり前から言及されていた。ヘンリー・フォードは、１９２３年の著書『My Life and Work（私の生涯と仕事）』の中で、「必要に迫られて買うことほど、価値のあることはないということに、原料調達を行う際に気がついた。我々は、そのときの輸送状況を考慮して、生産計画に必要な分だけ購入している」と記している。「輸送が完璧に行われ、原料が滞りなく供給されることが保証されるのであれば、在庫を確保しておく必要は全くない。原料は予定通りに、計画された順番と量で到着し、鉄道車両から降ろされてすぐに生産過程へと移ることになるだろう。この方法は、売り上げに直結し、原料への支出を削減することになるため、大幅な節約が見込めるだろう」と彼は続けた。

世界初のＰＣの１つを開発した企業として、ＩＢＭはＰＣ製造におけるＪＩＴのパイオニアだった。同社は、１９８５年1月、アリゾナ州ツーソンにある施設で、連続生産方式（ＣＦＭ）の運用を初めて開始した。この施設では、光学式記憶装置やレーザープリンター、プリント基板を製造していた。この時点でのプリント基板のサイクルタイムは、17・5日だったが、ＣＦＭが本格的に運用された１９８７年12月には、ほぼ半分に短縮された。結果として、品質も大幅に向上し、空間利用率も１０0％向上し、従業員の勤労意欲も21％上昇した。

クックの初めての仕事

ＩＢＭでの最初の仕事を通して、クックはＪＩＴ生産の複雑さを学び、その知識は後に、アップルの製造プロセス全体を徹底的に見直す際に活用された。彼の最初の仕事は、工場の生産ラインにおけるパイプラインの管理、すなわち、ＰＣの製造に十分な量の部品が、工場にそろっているかを確認する仕事であり、想像よりも過酷なものだった。

正確さと細部まで気を配ることを求められるストレスのたまる仕事だった。そしてこの生産ラインにおけるパイプラインの管理は、重要で複雑なものだった。副社長ならびにＲＴＰにある工場の工場長を兼任していたリチャード・ドアティは、次のように語っている。「我々は多くの業者を抱えており、適切な部品が、適切な時間に適切な場所にあるかどうかを、常に把握しておくことは、非常に困難でした。また、これは大変重要な仕事で、もしミスをすれば、製品を出荷することができなくなるか、過剰な在庫を抱えて立ち往生することになるのです。どちらも致命的でした。しかしそれは、ティムが最も活躍し、多くの専門知識を生かすことのできた分野だったと記憶しています」。

すべてはコンピューター化され、工場の管理者たちは、いつ、どこで、何時に、何が起きているのかを、正確に把握していた。また、すべては非常に注意深く追跡されていたため、工場内の在庫の量は常に適切だったが、ＩＢＭは半年ごとに新たなＰＣを発表したため、在庫管理チームは強いプレッシャーを感じていた。製造に遅れが出たときには、「クックや彼の同僚たちがその責任を取り、問題を解決したことを覚えています」とドアティは語っている。クックがその集団から抜きん出て、パイプラインの管理と運用に優れた才能を発揮するようになったのは、それから間もなくしてのことだった。

クックの高い潜在能力

IBMに入社してから数年後、クックは高い潜在能力《ハイ・ポテンシャル》――IBM社内では「ハイポ」と略される――を持った人物として認知されるようになった。IBMにおいて、ハイポ・プログラムは重要な意味を持っており、会社の将来を担うリーダーのための出世コースとなっていた。工場の経営幹部たちは毎年、最も有望な25人の若手社員のリストを作成していた。リストは、業績や責任感、リーダーとしての潜在能力などの項目によってランク付けされていた。そしてクックは、そのランキングの1番上にいたのである。

「私は彼を、自分のハイポ・リストの1位にランク付けしていました」とドアティは語った。「彼は非常に早い時期から、スター候補として注目を集めていました。私も彼の才能に気づくことができ、1位にしたのです。経営幹部たちは、彼の能力に絶対の自信を感じていました。それほど期待していたのです」。

クックがハイポ・リストの一角を獲得し、最終的にはIBMでの高い地位を確立するまでになったのは、高校と大学を通して彼が培ってきた労働倫理のおかげだった。工場におけるパーソナル・コンピューター製造の元責任者で、かつてクックの上司だったこともあるレイ・メイズも、クックが同僚たちの中で抜きん出ていたことに同意している。「私が感じていた彼の優れたところは、その労働倫理でした」とメイズは語った。

「彼がちゃんと寝ていたのか、私には確信が持てません。例えば、こんなことがありました。当時、彼は中国にいて、現地は午前2時か3時のはずなのにもかかわらず、「私のメールに」5分とかからずに返信してきたんです。彼は、私がこれまで一緒に働いてきた人々の中で、間違いなく最も賢い1人です」。そしてメイズは、次のように付け加えた。「彼という人間、そして彼のしてきたことのすべては、徹底的に考え抜かれた結果なのです」。

IBMの理念において、リーダー的地位の人物は、社外から引き抜いてくるのではなく、社内から昇進させる慣習になっていた。優れた実績を上げてリストに載った社員たちは、出世コースの最前列に並び、リーダーになるための教育を受けていた。優秀な社員たちは、IBMの業務について、より包括的に把握するために工場内の部署を転々とし、さまざまな業務を割り当てられた。「我々が彼らにすることの1つは、さまざまな部署に異動させて、IBMに対する彼らの知識を広げることです」と、メイズは語った。ハイポの1人として、クックはあるときは製造部門のマネージャーを務め、またあるときは工場長の補佐として管理業務に当たった。

工場の運営に加えて、クックと彼の同僚たちは、しばしばサプライヤーのもとへ出向き、業務をチェックし、正しい品質を維持しているか、時間通りに配送することができているかを確認した。そして、サプライヤーが物流上の問題を抱えている場合には、しばしばその問題解決に力を貸した。「出張から戻った後、IBMの工場長に結果をプレゼンする役に選ばれていたのは誰だと思いますか?」とドアティは私に尋ねた。「いつもクックでしたよ」。ジーン・アデッソも、これに同意した。「彼を見た人は皆、この男はリーダーになるだろうと考えるんです。彼は人々をうまく管理することができるんですよ。グループ内で際立った存在でした。そして仲間たちも彼を尊敬していたんです」。

学生時代のクックは、常に有能でありながら物静かな人物だったが、IBMでは、リーダーとして頭角を現し、周囲の人々もそれに気づいていた。彼は生まれつきリーダーとしての素質があり、IBMで働きながら、デューク大学でさらに教育を受け、自分の能力に磨きをかけていった。

クックのMBA

ハイポ・リストに載っているすべての社員たちは、経営におけるリーダーシップを学ぶカリキュラムを受講するため、大学へ通うことになっていた。自らもハイポだったメイズは、ニューヨークのチャーム・スクール(女性に美容法や礼儀作法、教養などを教える施設)へ送られたときのことを振り返った。「ニューヨーク市の広報活動の一環で、私は1週間そこに通い、言動の一つ一つを批評されました」と彼は語った。

しかしクックはそれで満足せず、デューク大学フュークア・スクール・オブ・ビジネスの夜間クラスに通い始め、1988年に、経営学修士号(MBA)を取得した。MBAを取得することはクックの希望だったが、授業料はＩＢＭが支払っていた。「ＭＢＡを取りたいという願望があるのに、このアドバンテージを利用しないのは愚かなことです」とメイズは語った。彼の妻ジェニーも、クックと同じ時期にＭＢＡのカリキュラムを受講していたのだ。フュークアの「イブニング・エグゼクティブ」コースは、18カ月にわたって開講され、講義は夜間に行われたが、クックや他の受講生にとって、それは過酷なスケジュールだった。メイズは次のように詳細に語った。「日中はずっと働き、その後は、夜の3～4時間にわたって「大学で」学び、そのうえ課題もこなさなければならないのです」。しかしクックにとって、それはやる価値のあることだった。

ＩＢＭは、経営とリーダーシップの能力を合わせ持つエンジニアを必要としていたため、ＭＢＡを取得したことは、彼のキャリアを向上させるのに役立った。２０１６年、ユタ州の技術視察に参加していたクックは、エンジニアの学位だけでは足りないことはわかっていたと語っている。エンジニアたちは、取り組む価値のある問題に対する包括的な視野を持つことで、自分の技術的な知識を補完する必要があり、彼はそれをＭＢＡに向けた勉強の中で獲得したと語った。

また、アップルの同僚たちが感銘を受けたものの1つに、彼のビジネスに対する手腕がある。「彼は良いビジネスマインドの持ち主です。スティーブは、リーダーにそれを求めていました。そしてティムは、そのビジネスセンスを持っていたのです」。クックの同僚である、グレッグ・ジョズウィアックはそう語っている。

早期の倫理規範

デューク大学で、クックは倫理学の講義も受講しており、深い影響を受けた。エンジニアが倫理学のコースを受けることはまれだったが、クックは自らの視野を広げ、エンジニアリングとビジネスを、より広い視点から見ることができるようになりたいと考えていた。

彼はキャリアの初期段階においても、企業は世界を良くするための力となり得るという考えに興味を抱いていた。ほとんどの科学技術教育には、倫理的トレーニングは含まれておらず、彼のこの考え方は、独自のものだった。この業界では常に、ソーシャルスキルよりもテクニカルスキルが尊重されてきたが、大手ハイテク企業の行動の倫理的性質が、大衆の強い監視下にある今日では、それが原因で起きた事件が多く見られるようになった。フェイスブックのプライバシー侵害から、ウーバーの従業員酷使まで、ハイテク業界における倫理観の欠如は、世間の関心の的となっている。シリコンバレーは、2016年頃から激しいバックラッシュ（揺り戻し）に見舞われてきた。稲妻のような速さで成長し、多くのものを破壊してきたにもかかわらず、その結果に全く責任を持たないという、ハイテク業界の風潮に対して抗議の声が上がっているのだ。

ハイテク産業界全体の品位が根本から試されているとき、クックのアップルにおける倫理的スタンスは際立ったものとなっている。「ビジネスに携わる多くの人は、倫理について考えるとき、不正会計やインサイダー取引を連想します。しかし、私はそうではありません」。2013年、デューク大学で行われた同窓会で、クックはこのように語った。

「倫理について考えるとき、私はある物事を、それを発見したときよりも良い状態で、後に残すことを考えます。そしてこのことは私にとって、環境への配慮から、労働問題を抱えるサプライヤーとの付き合い方、製品の二酸化炭素排出量、何を支援するかという選択、そして従業員の扱い方まで、すべてに関わることなのです。私のすべての言動は、この考え方がもとにあるのです」。

倫理学の講義によって、彼は同じ業界人の多くとは異なる方法でビジネスを考えるようになった。彼がそこで学んだ教訓――発見したときよりも良い状態で、物事を後に残すこと。環境に配慮し、従業員に敬意をもって接すること――は、彼の信念の支えとなり、アップルCEOとしての任期を象徴するものとなるだろう。彼はIBMで、アップルにおけるリーダーシップの基礎となるものを築き始め、そこには同僚との交流も含まれていた。

IBMのソーシャルライフ

長年にわたって、クックは他人と距離を置く人物だと評されてきたが、ドアティとアデッソは、IBMでの彼はそうではなかったと証言している。「彼を孤独な人物だとは思いません。彼は仲間とともに働き、チームを運営していました」とドアティは語った。彼は輪の中心にいることが多く、同僚たち――特に同時期に入社した人や、ハイポに選ばれた人たち――との付き合いは良かったという。

アデッソは、次のように述べている。「全員が同時期に入社したとても仲の良いグループがあって、彼らはよく一緒に出かけていました。そして彼は、そのグループ内に、特別に親しい女性の友人が男の友人に交じって、何人かいたんです。つまり、一緒にビールを飲みに行ったり、そんな関係です。彼はよくいる普通の男でしたよ」。

ＩＢＭでのクックは、非常に社交的で、ユーモアのセンスを持つ人物として皆の記憶に刻まれていたが、表舞台に立つ今日の彼は、真面目で思慮深い人物であると見られることが多い。彼のプレゼンやインタビューが、より真面目な側面を浮き彫りにし、品行方正で厳格、冗談を言いそうもない男という印象を与えてきたのだ。

しかし私生活においては、過去の同僚も現在の同僚も、彼はユーモラスな一面があり、すぐ自分自身を笑いのネタにすると語っている。ドアティは「彼はとても思慮深く、分別があり、よく働く男でしたが、同時に、優れたユーモアのセンスを持っていたんです」と語っている。

レイ・メイズは、これとは少し異なる印象を持っている。「皆、彼と一緒に働くことを楽しんでいました。彼は誰よりも賢く、誰よりも良い意味でアグレッシブで、誰よりもよく働いていました」。工場に勤めていた社員たちは皆、よく働いていたが、彼らのソーシャルライフは、非常にブルーカラー的だった。「一日中働いて、一晩中飲む。そういう文化だったんです」。

しかし「ティムは違っていました。彼は起きている間はほとんど働いていたので、私もよく知らないのです」。メイズはこのように語っている。これらすべてを考慮すると、クックには仕事の後に付き合いを楽しんだ少数の友人グループがいたようだが、パーティーに参加するよりも、仕事をしていることのほうが多かったようだ。

IBMに、親しい友人グループがいたにもかかわらず、クックは私生活については秘密主義を貫いていた。誰もクックがゲイであることを知らなかった。彼は自身の性生活について沈黙を保っていたと、アデッソは語っている。保守的なノースカロライナ州で、厳格な服装規定と伝統を持つIBMのような組織において、同性愛者であることを公表することは、社員にとって普通のことではなかった。「私は彼のセクシュアリティについて、全く知りませんでした」とアデッソは語った。「彼が去ってから数年後、かつて彼とともに働いていた男たちと一緒にゴルフをしていたとき、そのことが話題に上がったんです。でも、誰も気にしていませんでした。皆、彼のことが好きでしたから。彼自身も、それを押し付けることはしませんでした。秘密を貫いていたんです」。

彼は自らのプライベートを、プライベートなままにし、仕事に集中していた。後にクックは世間にカミングアウトしたが、その私生活はいまだスポットライトを浴びることなく、プライバシーは保たれている。

IBMでの昇進

IBMで10年以上にわたって働く中で、クックは何度か昇進し、第2マネージャーとなった。IB

Mのヒエラルキーでは、製造現場の平社員は第1マネージャーの監督下にある。第1マネージャー3、4人は、第2マネージャー1人に監督されていた。第3マネージャーは、工場長の監督下にあり、工場長はジェネラルマネージャーであるドアティの監督下にあった。

クックがIBMに勤めて8、9年が経った年のクリスマスに、休暇中の工場を操業することになった。シニアマネージャーの多くは、クリスマスから正月にかけての週によく休暇を取っていたが、この年、工場職員たちは、年末までに大量のコンピューターを出荷するよう重圧をかけられていた。「我々は慌てていました。年末のノルマを達成するため、大量のPCを出荷する必要があったのです。我々が休暇に入る直前、いつものように留守の間の責任者を探していると、ティムが志願してくれました。そして彼は、その週の工場全体の運営を見事にやり遂げ、我々は目標の生産高を達成したのです。ノルマの重圧は彼にとって大きなものでしたが、我々はやり遂げました。ティムのおかげです」。

年末の生産ラッシュは「一大事」だった。「社員たちは、東海岸で利用可能なすべての18輪トラックを、我々の所有するドックに連結して、製品を積み込みました。ティムは製品が船に乗せられたことを確認するため、正午から真夜中過ぎまでドックにいました。彼はうまくやっていました。常に冷静で、落ち着いていて、動じなかったのです。精神的に辛くなって取り乱してしまう者が多い中、ティムはプレッシャーを与えられても平然として、落ち着きを保っていました」とメイズは語った。

シニアマネージャーたちは、クックの労働倫理を認めた。多くのハイポと同じように、彼は最終的に、IBM本社で勤めるようになった。他の企業へ移るまでの間、彼は北米エリアを管轄するフルフィルメント（商品の受注から決済に至るまでの業務全般を指す）担当ディレクターに昇進した。

インテリジェント・エレクトロニクスに転職する

1994年10月10日までの12年間をクックはIBMで過ごし、その後デンバーにあるインテリジェント・エレクトロニクス（IE）のリセール部門で、最高執行責任者（COO）に就任した。

この企業がなくなって久しいが、当時はマイクロコンピューターやワークステーション、その他のテクノロジーを扱う大手のサプライヤーであり、クックが初めて1年を通して働いた1995年には、時価総額32億ドル（約3600億円）の企業だった。このとき、クックは33歳になっており、IEにおけるすべての製品とサービスの販売流通を担っていた。

なぜ彼がIBMを去り、より小さく、知名度も低い企業に移ったのかは定かでないが、小さな池の大きな魚となり、そのことが大きな昇給につながるという見込みが関係していたのかもしれない。1995年、当時としては破格の25万ドル（約2800万円）の給与と、6万7500ドル（約760万円）のボーナス、そして10万株を与えられていたことが、1996年の証券取引委員会への申請書に記載されている。「この転職は彼にとって非常に有利なもので、ティムは辞退することができませんでした」とメイズは語った。

しかし、常にうまくいくことばかりではなかった。IEに勤めている間、クックは健康に対する大きな不安に苦しめられていた。１９９６年、彼は疲労感やうずくような痛みを感じるようになり、身体をうまく動かせなくなることもあった。そして恐ろしいことに、当初は多発性硬化症であると誤診されたのだ。「その医師は、『クックさん、あなたは脳卒中を起こしたか、多発性硬化症であるかのどちらかです』と言ったんです」。

彼はオーバーン大学の同窓会誌へのインタビューで、こう当時を振り返っている。そして、この誤診によって、「世界を異なる視点から見る」ことになったと語った。この出来事は、ジョージア州で年に1度開催される2日間のサイクリングイベントのような、多発性硬化症のための研究資金を調達するチャリティーイベントに参加するきっかけとなった。しかし結局のところ、彼は多発性硬化症ではなく、症状は「信じられないほど重い荷物を、大量に運んだ」結果だった――しかし今日でも、彼は多発性硬化症の研究資金を集める手助けを続けている。

誤診が判明した後、彼はＩＥを大きな変革へ導いていった。彼の在職中、同社はパッカードベル（アメリカで創業した電気機器メーカー。２００７年に、台湾企業に買収されている）との新たな販売契約を結び、新しい価格モデルを導入し、業務を合理化した。また、アップル製品の販売を、ＩＥのリセラーを通して増大させることを目的として特別に設計された、パワー・コープスと呼ばれるプログラムを立ち上げた。

１９９４年度のＩＥの売上高は、21％増の32億ドル（約３６００億円）で、１９９５年度には再び36億ドル（約４０００億円）まで増大した。不正行為を主張した元社員からの訴訟が1件、およびＩ

Eが販売活動に関する情報を公表しないことにより、不当に株価をつり上げたと主張する株主からの集団訴訟が1件あったにもかかわらず、同社は成長を遂げていた。1997年、クックは会社をゼネラル・エレクトリックへ売却することを勧め、その売却価格は1億3600万ドル（約150億円）となった。

コンパックに合流する

IEの売却後間もなく、クックは同社のサプライヤーの1つだったコンパックに引き抜かれ、ヒューストンでコーポレートマテリアル担当副社長に就任した。この時点のコンパックは、アップル、さらにはIBMをも凌駕する世界最大のPCメーカーとなっており、Nonstopサーバーのラインナップで知られるタンデムコンピューターズと、モデム販売大手であるマイクロコムの買収を完了させたばかりだった。

1997年2月、コンパックは、同社で初めての1000ドル（約11万円）を切るデスクトップであるPresario 2000シリーズを発表した。このシリーズは、アメリカの60%におよぶPCを持ったことのない世帯を対象としていた。この入門機は、Windows 95を搭載し、より馴染みのあるインテルのチップではなく、新興のサイリックス・コーポレーションの一般的とは言えないがより安価なMediaGXプロセッサを選ぶという賭けに出ていた。インテルのチップは、当時も今も、多くのPCのスタンダードとなっているが、サイリックスのチップは全く知名度がなく、それゆえにリスクを伴っていた。
しかし、その賭けは成功することになる。Presario 2000シリーズによって、コンパックは3万2000人以上の社員を持つ企業に成長し、1997年の利益は、18・6億ドル（約2100億円）に達した。

MediaGXプロセッサは、手頃な価格のコンピューターのトレンドに弾みをつけ、価格を1000ドル以下に押し下げ、コンピューターをホームユーザーがより利用しやすいものに変えた。これを受けてインテルは、1998年4月、より安価な中央処理装置（CPU）であるCeleronを発表することとなった。そして別のハイテク企業であるAMDも、同様の措置を講じ、より安価なチップを生産した。その結果、PC価格は着実に下落していき、これは結果的に、アップルにとって悲惨な結果をもたらすこととなった。PCはより安価になったが、アップルのマシンはそうではなく、売れ残ったコンピューターを大量に抱え込むという深刻な問題に直面していた。

コンパックにおける6カ月という短い在職期間中に、クックはJITの派生で、同社が「ODM」と名づけた受注生産方式に移行する後押しをした。それは需要を見越して、マシンを組み立てて保管しておくのではなく、受注後に製造プロセスを開始するというもので、競合他社であるデルやゲートウェイがすでに運用していた方式だった。
予測をもとに生産する代わりに、実際の注文に応じて、コンピューターを製造することによって、コンパックはより柔軟な対応ができるようになり、無駄を減らすことができたが、同時に、迅速かつ費用対効果の高い方法で、需要に対応するため、サプライヤーをより効率的に管理する必要が生じた。「我々は、業界全体に衝撃を与えています」。当時のコンパックCEOだったエッカード・ファイファーはこう語った。「この新たな生産方式は、すべてのコンパック製品の設計や製造、設定、流通、注文、購入、サービス、およびアップグレードの方法、ならびにコンパックと顧客との関わり方や、提携するリセラーと協力して働く方法を形作るものです」。

受注生産によって効率が向上し、製造コストが劇的に低下したため、1997年秋、コンパックは最も人気のあったコンピューターの一部を値下げすることができた。それから数カ月後の1998年2月、同社はDesk Proシリーズ全体の価格を、最大18％引き下げ、デルやIBM、その他の競合他社も、間もなくそれに追随することを余儀なくされた。

当時のコンパックで、上級副社長とPC製品担当ジェネラルマネージャーを兼任していたマイケル・ウィンクラーは、次のように語っている。「ODMを継続的に微調整し、さらに高い効率性を実現することで、我々はDeskproのすべてのプラットフォームで、最先端のテクノロジーを用いた機能と、高い価値を提供することを可能にしました」。

コンパックはODMによって、販売されるまでの長い期間、在庫を保管しておく必要性はなくなった。ピーター・C・Y・チョウと、ベイツ・ギルによる『Weathering the Storm（嵐を切り抜ける）』では、コンパックがこの節約で生まれた資金を、他の領域に投資して成果を上げたことを説明している。「コンパックの視点から見ると、ODMの採用は、独自の研究開発とマーケティングの中核的能力に焦点を合わせつつ、残りの工程は台湾の下請け業者や販売業者に委ねることができることを意味する」。これは後に、クックがアップルへもたらす生産方式と根本的に同じものだった。

クックは、コンパックが生産方式をODMに移行するにあたり、重要な役割を担っていた。そしてそこでの彼の努力が、その存在をジョブズに知らしめるまで、そう長くはかからなかった。コンパックでの彼は、ODMへの移行を実現するため、契約メーカーと密接に協力する仲介役を務めていた。

当時のアップルは、その乱雑な製造工程を見直す必要に迫られていた。ジョブズは解決策を探し始め、その役目に最適な人物を見つけ出したのだ。「ティム・クックは、我々のニーズにぴったり符合するバックグラウンドを持って、目の前に現れたんだ」。彼は後に、ウォルター・アイザックソンに対して、当時のことをこのように語っている。「私は彼が、私と全く同じように物事を見ていることに気づいたんだ。私は日本で、JITを導入している多くの工場を視察し、MacとNeXTの製造のために、この方式を取り入れた工場を作った。私は自分が何を求めているか理解していた。そしてティムに会って、彼も同じことを求めているとわかったんだ」。こうして、非常に異なるタイプのリーダーであるクックとジョブズは、JITによる製造を協力して行っていくことになる。

コンパックにいる間、クックは人付き合いを避けていたが、IBMにいた頃と同様に、周囲の評判はとても良かった。ほとんどの同僚は、ヒューストン郊外で家族とともに暮らしていたのに対し、彼は都心に1人で暮らしていた。しかし、誰もが本当の彼を知る機会を与えられる前に、クックは快適で安定したコンパックを辞め、アップルに入社した。そこで彼は、今まで学んできたすべてを使って、コンピューターの製造から販売までの方法を徹底的に見直していくことになる。

第 4 章

倒産寸前の企業に加わる、一生に一度の機会

1998年3月11日、クックはアップルへ入社した。当時は多くの人が働きたいと望むような環境ではなく、倒産寸前の状況で従業員の士気も低かった。

スティーブ・ジョブズはその少し前にアップルへ戻り、暫定CEOまたの名をiCEO（彼は2000年に、暫定を意味するinterimの部分を省略している）の座に就いていた。彼の復帰を受けて、世間は楽観的な見通しを持つようになったが、実際には、ジョブズはまだ何も売っていなかった。

当時のアップルが世に出したたった1つの優れたものといえば、「シンク・ディファレント（発想を変えよう）」広告キャンペーンだった。顧客と収益がものすごい勢いで失われていく中、ジョブズは社内の改革を急ぎ、不要なものや人を処分していった。

アップルがここまで転落するのに時間はかからなかった。たった4年前の1994年の時点では、経営はうまく行っており、コンピューター業界ではIBMに続く2番目に大きな企業だった。同社はデスクトップ・パブリッシング（コンピューターを用いて、出版のための一連の作業を行うこと）革命によって大きな利益を得ており、使いやすいMacのコンピューターを、雑誌や新聞、書籍、その他の出版業界のメーカーに向けて大量に販売していた。ビジネスは非常に好調で、カリフォルニア、アイルランド、シンガポールの3カ所に巨大な工場を持ち、アメリカやヨーロッパ、アジアの市場に向けて、1日24時間、週7日にわたりコンピューターを量産していた。当時は1万3000人以上の従業員を雇用し、年間収益は90億ドル（約1兆円）を突破していた。

しかし1995年8月24日、マイクロソフトは、コンピューター業界を席巻したIBM互換機向けのオペレーティングシステム（OS）であるWindows 95を発売した。これはアップルのMacintoshのOSをあからさまに模倣したものだったが、結果的にデルやコンパック、そしてゲートウェイの安価なIBMクローン機は、より使いやすくなった。Windows 95は、初年度だけで4000万個を売り上げ、マイクロソフトに大きな商業的成功をもたらした。このOSを搭載しているPCは、アップルのマシンほど洗練されてはいなかったが、価格は圧倒的に安く、アップルのマシンとは違い飛ぶように売れていた。

アップルへの衝撃は、それが発売されてからすぐにやってきた。1995年には、同社は4億ドル（約450億円）以上の利益を上げていたが、1996年の第1四半期には6900万ドル（約77億円）の損失を計上している。そして続く第2四半期には、7億ドル（約780億円）というはるかに大きな赤字となり、当時のシリコンバレー史上、最大の損失の1つとなった。この結果アップルは従業員の解雇を始め、運悪く当時のCEOを務めていたマイケル・スピンドラーは解任させられ、彼に代わる新たなCEOとして、企業再建の名手として名高いギルバート・アメリオ博士が雇われた。

しかし事態の悪化は止まらなかった。それから18カ月の間に、コンピューター市場におけるアップルのシェアは、10％からわずか3％まで減少し、株価は暴落した。アメリオがCEOの座に就いていたその18カ月間で、アップルは16億ドル（約1800億円）の損失を出し、大きな負債を抱えることとなった。

しかしアメリオは1つだけ正しいことをした。次世代のオペレーティングシステムを手に入れるため、スティーブ・ジョブズがアップル追放後に創設したネクスト社を4億ドル（約450億円）で買収し、彼をアップルへ呼び戻したのだ。当初、ジョブズはアメリオのコンサルタントとして雇われたが、すぐにアメリオを追放し、取締役会は何年も前に共同設立した会社にiCEOとして再び加わるようジョブズに依頼した。

アップルを救うため、ジョブズはアメリオがやたらと広げていた事業をできる限り削減していった。市場に出回っている安価なWindows PCの多彩なラインナップに対抗するため、アメリオはアップルの製品ラインを40種類以上のモデルに拡大していたのだ。まずPowerMac、PowerBook、Quadra、Performaの4つの主要な製品ラインがあり、そこから数十種類におよぶさまざまなモデルを次々と派生させた。しかし、消費者にとって、各モデルが他のモデルとどのように異なっているかをすぐに理解するのは難しく、不可解なモデル名――Performa 5400/180（DE）5400CD、Performa 5400/160、Performa 5400/180（DE）など――は、混乱を招くだけで、製品を選ぶために顧客が利用できるのは、アップルが作った複雑なフローチャートだけだった。ジョブズは同社に戻るとすぐに「私すら理解できないものを、どうやって顧客に理解させるんだ？」と指摘しており、これは問題の核心をついていた。

ジョブズが舵を取ってから、初期の携帯用コンピューターであるNewtonのような収益の見込めない製品ラインや、それを手がけていた多くのエンジニアやマーケティング担当者が切り捨てられた一方、有能なチームのメンバーたちは他のプロジェクトを新たに割り当てられた。また数年におよぶ「クローンMac」急増の原因であるMac OSの悲惨なライセンス契約も停止された。

また知っている者も多いだろうが、ジョブズは膨大な製品ラインを1つのデスクトップ型マシンと1つのノート型マシン——それぞれ一般の消費者用と、プロ用のものがあった——の合わせて4つに減らすことを決定した。彼はホワイトボードに、自分の計画を2マス×2マスの簡単な図に表して説明した。アップルの取締役員たちは、そのあまりにシンプルな計画に唖然としてしまった。競合他社が何十もの製品を出荷する中で、ジョブズはたった4つの製品にアップルのすべてを投資しようとしていたのだ。4台のコンピューターのうちいずれかが失敗すれば、企業全体が破滅する可能性があった。取締役会の1人は、この計画を「自殺行為」だと表現していた。

ジョブズはアップルの変革に対して、異様な熱意を持って取り組んだ。パロアルトに住む彼の隣人たちは、夜間のジョギング中にジョブズの家の前を通りかかるとき、窓から彼の姿を見ない日はほとんどなかったとコメントしている。彼はいつもコンピューターのスクリーンを凝視し、絶え間なくメールを打っていたという。

1990年代の大半にわたって、テクノロジー担当の記者たちは、彼の失敗を嬉々《きき》として取り上げていた。彼らはネクストで思うような商業的成功を達成することができなかったことを主な例に挙げ、彼に「一発屋」のレッテルを貼ったのだ。ジョブズはアップルに大きな転換が必要であることを知っており、その達成のために休む間もなく働いた。

彼がアップルへ戻りCEOに就任した直後、ふざけた社員がジョブズからのメールを装い、アップルの社員は「怠惰で、現在の悲惨な状況の一因」だという彼の見解をもじって社内に送信した。そのメールには、これより社員は「会社にある水飲み場から水を飲む際、代金を支払う義務が生じ、8時間の勤務時間分の酸素代が給与から差し引かれる」と書かれていた。

このメールが送信されてから30分とかからずに、スティーブ本人によるメールが送信され、そこには「すごく楽しかったよ。でも我々は、会社をより良い場所にするために将来に目を向ける必要がある。幸運を。スティーブ」と書かれていた。いたずらでメールを送った社員は解雇された。

ジョブズは一度にたった1人でアップルの文化を変えようとしていた。しかしその変革に対する彼のやり方は、しばしば傲慢と見なされた。自身のライフスタイルを、彼のもとで働く社員たち全員に強制しているように感じられたのだ。残業の可能性は高くなり、インフィニット・ループ1番地のキャンパス（カリフォルニア州クパチーノにあるアップルの元本社）での喫煙は禁止され、明らかにスティーブ風の食事（多くは豆腐からなる）が社内の食堂に定期的に並ぶようになった。

アップル製品のラインナップを簡素化し、社内文化を変革したことに加え、将来における成功の鍵は、これまでずっと問題続きだった製造担当のオペレーション部門を徹底的に見直すことにあるとジョブズは理解していた。長年にわたり、アップルは新しいコンピューターに対する需要がどの程度になるかを正確に予測することができていなかった。1993年には、PowerBookラップトップが、同社が予想したほどの人気を得ることができず、大量の在庫を抱えるという痛手を被っていた。

また1995年には、次世代のPower Macの需要を著しく過小評価したことにより、製造注文数を抑えすぎてしまうというさらに悲惨な事態を迎えていた。予測が低すぎたことと、サプライチェーンにそれを補えるほどの柔軟性がなかったことにより、結果的にアップルは十分なマシンを顧客に提供することができなかった。

1995年に発売された新たなPower Macシリーズの予約販売数は、まだそのコンピューターが誰の机にも届かないうちに15万台を超えるという驚異的なものだった。その初代機は商業的ヒットを飛ばし、評判も大変良かった。『Macワールド』誌は、Power Macintosh 6100／60に4つ星評価をつけ、次のように批評している。「この製品は、8年前にIntel 80386 CPUを使用したPCが登場したとき、アップルが失ったパフォーマンス面でのリードを遂に取り戻すきっかけとなっただけでなく、同社を業界のトップにまで押し上げた」。

これはWindows 95がPC業界を席巻したのと同じ年だったため、Macが競合相手を打ち破ったというこの考えは、苦戦しているアップルにとって歓迎すべきニュースだった。その売り上げも驚異的で、Power Macは発売1年目にして、市場で最も売れているマルチメディアパソコンの代表となった。1994年3月からの12カ月間で、アップルは120万台のPower Macを販売し、『サンフランシスコ・クロニクル』紙は、この年を新たな製品ラインの「最高の1年目」

だと評した。

しかし本来はそれよりずっと多く売ることができたはずだった。アップルが下手な予測をしたために生産が追い付かなくなり、顧客のもとにマシンが届くまでに、多くの場合最大2カ月待たなければならなかった。ビジネスの研究家であるロバート・B・ハンドフィールドとアーネスト・L・ニコルスは著書『Supply Chain Redesign（サプライチェーンの再設計）』の中で、この問題を次のように説明している。「アップルはモデムやカスタムチップを含む重要な部品をタイムリーに納品させることができず、自社製品に対する需要を最大限活用することができなかった」。

この出来事のせいで、この年はアップル史上最悪の年の1つとなった。利益を上げる手段を切実に必要としていたときに、十分な在庫を確保することができず、システム内に10億ドル（約1100億円）分の未済注文を抱えることとなったのだ。業界誌の『サプライチェーン・ダイジェスト（Supply Chain Digest）』は、これを史上「最大のサプライチェーン災害」の1つにランク付けしている。

当時のアップルは、自社製品用のコンポーネントの多くを特注することにこだわっており、それらはたった1つのサプライヤーにアウトソーシングされていた。高性能のカスタムコンポーネントは、競合他社が簡単に入手できず、コピーすることも困難であるため、順調にいっているときには、その企業の利益となった（今日のアップルは、確実にこれらの理由によって、独自のチップデザインなどのカスタムパーツに一層投資するようになっている）。

しかしこれには、柔軟性が低下するという欠点があった。正確な注文数の予測に失敗すると、新製品を急いで組み立てるだけでなく、それらに使われているコンポーネントも同時に製造する必要が生じるため、その結果は悲惨なものとなった。ハンドフィールドとニコルスの調査によれば、Power Macの需要は25％増加したが、アップルの担当者たちはたった15％と予測していた。この10％の差が、待つ気のない顧客たちを遠ざけることにつながったのである。

投資家たちがアップルの過ちに気づくと、その株価は急落した。ロンドンで記者たちと話をしていた最高経営責任者（CEO）のマイケル・スピンドラーは、Power Macコンピューターに対する売り上げ予測に「我々は少し臆病だった」ことを認め、結果的に「儲けを少し取り逃した」と白状した。

しかしこれはあまりに控えめな表現だった。アップルの株価は8％下落し、1株当たりわずか35ドル（約4000円）となったのである。そして、1996年のはじめ、スピンドラーはアップルのCEOから退くこととなった。

『サンフランシスコ・クロニクル』紙は、この大失敗について次のように言及している。「投資家たちは、このようなことが起こるのを純粋に嫌うのだ。人気製品があるにもかかわらず、それを顧客の手に渡せないこと以上に最悪なことはないのだから」。アップルはこの教訓を苦労して確実に学んでいた。1997年、ジョブズがアップルに戻ると、彼は同じ過ちを再び起こさないことを決心し、オペレーション全般を改革することを検討し始めた。

1997年当時、アップルはカリフォルニア州サクラメント、アイルランドのコーク、そしてシンガポールに自社工場を運営していた。理論上は、3つの工場すべてにおいて同じマザーボードを製造し、同じ製品を組み立てて、それぞれの市場（アメリカ、ヨーロッパ、アジア）で販売することになっていた。

しかし実際は、それほどスムーズにはいかなかった。PowerBookを例に挙げると、まずシンガポールで部分的に組み立てられ、次に追加の部品をつけるためにコークへ輸送され、そこから最終的な組み立てのために再びシンガポールに送り返され、最後にアメリカに送られて販売されるという、非常に複雑なルートをたどっていた。

時間と資金を節約するため、アップルは韓国や中国といった国々に、その製造を徐々に一つ一つアウトソーシングしていった。これは極めて重大な改革だった。

なぜなら創業以来、自ら製造を行うことはアップルのアイデンティティの中核を担っていたからである。ジョブズはハードウエアとソフトウエアの両方を厳しく管理することを非常に好んでおり、アップル自ら製造を行うことは、その管理を維持するために重要だった。

その企業にとって重要な部分をアウトソーシングするという考えは、彼にとって受け入れがたいものだった。ジョブズは常に工場に魅力を感じており、そのキャリアにおいて最先端のJITの組立工場を2つ建設し、ある程度の成功をおさめていた。彼は管理を徹底することに固執していたが、効率化のためなら喜んで妥協した。

１９９６年、アップルはまずコロラド州ファウンテンにあるマザーボード工場をＳＣＩに売却し、同社が回路基板を供給することを認めるアウトソーシング契約を締結した。その1年後には、オランダにある回路基板工場を電子機器受託製造会社のナットスティール・エレクトロニクスに売却し、ここでもアウトソーシング契約を締結した。

そしてクックがアップルに入社した１９９８年、ＰｏｗｅｒＢｏｏｋの製造は台湾の電子機器受託製造会社のクアンタにアウトソーシングされた。しかしこれは始まりに過ぎなかった。クックは次の数年で、アウトソーシング化を加速させていくことになる。

アウトソーシングによって結果を出そうとするジョブズの姿勢は、彼のことをスプレッドシートの行を確実に追加するよりも「全世界に衝撃を与える」ことのほうに関心がある衝動的な若者と認識していた多くの人々に感銘を与えた。「彼は経営者になっていたんです。単なるエグゼクティブや、ビジョンを持つだけではない存在に。私はそのことに嬉しい驚きを覚えました」。スティーブをアップルへ戻すのに尽力した役員のエド・ウーラードはこう語った。

ジョブズはネクストとピクサーのＣＥＯを経験したことで、アップルを作った20歳かそこらの頃よりも、はるかに効率的で現実を見据えた経営者となっていた。

しかしアップルを再び勝者にするため、オペレーションの変革を監督するとなると、彼にはまだ助けが必要だった。しかしそれに適した人物は、その頃の部下たち——ネクストから引き連れてきた社員と、アップルに戻ったときにそこで働いていた数少ない社員——の中にはいないと彼は結論付けていた。適切な人物を見つけるまでには少し時間がかかった。

オペレーションの責任者として最初に雇われた人物は、ジョブズのとげとげしい態度のせいでたった数カ月で辞めてしまった。ジョブズはすぐに後継者を雇う代わりに、自らその役割を引き受け、そのポストに応募してくる「昔かたぎの製造業者」を雇い入れることを回避した。

1997年、もし自分がアップルの経営者であるならば「廃業して株主たちに金を返す」とジョークを飛ばしたことで有名なデルのCEO、マイケル・デルのような専門知識を持つ人物をジョブズは探していた。ジョブズは「失礼な」コメントだとして、デルを公然と非難していたが、JITの工場とサプライチェーンを作ったデルの能力は賞賛していた。しかし彼のような専門知識を持つ候補者はあまり多くはなかった。アップルがティム・クックに直接連絡を取ったのは、ちょうどこの頃だった。

意見の一致：クック、ジョブズに出会う

ティム・クックは、アップルのリクルーターからのオファーをすでに何度も断っていたが、彼らの粘り強さが実を結ぶときがきた。最終的に、彼は少なくともジョブズには会うべきだという結論に達したのだ。「スティーブは、私がいる業界のすべてを作った人物でした。とても会ってみたかったのです」。クックは2014年、チャーリー・ローズに対してこう暴露している。

彼はコンパックでの仕事に満足していたが、ジョブズとの出会いは新鮮でエキサイティングな将来の展望を彼に与えてくれた。ジョブズは「他の人とは全く異なることをしていました」とクックは当時を振り返った。その最初の面接で、ジョブズのアップルに対する戦略とビジョンを座って聞いていたとき、彼はそのミッションにおいて自分が価値のある貢献をできるということに納得した。ジョブズはコンピューター業界を震撼させることになるだろう製品や、いまだかつてないコンピューターのデザインコンセプトについて説明した。これらの構想は、丸くふくらんだ形のカラフルなMacintoshであるiMac G3となって、1998年に発売され大成功をおさめ、デザイナーであるジョニー・アイブを一躍有名にした。

クックは好奇心をそそられていた。「彼はそのデザインについてほんの少ししか話しませんでしたが、それだけで十分、私は関心を持ちました。後のiMacとなる製品について説明してくれたのです」。クックはその面接が終わる頃には、ジョブズのようなシリコンバレーの伝説と働くことは、「一生ものの栄誉」になることを確信していた。

彼は心の奥では不安を感じていたが、それはこの仕事を辞退するほど大きなものではなかった。「純粋なコストと利益だけを合理的に判断するとコンパックに分があり、私を一番よく理解している人々も、そこに留まることを勧めていました」。2010年、オーバーン大学の卒業式の訓示で彼はこのように暴露した。「私が助言を求めたあるCEOも、コンパックに残ることを強く勧めており、そこを去ってアップルへ行くのは馬鹿のすることだと言っていました」。チャーリー・ローズとのインタビューにおいても、彼は「アップルへ行くよう勧める人は、私の周りに本当に誰一人としていなかった」ことを認めている。

しかしジョブズはすでに彼を説得しており、アップルでの仕事を辞退することは、何か特別なものの一部になる機会を辞退することと同じ意味であることをクックは理解していた。「群れに従うのは良くないことだと、私は常に思っていました。恐ろしいことだと」と彼は当時を振り返った。「スティーブの話し方、部屋に漂う独特な空気感、彼と私だけの空間でした。彼と一緒なら働けるとわかったのです。アップルが抱える問題を見て、私はここで貢献できると思いました。すべては突然のことで、次の瞬間にはもう決めていました。当時は若かったのです。理屈ではありませんでした。本能が『やってみろ』と囁《ささや》いて、私はそれに従いました」。

クックは分析的な考え方をする人物だったが、スティーブに出会ったときから彼の熱意とオーラに畏敬《いけい》の念を抱いていた。「スティーブとの最初の面接が始まって5分後には、不安や論理的思考を放りだして、アップルに加わりたいと思いました」と彼は語った。「アップルに加わることは、創造の天才とともに働く一生に一度の機会になるだろうと、私の直観が伝えたのです」。

そしてその直観は完全に正しかった。2010年、オーバーン大学の卒業式の訓示で、彼は次のように語った。「アップルで働くことは、私が自身のために考えたどの将来設計にも含まれていませんでしたが、私が今まで下した決断の中で、間違いなく最善のものでした」。

資材調達の経歴を持つクックは、アップルにとって――そしてジョブズ個人にとって――最も適した人物だった。ジョブズはクックに会うとすぐに、彼が製造に関して自分と同じ見解を持っていることに気がついた。「クックは私と同じビジョンを持っていて、高いレベルで戦略を話し合うことができたんだ」と彼は語っている。「クックがここへ来て思い出させてくれなければ、いろんなことを忘れられたのに」と言うくらい、非常に信頼できるパートナーを見つけたのだ。2人の相性は完璧だった。

オペレーションの新たなリーダー

1998年3月、ジョブズは当時37歳のクックをワールドワイドオペレーション担当上級副社長として雇い入れた。その基本給は40万ドル（約4500万円）で、さらに50万ドル（約5600万円）が契約金として支払われた。クックはアップルの製造と流通を徹底的に見直すという、非常に重要な役割を与えられていた。そしてこれは、ジョブズがこれまで決断した中で最高の人選の1つだった。

アップルに勤めて30年の古株であるグレッグ・ジョズウィアックは、クックがオペレーションに優れていることは、採用前からすでに明らかだったと語った。「スティーブがティムを面接したときのことを覚えています。終わった後、スティーブは明らかに面接中に彼から学んだと思われる、オペレーションに関する素晴らしい考えについて、私たちに聞かせたのです」。アップルパークでのインタビューで、ジョズウィアックは私にこう語った。「彼はまさしく自分が雇われる以前から、我々のオペレーションに関する考えに影響を与えていたのです」。

当時のアップルは「破産の危機に瀕《ひん》して」おり、クックはその面倒な事態を引き継いだとジョズウィアックは説明し、オペレーションはアップルにおける最悪な領域の1つだったと認めた。「我々が非常に苦手とする領域でした。コストの管理、在庫の管理、請求書の管理、すべてが苦手だったのです」。当時、自分が引き継いだ滑稽《こっけい》なシステムを振り返って、クックは次のように語っている。「コストがかかっているわりには、サイクルタイムが良いとは言えない状況でした」。

しかしほどなくして変化が生じた。「オペレーションを熟知している男がやってきたんです。彼はスティーブとの相性も抜群で、最高の人選と言えました。アップルが苦難に陥っていたときでさえ、彼はそれに対処する能力を持っていたのです」とジョズウィアックは語った。また「ティムは特別に賢い人物」であり、「細部まで気を配り、時間通りに列車を走らせる」オペレーションの専門家であるだけでなく、ジョブズがアップルのすべてのリーダーに求めていた「ビジネスマインド」を持つ人物だと認めた。「ここではビジネス感覚が必要とされており、ティムはそれを持っていたんです」。クックがその役割に完璧にマッチしていたのは、最初から明らかだった。

「ティムに出会ったときのことを今でも覚えています」。同じくアップルに勤めて30年の古株で、クックが入社した当時は需給担当チームを率いていたディアドラ・オブライエンはこう語った。「そしてすぐに、彼が非常に集中していることに気づきました。アップルで働くことに対して、信じられないくらい興奮していました。彼にはこなさなければならない大きな仕事があり、自分自身のミッションを理解していたと思います」。

オブライエンは1980年代後半——初代Macintoshが発売されてから4年後——にアップルに雇われ、当時Macintosh SEを生産していたフリーモント（カリフォルニア州アラメダ郡にある都市）の工場で生産計画を担当していた。彼女はその長いキャリアにおいて、オペレーション担当部署の中で昇進していき、COOだったクックと彼の後継者であるジェフ・ウィリアムズのもとで働いていた。

彼女は5人のCEO——ジョン・スカリー、マイケル・スピンドラー、ギル・アメリオ、ジョブズ、そしてクック——を経験している。現在は人事部門の責任者——いわゆるビープ・オブ・ピープス（人事担当副社長の意）——を務めている。彼女が言うには、この愛称はクックのアイデアによるものらしい。

オブライエンによると、彼女がクックと初めて出会ったのは、アップルのオペレーション担当スタッフ数名が集まって会議室で行われた交流会だった。このミーティングは簡単なもので、クックは自己紹介をし、自分たちが今後どれほど多くの問題に対処する必要があるのかをスタッフに知らしめた。多くの変革が必要であり、それにはスタッフの削減が含まれると彼は語った。

しかしオブライエンは、この消極的な姿勢に落胆を感じなかった。むしろクックの変革はアップルを順調に回復させ、最終的には縮小ではなく成長につながることが明白だったため、前向きなメッセージとして受け取っていた。「大きな逆転の可能性があると考えなければ、誰もあの役割を引き受けようとは思わなかったでしょう。ティムはそれを本当にエキサイティングな仕事だと感じていたように思います」。
アップルの宇宙船型新本社で行われたインタビューで、彼女はこう語った。「オペレーションのリーダーを迎えたことを、私たち全員がとても嬉しく思っていました。彼のもとで、私たちは多くの変革を成し遂げたのです。それ以前の状況は、本当に混沌としていました。当時のアップルは、優秀な人材を惹きつけることが難しい状況だったのです。そんなとき、ティムという素晴らしい人物の話を耳にしました。私にとって、ティムが多くを教えてくれる人物だということは、最初から明白でした」。

最初の交流会の後、クックはチームのメンバーと個別に会い、それぞれの長所と短所を評価していった。「彼は評価モードに入っていました」とオブライエンは語った。そうすることで彼は「ここで利用できるものは何か、成功につながる道をどうやって見つけていくのか」といった疑問に対する答えを導き出していった。

当時は多くの人が自らアップルを去っていったと彼女は語った。シリコンバレーには他にもたくさんの仕事があり、多くの企業はアップルの元社員を喜んで迎え入れた。数多くの社員がアップルを去ったが、その中には自ら出て行く者と、そうでない者——「ティムが自ら作り上げたチームにふさわしくないと考えたメンバー」——がいたと彼女は語った。

彼はアップルのオペレーション上の問題を解決するため、それに適したチームを作り上げようと懸命に働いた。オブライエンは需要予測を担当する中心的なオペレーションチームの一員となり、その中には数名のＩＢＭ出身者がいた。クックの右腕となり、現在はＣＯＯを務めるジェフ・ウィリアムズや、流通の専門家でカスタマーサポート部門を率いていたビル・フレデリック、ノートパソコンのオペレーションを担当していたサビー・カーンである。この厳選されたチームが事態を好転させるようになるまで、そう長くはかからなかった。

さようなら、アメリカ。こんにちは、中国！

アップルに来てちょうど7カ月が経った頃、クックはそれまで30日分あった製品の在庫をわずか6日分にまで減らしていた。生産プロセスのあらゆる細部にまで注意を払うことにより、アップルのオペレーションシステムの全面的な見直しを短期間のうちに行ったのだ。

ジョブズが製品ラインを4つのモデルにまで削減することを決定したため、オペレーション上の問題はずっと単純なものになっていた。ジョブズが考案した2マス×2マスの図に割り当てられたコンピューターは、意図的に多くのコンポーネントを共有するものとなっており、できる限り業界スタンダードの部品が使用されているものだった。

それまでのアップルは、他のシステムとの互換性を持たない独自の難解なテクノロジーを発明したことで悪名高かった。しかし10年後、アップル専用のADB（アップル・デスクトップ・バスの略称。アップルが開発したコンピューター周辺機器の接続方式）キーボードとマウスは姿を消し、代わりに業界およびWindowsと互換性のあるUSBデバイスに置き換えられた。このことはオペレーション上の観点から役に立つだけでなく、アップル製品をより広範囲におよぶコンピューター市場と互換性を持つものにするという付加的な利益をもたらした。

ジョブズが製品ラインを削減したのと同様のことを、クックはともに働くサプライヤーを少数に絞り込むために行った。彼はすべてのサプライヤーを個別に訪問し、厳しい契約を取り付けたが、同時に彼らを魅了してもいた。アップルが回路基板をアウトソーシングしていたサプライヤーのナットスティールは、アイルランドとカリフォルニア、そしてシンガポールにあるアップルの工場の近くに、自社工場を建設するよう説得された。こうしてサプライヤーとの距離を縮めることで、コンポーネントがより早く、頻繁に届くようになるため、JITがより簡単に行えるようになった。

クックはできるだけ多くの部品をアウトソーシングしていった。iMac G3を例に挙げると、以前はLGエレクトロニクス製のケースとモニターを除いた部分は、アップルの自社工場で生産されていたが、クックが引き継いだ後は、生産の大部分がLGにアウトソーシングされた。さらにラップトップの生産も、台湾の2つの企業にアウトソーシングされ、クアンタ・コンピュータはプロ向けのPowerBookを生産し、アルファ・トップ・コーポレーションは一般消費者向けのiBookを生産するようになった。

外部の提携企業に生産をアウトソーシングすることにより、クックはアップル最大の問題の1つである在庫に関する問題を解決することができた。

当時、同社は部品の在庫と売れ残りのコンピューターをいっぺんに抱えていた。アップルは何年もの間、部品や売れ残りのマシンを保管する倉庫群に何百万ドルものコストをかけていた。1996年、売れ残ったコンピューターの膨大な在庫はアップルを倒産に追い込むほどだったため、新体制のもとでは、在庫が少なければ少ないほど良いとクックは考えた。「倉庫があると、そこに製品が集まる傾向があるのです」と彼は語った。「我々は工場から顧客へ、直接製品を配送することに着手しました」。

クックはジョブズが手抜きのデザインを嫌うのと同じくらいの熱量で、過剰な在庫を嫌っていた。道徳的視点からもそれに言及し、積み重なった在庫は企業を赤字に追い込む要因となるため、「根源的な悪」だと言い表した。そして田舎の農業地帯で育ったことが、この考えに影響を与えているのではないかと推測し、「自分が酪農業を営んでいると想像してみてください。商品の消費期限が切れてしまったら、大変なことになりますよね」と語った。

優れた在庫管理は、売り上げを前もって予測する能力に支えられているが、アップルはその予測に関して複雑な歴史を持っていた。それは長く悲惨なもので、コンピューターを多く作りすぎたり、逆に少なすぎたりということを何度も繰り返してきたのだ。例えば、スティーブ・ジョブズの初代Macintoshを製造していたカリフォルニア州フリーモントの工場は、コンピューター業界で最高の工場と宣伝され、「未来の工場」と呼ばれていた。しかしその生産能力に見合うほどの台数を販売することができず、数年後には閉鎖に追い込まれた。

正確な予測をするために、クックはSAP（ドイツに本社を置く大手ソフトウエア企業）の最先端の企業資源計画（ERP）システムに投資し、アップルの部品サプライヤーや組立工場、リセラーの

ＩＴシステムに直接それを組み込んだ。この複雑なシステムにより、彼のオペレーションチームは原材料から、最近開設されたアップルの新しいオンラインストアにおける顧客の注文にいたるまで、サプライチェーンの非常に詳細な全体像をつかむことができるようになった。Ｒ／３ ＥＲＰはアップルの新しく無駄のないＪＩＴの中枢神経となった。部品は必要なときにのみサプライヤーに発注され、工場は直近の需要を満たすのに十分なマシンのみを生産した。

山のようなデータで武装したアップルのオペレーションチームは、日々の生産を微調整し始め、週ごとの詳細な売り上げ予測と、販路における非常に正確な在庫の集計に基づいた発注書を請負業者に送った。クックのチームは、コンプＵＳＡ（パソコンやその周辺機器を販売していたアメリカの大手チェーン店。業績悪化により廃業している）がｉＢｏｏｋの在庫を切らしそうなのか、それとも山のようなｉＭａｃを抱えているのかを見分けることができた。

クックのリーダーシップのもとで、アップルが抱える在庫が同社のバランスシートに計上される期間は、数カ月からたった数日にまで短縮された。アップルで仕事を始めてから7カ月以内に、彼の功績により在庫保管日数は30日から6日まで大幅に短縮し、売れ残ったＭａｃの在庫ストックは4億ドル（約４５０億円）相当から、わずか７８００万ドル（約87億円）相当まで減少した。

１９９８年、アップルが回復の兆しを見せる数日前、クックは乱雑に積み上げられていた数万台におよぶ売れ残ったＭａｃを、ゴミ処分場へ送った。このエピソードは謎に包まれており、当然アップルはこれに対して沈黙を貫いている。これはクックが今日のアップルに浸透させた環境に配慮するという原則とは相反しているが、当時は非常に有効な解決策となり、1999年までに、在庫数はたった2日分にまで削減され、アップルはこの分野でデルを打ち負かすことになった。デルが業界のゴールド・スタンダードであると考えられていたことを考慮すると、驚くべき偉業である。

こうしてオペレーションは大幅に改善され、クックはアップルの収益性回復に重要な貢献をしたと評価された。また彼が確立したシステムは、数年後のアップルの驚異的な成長をも促進することとなった。クックの卓越したオペレーションがなければ、アップルがこれほど大きく成長し、業界で優位に立つことは決してなかったことは明らかだ。

ジョニー・アイブのインダストリアル・デザインチームが素晴らしい製品を作り上げたように、クックのチームはそれらを大量に生産し、遅滞なく、厳重に秘密を守りながら、世界中の店舗まで届ける方法を考え出した。

また、アップルは、未発表の製品を発売の直前まで秘匿《ひとく》することで有名である。何百万もの製品が工場で粛々《しゅくしゅく》と製造され、世界中の店舗に出荷されていく中で、クックのオペレーションチームがその機密性を保持できるのは並大抵のことではない。

しかしクックは、単に生産プロセスを合理化しその効率を改善したにとどまらず、他のあらゆる局面でアップルの革新に貢献している。

彼が最初に行った素晴らしい戦略の1つ——そして彼がその専門分野で「シンク・ディファレン

ト」していたという確かな証拠――は、iMac G3の出荷に関してちょっとした「柔術」を巧みに取り入れることだった。アップルはiMacを主流製品にしようとしており、そのためにはできるだけ多くの人の机の上にすばやく届ける必要があった。重要なすべてのホリデーシーズン中に、コンピューターをより適切な手段で確実に顧客のもとに届けるため、クックはその数カ月前に1億ドル（約110億円）相当の航空貨物便を予約した。これは前代未聞のことだが、非常に大きな成果を生む結果となった。自社製品を迅速に顧客のもとに届けることができただけなく、コンパックのような競合するPCメーカーが、ホリデーシーズン中の配送手段を確保するのが困難になり、彼らの足を引っ張ることができたのだ。

出荷スペースをあらかじめ確保するというアップルの新しい手法のおかげで、競合他社は自社のオペレーション戦略を再考することを余儀なくされた。クックはアップルのオペレーションを改善しただけでなく、製造プロセスを管理するやり方と、そのプロセスに対する認識を改めるきっかけをハイテク業界全体に与えたのである。

クックがアップルに加わった当時、キャンディカラーのコンピューターを作るのはクールなことだったが、需要の予測やサプライチェーンの改善はそれほどクールだとは言えなかった。『フォーチュン』誌や『ワイアード』誌が、アップルのオペレーションの見直しについて特集記事を組むことはなく、平均的な顧客はそれが予定通り機能しなかったときを除いて、企業のサプライチェーンに関心がなかった。

しかしクックはそんな逆境をものともせず、オペレーションをクールなものにしてみせた。製品デザインのリードエンジニアだったゴータム・バクシーは、アップルがiMacを立ち上げて間もない頃、チームで中国を訪れた際、「アイブやダニー・コスターを含むすべてのデザイナーは、エンジニアや残りのクルーたちと同じホテルに泊まり、同じ食事をとっていました」と語った。しかしそれから10〜15年後、クックがアップルに加わった頃には、エンジニアたちが「タクシーを使い、3つ星ホテルに宿泊する」一方、「インダストリアル・デザイナーたちはストレッチリムジンに乗り、5つ星ホテルに宿泊」するようになっていた。

クックが来る以前は、オペレーションはそれほど重要ではなく、魅力もない業種だと見なされていたのは明らかである。しかしクックの時代になると、すべてが変わった。今ではオペレーション担当の社員たちがストレッチリムジンに乗り、5つ星ホテルに泊まっている。

第5章 アウトソーシングでアップルを救う

アップルは、クックが働き始めた最初の1年間で劇的な変化を遂げた。1997年には10億ドル（約1100億円）強の純損失を計上していたにもかかわらず、翌年の末にはすでに黒字に転換していたのだ。

初代iMacの圧倒的な成功は、アップル自身とウォール街のアナリストたちの予想を上回るもので、第4四半期に1億6000万ドル（約110億円）、年度末には合わせて3億9000万ドル（約340億円）の利益を計上することとなった。「この四半期中、アップルはおよそ5年ぶりに業界全体よりも速い速度で成長した」とジョブズは豪語し、それは新製品のiMacとビジネスの無駄を省いて合理化を推し進めた結果だと語った。

しかしその利益にもかかわらず、同社は依然として危機的状況にあり、可能な限りあらゆる経費を削減しようとしていた。そのためクックはアップルの生産能力を製品ごとに見直し、より一層アウトソーシングに力を入れ始めた。工場は運営費が高く、バランスシートに負債として記入されていたため、品質や生産性を犠牲にすることなく、製造をできる限り外部のサプライヤーに委託することは理にかなっていた。

アップルの人事担当副社長で、当時は需給管理の責任者を務めていたディアドラ・オブライエンは、クックとオペレーションチームは「顧客を手厚くサポートし、素晴らしい製品を製造するために懸命に働いていました」と語った。彼らはアップル自身の強みと、ともに働くサプライヤーの強みを徹底的に再検討した。クックと彼のサプライ担当チームは、製品の製造を第三者であるサプライヤーに見境なくアウトソーシングしたわけではなく、独特のハイブリッドなやり方を追求した。「ただ誰かを雇って、その人たちにプランを丸投げするような昔ながらのやり方でも、よくあるように彼らのプランを横取りして自分たちのものにするやり方でもありませんでした」とオブライエンは語った。

当初iMacの生産は、コンピューターのブラウン管スクリーンやその他のコンポーネントを製造していたLGに部分的にアウトソーシングされていた。1999年、LGはiMacの生産のすべてを引き継ぎ、アップルはその後の注文数と需要の増加に応じて、競合相手のデルと提携していたことで当時有名だった台湾に拠点を置く委託製造業者と契約を結んだ。

フォックスコンという名で知られる鴻海《ほんはい》科技集団は、ティム・クック時代の製造を定義する存在となっていく。アップルは何年も前にApple IIの組み立てを同社に委託していたが、iMacの契約はクックが主導する両社の革新的な関係の始まりとなった。

フォックスコン

フォックスコンは、アメリカから約6000マイル（約9600キロメートル）離れた世界の裏側で、アップルと同時期に創設された。1974年、19歳のスティーブ・ジョブズがアタリで働いていた頃、24歳のテリー・ゴウは、ビジネスを始めるために7500ドル（現在の価値で3万7000ドル、約410万円）を母親から借りた。

ゴウは誰にもゆずらぬ労働倫理を持ち、従業員にも同じレベルの献身を要求するため、フォックスコンの社内文化は軍隊のそれである。命令には忠実に従うことを要求され、ミスや効率の悪さは絶対に許されない。もしミスを犯せば、他の作業員たちの前で公に叱責され、同じミスを再び犯すと、解雇されることになる。労働時間は長く過酷なもので、シフトはたいてい1日12～14時間、週6日、多いときは7日働くことになる。

アップルのすべての製品を含む家電製品の大半は、ほぼ完全に手作業で組み立てられており、多くの機械やロボットによって組み立てられているというのは誤解である。一部の部品――iPhoneの主要なロジックボードなど――の製造プロセスは高度に自動化されているが、ほとんどの組み立て、特に最終段階の組み立ては手作業で行われている。アップルの元プロダクトデザインエンジニアであるアンナ・カトリーナ・シェドレツキーは、「アップル、サムソン、グーグル、いずれのスマートフォンも、出来上がるまでに何百もの手によって触れられています。それが、複雑で非常に小型化されたデバイスを組み立てるための最先端技術なのです」と語った。

彼女によれば、フォックスコンや他の組み立て工場の標準的な組み立てラインは110メートル――アメフトの競技場よりも少しだけ長い――で、さらに60～70の工程に分かれ、それぞれの長さは約60センチ――標準的な人間の横幅――だという。各工程は組み立てプロセスにおける特定の段階もしくは作業に特化しており、ある工程の作業員はスクリーンを指定の場所にはめ込み、次の工程では新たに取り付けられたスクリーンの汚れや油分を溶剤で綺麗にし、次の工程ではそのスクリーンに保護フィルムを貼るというような流れになっている。ラインの両側には20フィート（約6メートル）の間隔があり、部品を積んだフォークリフトが、各ステーションに接続してコンポーネントを補充できるようになっている。

多くの西洋人にとって、フォックスコンの工場は想像もできないほどの規模である。それは巨大な複合体であり、深圳《しんせん》工場の場合、2・3平方キロメートルの敷地内に、多くの宿舎やレストラン、病院、スーパーマーケット、スイミングプールなどが所狭しと立ち並んでいる。単なる工場というよりは、工場のある町、もしくはCNNがかつて表現したように「警備の厳しい」大学のキャンパスのような場所である。

1990年代後半から2000年代初頭にかけてフォックスコンでマネージャーを務めていたデュアン・オベリーは、そのキャンパスの従業員数がわずか数年で約4万5000人から25万人以上に爆発的に増加したと語った。フォックスコンは現在、中国だけで推定130万人を雇用し、12の工場を運営しており、アジアの他の国や南アメリカ、ヨーロッパにも工場を所有している。

多くの人は、アップルや他の企業が自社製品を中国で組み立てるのを人件費が安いからだと考えている。だが、人件費はiPhoneを構成する材料費の一部であり、カスタムチップや複雑な構造のカメラ、そして美しいスクリーンには、それらを組み立てるのに必要な人件費よりも、はるかに多くの費用が費やされている。

フォックスコンの成功の鍵は、人件費の安さではなくその柔軟性にある。敷地内の宿舎には何十万人もの作業員が暮らしているため、文字通り一夜にして作業員の軍団を集めることができるほどの柔軟性を持っているのだ。またフォックスコンは何万もの作業員をすばやく補充することができ、必要がなくなれば同じくらいすばやく解雇することもできる。若い作業員たちは、しばしば遠く離れた農村地帯から採用されるため、たとえ仕事が精神的に過酷であっても、辞めて家に帰ることは必ずしも容易ではない。

2007年、初代iPhoneが発売予定日のわずか数週間前に、デザイン上の大きな変更を行ったとき、フォックスコンはその柔軟性を実証して見せた。スティーブ・ジョブズは、最後の最後でiPhoneのスクリーンをプラスチックではなくガラスにすべきだと判断したのだ。彼は何週間もの間、プロトタイプのiPhoneをポケットに入れて持ち歩いていたが、そのプラスチックのスクリーンには鍵の束によるひっかき傷が無数についてしまっていた。製品が顧客の手に渡った後で、このことが問題になるとわかったため、より丈夫なガラススクリーンを要求したのだった。

数週間後、新しいガラススクリーンが真夜中にフォックスコンに到着した。『ニューヨーク・タイムズ』紙によると、8000人以上の作業員がベッドから起き上がり、1杯の紅茶と1枚のビスケットを支給されて、新しいスクリーンをはめ込む12時間のシフトに入ったという。数日以内に、工場は1日1万台以上のiPhoneを生産するようになった（注目すべきことに、フォックスコンはこのような出来事が起こったことを否定している。中国の労働法のもとでは、このような事態は起こり得ないというのが彼らの主張だ）。

フォックスコンが初代iMacを製造していたときにも、同じような出来事が起こっていた。深夜、デザインエンジニアたちは、そのマシンの新しいボタンと格闘していた。ボタンはまだ検査を受けておらず、デザイナーたちは継続的な使用によって機能しなくなることを恐れていた。

そのため10人ほどの作業員が起こされ、一晩中ボタンを繰り返し押して検査するように指示された。「フォックスコンにとっては朝飯前のことでした」と元プロダクトデザインエンジニアのゴータム・バクシーは語った。「他の工場では、ボタンを押し続けるための機械を設計することになったかもしれませんが、フォックスコンでは、最低賃金の作業員たちに一晩中ボタンを押すよう依頼するのは何の問題もありません。日常的に行われていることで、無理を言ってやってもらうほどのことではないんです」。

アップルは製品のデザインを最終段階で変更することがよくあり、特に生産数が非常に多い製品の場合、需要が大きく変動する可能性があった。iPhone Xは、発売から数カ月で推定5500万台を販売していたが、この規模になると、ピーク時に1日最大100万台の生産が可能な工場が必要となり、これには推定75万人の労働者が必要だった。「フォックスコンは、一晩で3000人を雇うことができるのです」。アップルの元ワールドワイド・サプライ・デマンド担当マネージャーであるジェニファー・リゴーニはこう語った。「一晩で3000人を雇うことができ、彼らを寮に住むよう説得できる工場がアメリカにあると思いますか？」。

アップルには到底不可能なことだった。アップルの工場が高度に自動化されていた1980年代、スティーブ・ジョブズはこの教訓を苦労して学んでいた。当時、彼は初代Ｍａｃｉｎｔｏｓｈを製造するために、湾岸地帯に自動化された（そして広く宣伝された）工場を建設した。それは色調が統一された機械と、高度に自動化された生産ラインを備え、宝石のように輝いていた。その生産ラインは、自動ベルトコンベヤーと、Ｍａｃを選別し、梱包し、移動させるための多くの魅力的な機械で構成されていた。

しかし残念なことに、工場のコストに見合うほどのＭａｃが売れることはなかった。工場の生産能力は、売り上げがあまりに貧弱なために十分発揮できず、機械は非常に特殊化していた――ある特定のマシンだけを作るよう設計されていた――ため、他の製品を製造するよう再設定することができなかった。

このことが最終的に工場の運命を決定し、１９９２年に閉鎖された。ジョブズの高度に自動化された工場は、ｉＰｈｏｎｅやｉＰａｄ、ｉＭａｃなどの多岐にわたる製品の製造において、変動する需要に柔軟に対応することはできなかっただろう。クックの画期的なアウトソーシング戦略は、国内工場の必要性を減らし、アップルのさらなる成功に大きく貢献した。

クックは自社のオペレーションの大部分をアウトソーシングし、フォックスコンとのパートナーシップを強化するという前例のないことを行って驚くべき結果をもたらし、アップルの経営陣、特にスティーブ・ジョブズの注目を浴びることとなった。

とんとん拍子に出世する

クックによるアップルのオペレーションの変革と、ビジネスのあらゆる側面に対する深い理解は、同社の劇的な復活にとって極めて重要だった。アップルに貢献してきたこの部門を率いた経験は、彼にとってCOO、さらにはCEOとして企業全体を率いるための準備期間となった。

ディアドラ・オブライエンは、クックがリーダーシップに優れていることはすぐに明らかになったと語った。「当時から彼にはCEOになる素質があったことは明白でした」。アップルパークでのインタビューの中で、彼女はこう語っている。「入社した当時の彼は、オペレーションを最適化する方法だけでなく、他のすべてのことについても気を配っていました」。クックは製品とそれらを購入した顧客の両方を理解するため、エンジニアチームおよびセールスオペレーションチームと連携して働いた。

アップルにおける最初の数年間で、彼は丸みを帯びた形のiMac G3や、青と白の配色のPower Macintosh G3、二つ折りのiBookラップトップなどの記憶に残る製品の発売を監督する手助けをし、それぞれの製品は顧客と批評家両方の人気を得ることとなった。

1999年9月、ジョブズがアップルに戻ってからたった2年で、AAPL（ナスダックにおけるアップルの証券コード）の株価は当時の史上最高額の73ドル（約8000円）を記録し、1991年の過去最高額の68ドル（約7400円）を更新し、ティム・クックが後押ししたアップルの見事な逆転劇が進行していた。

アップルに入社してから4年後の2002年、クックはセールスならびにオペレーションの責任者として、ワールドワイドセールスならびにオペレーション担当副社長という新たな肩書を与えられた。その後の2004年には、ジョブズによってMacintoshのハードウエア部門の責任者に任命され、さらに2005年にはCOOに任命されるという飛躍的な出世を遂げた。

「ティムは2年以上にわたってこの仕事をしてきたが、今こそ昇進をもって彼の功績を正式に認めるときがきた」と、当時のジョブズは語っている。「私たちは7年以上ともに働いてきたが、アップルが今後の数年間でエキサイティングな目標の数々を達成できるようにするため、彼とより緊密に協力しながら働きたいと思っている」。

この昇進を機に、スティーブ・ジョブズはクックを自らの後継者として育て上げていった。アップルに勤めるすべての社員はスペシャリストだが、ジョブズとクックだけは違っていた。

アップルは機能別組織であり、すべてのスタッフは暗号化プログラムやインダストリアル・デザイン、アンテナ工学などの狭い分野を専門としており、クックも当初はオペレーションのスペシャリストだった。彼をオペレーション部門から引き抜き、より責任の重い役職を任せるまで、組織内で専門性を持たない唯一の人物がジョブズだった。2002年のセールス担当副社長への昇進、そして当時最大のハードウエア部門（Mac部門）の責任者への昇進を通して、彼はクックにビジネスのあらゆる側面を教え込んでいった。継続的な昇進はCEOになるための見習い期間であり、それは2005

年にCOOへ昇格し、正式にジョブズの右腕となったことで終わりを迎えた。

クックは、典型的な企業のCOOよりもずっと大きな責任を負っていた。アップルにはオペレーションと名の付く部署は存在せず、この言葉は製造、流通、およびサービスを扱うさまざまなグループ集団の総称である。その集団で最大のグループは、アップルの幅広い委託製造オペレーションの管理を担当し、職能上の枠を超えて連携しているサプライチェーン担当チームである。

このグループは、内部でたくさんの小さなグループに分かれており、それぞれが製造プロセスのさまざまな側面を担当している。そのうちの1つに、提案された製品の大規模な製造を担当するデザインならびに製造担当チームがあり、ここでは製造エンジニアやプロセスエンジニア、品質管理エンジニアなどが所属している。

その他には産出高担当チームがあり、組立ラインで生産される製品や部品の品質維持を担当している。さらに需要と供給を確実に一致させるため、プロジェクトの売り上げを予測し、包装用の再生紙のトン数からiPhoneを大規模に発売するためのカメラモジュールの数まで、そのプロジェクトを達成するために必要なすべてのリソースを、極限まで詳細に把握する計画部門がある。

オペレーション部門はおそらくアップル最大の部門だが、グループの規模を見積もるのは困難であり、アップルは社内・社外を問わず組織図を公表していない。オペレーション部門の元社員は、その規模を3～4万人と見積もっており、これはクパチーノとその周辺で働く5万人の社員の大多数を占める数である。4万人もの社員を管理下に置くCOOとして、クックは社内文化全体に影響を与えていた。

マネージャーとしてのクック

ジョブズとクックは何年もの間緊密に協力しながら働いてきたが、2人の立ち振る舞いや気質は非常に異なっており、特にマネジメントに関することになると、その違いは一層際立つものとなった。

クックのアプローチ方法はジョブズのそれとは異なるものだったが、きちんと結果につながっていた。スティーブ・ジョブズは、アップルのチップ製造業者が十分な量のチップを期日通りに納品できなかった場合、彼らに面と向かって「お前たちは腰抜けのクソったれだ」と言うような（そして実際に言った）人物だった。また結果を出せなかった人たちに憤慨して怒鳴り散らし、彼らをけなして「クソ野郎」と侮辱するような人物だった。

クックの戦術はこれとは著しく異なっていた。彼が声を荒げることはほとんどなかったが、問題の核心に迫ることに執着し、質問を延々と投げかけて人々を疲弊させた。「彼はとても静かなリーダーです」とジョズウィアックは語った。「叫ぶことも怒鳴ることもなく、非常に冷静で落ち着いています。しかしとにかく人を質問攻めにするので、部下たちは問題についてしっかりと把握しておく必要があるのです」。質問をすることで、クックは問題を掘り下げることができ、スタッフに自分がしていることを常に把握し、責任感を感じさせる効果があった。彼らはいつでも説明を求められる状況にあることを理解していた。

1998年12月に、クックのオペレーション担当グループに参加したスティーブ・ドイルは次のように語った。「彼は10の質問をしてきます。それらに正しく答えると、さらに10の質問をしてきます。それを1年経験すると、彼の質問は9つに減ります。しかし1つ間違えれば、質問は20、30と増えていくのです」。

クックは信じられないくらい詳細な答えをスタッフに要求した。「スタッフは、クックとの会議を不安がっていました」。当時からクックの担当するグループを知っていたある人物はこう語った。「彼は『D列514行目のこの違いは何か？　その根本的な原因は？』というような質問をして、回答者がその詳細を把握していない場合、その場で厳しく追及するのです」。ハードウエア担当グループのとあるマネージャーは、クックが指揮する会議を盗み聞きしてショックを受けたことがあるという。会議の中で、クックは根拠となる数字が間違っていることに気づき、「この数字は間違いだ。出て行ってくれ」と言ったという。

COOとしてのクックは、自らのチームに対し、懸命に働き、先を見越した行動をとり、あらゆる細部まで注意を払うことを求めた。

マネージャーたちは彼のリードに従い、クックのリーダーシップのテクニックの多くを採用し、自分の部下たちにも同様のものを求めた。グローバルサプライ担当の元マネージャーであるヘレン・

ウォンは、多くのオペレーション担当上級マネージャーは、クックと同じように数字の扱いが非常にうまく、詳細を重視していたと語った。ウォンは、彼らがスプレッドシート全体を暗記したり、誤った数字が記入されていると思われるセルに神経を集中させる姿をよく見たという。彼らは見過ごされがちな膨大な数字の中から問題を発見することができるという驚くべき能力を持っていた。マネージャーたちはあらゆる会議で出た数字を記憶しており、もしその中の1つが変更された場合、サプライ担当マネージャーに質問するようなこともあった。

彼らはクックの質問攻めにする習慣も採用していると彼女は語った。「彼らは、担当者が問題を把握しているかを知りたがるのです。詳細を重視しない人物が、あの企業で生き残れるとは思いません」。クックは「ある問題について考える実践的なプロセスや、社内の文化、規範の多くを生み出したのです」と彼女は語った。「社内では、『それが我々のやり方だ』と言う言葉をよく耳にします。私たちの考え方や取り組み方に、彼が刺激や影響を与えた結果でしょう」。

細部へのこだわりと問題解決の重要性が強調される一方で、クックは自分の部下たちを信頼し、彼らが自ら判断を下すことを奨励している。ウォンによれば、「すべては実現可能だ。もっと努力をしよう、創造的になろう、問題を解決しよう、やればできることをあなたはわかっている……。彼はこのように社員たちを鼓舞し、マネージャーたちも常に創造的でいるように私たちを励ましました。あなたならどうやって問題を解決するのか?と」。

ウォンはまだ若かったが（当時は30代前半だった）、アップルの上層部――そして他のスタッフたち――が自分を信頼し、細かいところまで口を出さずに問題に取り組ませてくれることに感謝していた。

「上級ディレクターレベルの人々は、自分の部下たちの自由な意思決定を奨励しています」と彼女は語った。「たとえまだ若くても、どんな役割を任されていても、自分は企業の最善の利益のために決断を下しており、企業から信頼されていると感じることができるのです。これがティムとジェフ［・ウィリアムズ、当時のオペレーション担当副社長］のやり方です。彼らは社員たちを信頼していたのです」。

クックの関心と評価を勝ち取るために、社員たちは質問に対する正しい答えを常に必要とされていただけでなく、さらに一歩前進する意欲を示す必要があった。そしてときどきそれは、文字通りの意味を持つことがあった。

クックの断固とした態度は、中国の製造業者に問題が発生したときのサプライ会議で起きた出来事に見てとることができる。「非常に深刻な問題だ。誰かが中国へ行って対処する必要がある」とクックは言った。会議はその後30分続いたが、彼はオペレーションの主要な責任者であるサビー・カーンを真っすぐに見つめると、非常に深刻な表情で「なぜ君はまだここにいるんだ？」と尋ねた。カーンはすぐに立ち上がり、会議室を出ると、車で空港へ行き、中国までの片道のフライトを予約した。自宅に寄って替えの服をカバンに詰めることさえしなかった。

一部の同僚たちとは違い、クックにはアップルの外で過ごす時間がほとんどないようだった。彼は多くの社員の模範となる存在だったが、私生活に関してはほとんどの社員――特に子どもやパートナーが家で待っている社員――は従うことができなかった。彼は日曜日の夜に電話会議を受け、午前3時45分にメールの返信を行い、毎朝午前6時までには自分のデスクについていた。そしてオフィスで12～13時間働き、家に帰ってからはもっと多くのメールに返信した。

「ティムは午前3時45分～4時15分の間にいくつかのメールを送ってきました」。そして「4時半～6時の間は返信が途絶えていました」。アップルの元法務顧問で、クックの同僚だったブルース・シーウェルはこう語った。「この時間に彼は起床し、朝食をとったり、ジムへ行く準備をしたりしていました」。そして6時15分くらいには、すでに仕事にとりかかっていた。

彼が中国へ飛び、16時間の時差をものともせずに3日間働き、午前7時にアメリカへ戻り、8時30分からの会議に出席するのは珍しいことではなかった。アップルのサプライヤーに会うために中国に出張するとき以外は、何かあったときいつでも対応できるようにカリフォルニアから出ることはほとんどなかった。彼にとっての会議はマラソンのようなものであることは、彼が会議中に栄養補助食品を口にしていたという事実によって裏付けされている。

オフィスにいないときのリラックス方法は、ジムに出かけるかロッククライミングをすることだった。また彼は熱心なサイクリストでもあり、土曜日と日曜日によく自転車に乗っているため、そのときだけは同僚たちも彼からのメールを気にせずにすむのだった。「彼はよく運動しています」とシーウェルは語った。「自分の健康状態を非常に気にかけていて、混雑する時間帯を避けるため、他の人より早起きしてジムに行っているのです」。

クックはアップルをスポーツのようにとらえていたと言っても過言ではない。彼にとって働くことは耐久型スポーツの一種であることは、それまでの行動――当時の彼にとってのスポーツ界の英雄の一人であるランス・アームストロング（テキサス州出身の元自転車ロードレース選手）を彷彿とさせる短髪にしていたことなど――が証明していた。

あるオペレーション会議で、彼は「私は負けることが嫌いだ。ただただ軽蔑する」というアームストロングの言葉を1枚のスライドの中で引用した。アップルのCEOになる前の年の2010年にも、オーバーン大学の卒業式のスピーチで、彼は仕事とスポーツを同等のものと見なして次のように語っていた。「ビジネスにおいては、スポーツと同様に、勝利のほとんどはゲームの開始前に決定されているのです。我々は、好機がやってくるタイミングを整えることはできませんが、準備を整えておくことはできるのです」。クックの準備へのこだわりは、アップルにおける彼の成功の鍵である。

アップルにおける彼の最初の12年間のキャリアは、比較的目立たないものだった。ジョブズは常に広報活動の中心におり、ジョニー・アイブのような他の主要人物も、彼ら自身のパブリックイメージを持っていたが、クックは匿名でいることを重要視し、アップルの秘密のカーテンの後ろに隠れたままでいた。

2009年1月、ジョブズが肝臓移植によって6カ月間の治療休暇を取らざるを得なくなり、彼が暫定ＣＥＯの役割を最初に引き受けたときにもそれは大きく変わることはなかった。ジョブズはＣＥＯの座に残り、アップルの社員に向けて「重要な戦略的決定」には依然として関与すると社内メモの中で断言していたが、日々のオペレーションに対する責任はクックが負っていた。「彼や他の経営チームは、素晴らしい仕事をしてくれると確信している」とジョブズはメモに記していた。

ジョブズのいない間、クックは最初の週末だけで１００万台以上を売り上げ、当時のアップルの歴代スマートフォンの中で最も売れ行きの良い商品だったｉＰｈｏｎｅ ３ＧＳの発売を監督した。ジョブズは２００９年９月の基調講演に合わせてアップルに戻り、その演説の中で同社の経営陣、特にクックに対し「突然の危機にうまく対応し、会社を巧みに運営してくれた」と感謝の言葉を述べた。さらに２０１１年１月、ジョブズが再び治療休職を取った際も、クックは一時的なアップルの責任者として素晴らしい指揮をとった。

ジョブズが治療中で、クックがＣＥＯの仕事をしているときでさえ、ジョブズは依然として企業の顔としてふるまうことができたため、クックは世間の注目を浴びずにすんでいた。しかし正式にトップの座を引き継いでからは、すべてが変わることとなった。

第 6 章
スティーブ・ジョブズの後を引き継ぐ

2011年8月24日、クックはCEOとしての初日を迎えた。彼が最初に行った仕事のいくつかは、当時はほとんど注目されていなかったが、大きなチャンスの到来を予感させるものだった。その働きは、彼が前任者とは異なる存在であることを強調し、我々が今日アップルと聞いて思い浮かべる桁外れに大きな成功の要因となった。

しかしクックは舞台裏でアップルを運営することには秀でていたが、スポットライトを浴びた経験はほとんどなかった。CEOとしての最初の年は、公の場での堅苦しい態度や経営陣の刷新、知名度の高い2人の解雇、エキサイティングとは言い難い製品など、マイナスの部分が目立った過酷な1年だった。このことは、アップルは時間をかけてゆっくりと衰退するという批評家たちの予想に真実味を与えることとなった。

ピノキオ並みの堅さ

2012年の最初の数カ月で、クックは悩みの種を大量に抱えることとなった。

彼はジョブズが亡くなってから初めての基調講演のトップを飾り、3月に発売するiPad 3と、Apple TVのアップデートを紹介した。「ここに立つことができて、とても興奮しています」。ステージに立った彼はそう語ったが、とてもそんな風には見えなかった。しわの寄ったシャツを裾を出したまま着た彼は、南部特有の控えめでゆっくりとした話し方で、型にはまったプレゼンテーションを行った。

そこにはスティーブ・ジョブズのプレゼンをダイナミックなものにしていたカリスマ性も、人を惹きつける魅力も感じられなかった。落ち着きがなく、リハーサル通りやることに固執しているように見え、とても楽しんでいるようには見えなかった。額にはしわが寄り、話し方は堅苦しかった。どういうわけか、彼は本来ならエキサイティングなはずのアップルの基調講演を、退屈なものにするという偉業を成し遂げていた。

新しいiPadは高性能だった。新たな高解像度Retinaディスプレイ、4コアグラフィックプロセッサを搭載した新Apple A5Xチップ、アップグレードされた5メガピクセルのカメラ、1080pのHDビデオ機能、音声入力、アメリカ国内におけるLTEネットワークのサポートなど、新機能とアップデートされた機能の両方があった。

しかし、肯定的なレビューにもかかわらず、アップルのファンたちは先代機となんら変わらない、つまらないアップデートを加えただけの製品――進歩的ではあるが、革新的とはいえない製品――だと考えた。クックのリーダーシップのもとで初めて発売された主要製品の評価として、幸先が良いものとはいえなかった。

初期の挫折

新たなCEOになって最初の数カ月は、誰にとっても間違いなく困難な時期であるが、ましてやその企業が世界で最も注目を集める企業の1つであり、先見の明を持つ創設者を失った直後だとしたらなおさらのことである。さらにアップルが米国司法省に訴えられたことにより、クックのCEOとしての最初の数カ月は一層厳しいものとなった。

その年の4月、司法省は電子書籍の価格決定において、多くの出版社と共謀したとしてアップルを告訴した。裁判は数年続き、結果的にアップルは罰金を支払い、裁判所が指名した反トラストの監査人を雇い入れることになった。このことは、アップルが反トラスト規制当局の注目を集めるのに十分なほど大きくなっていたことを示している。反トラスト訴訟は通常、支配的地位を乱用し、抑制の必要があると見なされる最大かつ最も力を持った企業に対して行われる。2001年の反トラスト訴訟により、かつては支配的だったマイクロソフトがハイテク業界のトップから転落することになったため、アップルにとっても重大な懸念と見なされた。

その後7月には、予想を下回るiPhoneの販売数を記録した第3四半期の重複報告の影響を受け、アップルの株価は急落した。アナリストたちは、iPhoneの販売台数を2890万台と予想していたが、実際は2600万台だったため、株価が下落したのだ。それほど大きな差とは言えず、iPhoneの販売台数自体は前年比で30％近く増加していたが、アップルがウォール街の予想を下回ったのは、ほぼ10年ぶり2度目のことだった。

販売台数が予想に届かなかったのは、Androidとの競争が激化したことに起因するのかもしれない。アップルはまだトップに君臨していたが、サムスンの追い上げはすさまじく、アップルに関する記事の中でその社名を見かけることが多くなっていた。2012年5月、アップルは2年連続でミルウォード・ブラウン社のブランドZ（世界中の企業のブランド価値をランク付けした報告書）で、世界で最も価値のあるブランドに選ばれた。

ただし、報告書には次のように記されていた。「アップルは革新的で『高級』なブランドの地位を維持し続けているが、サムスンとの将来をかけた競争に直面している。Ｇａｌａｘｙシリーズが成功したおかげで、サムスンは現在14・1億ドル（約１５００億円）を超える価値を持つ企業となり、おなじみのｉＰｈｏｎｅのクールで手頃な価格の代替品に位置付けられ、かなり多くの市場でアップルを凌いでいる」。

２０１２年10月、クックはサムスンの本拠地である韓国での販売が低迷したため、韓国支部のトップだったドミニク・オウを解雇した。オウがその職に就いてから、まだ17カ月しか経っていなかった。

アップルの株価下落は、新製品の失敗の結果とも考えられる。２０１２年７月、アップルはＭｏｂｉｌｅＭｅ――初日から破綻しているも同然で、失敗する運命にあったクラウドサービス――からついに手を引いた。このサービスは、２０１１年10月にはすでにｉＣｌｏｕｄに取って代わられており、２０１２年半ばまで使用可能な状態だった。

さらに９月末には、２年前にｉＴｕｎｅｓ 10の一部として開設された音楽メインのソーシャルネットワークであるＰｉｎｇを正式に閉鎖した。ユーザーはアーティストや友人をフォローして、人気のコンテンツやおすすめの音楽などの情報を入手することができたが、これには最初から問題が山積みだった。約束されていたフェイスブックとの統合は最後まで実現されず、一部のユーザーのアカウントはスパムであふれ、詐欺師たちは偽名でアカウントを開設し始めた。

しかし最大の問題は、離陸に失敗したことだった。ユーザーはiTunesを使っているほんの一部の人に限られた。その年のはじめ、オール・シングス・デジタル・カンファレンスの講演で、クックは、ソーシャルネットワークはアップルに「必要ない」ことを認めた。「一部の顧客には好まれていますが、その数は多くありません。打ち切るべきでしょうか?」と彼は尋ね、それから間もなくして、アップルはこのサービスを打ち切った。

採用と解雇

2012年には、知名度のある2人の幹部が解雇されるという出来事もあった。

1人目は、アップルストアの小売担当上級副社長だったジョン・ブロウェットである。彼は1月に正式に入社したばかりで、前任者だったロン・ジョンソンの後を引き継いでいた。彼は、その役職に適した資格を持っていた。4万人の従業員を抱えるヨーロッパで最大の小売企業の1つであるディクソンズ・リテール出身で、ケンブリッジ大学で学位を取得し、ウォートン・スクールでMBAを取得していた。

数字が得意でもある彼は、アップルに来る以前はクックとの共通点が非常に多かった。イギリスのスーパーマーケットのテスコでオンラインオペレーションを担当していたとき、記者団に対して「私は昼食を取りません。することがあまりに多いので、会議を開くこともありません」と語っていた。

彼はクックの戦略とよく似た実用的なアプローチで仕事に取り組んでおり、クックのもとでアップルストアを運営するのに最適な人物だと思われた。

2012年、アップルストアは誕生してから10年以上が経っていた。2001年にオープンしたときには懐疑的な意見が出ていたが、現在では世界中に400の店舗があり、その3分の1はアメリカ国外にあった。アップルストアの1平方フィート(0・09平方メートル)あたりの売上高は、高級ブランドのティファニーを含むすべてのアメリカの小売業者を上回っている。アップルストアはコンピューターやその他の電子製品の販売方法を変革し、アップルの経営陣はずっと望んでいた小売の現場の徹底的な管理ができるようになった。

小売店はアップルのビジネスにおいて非常に重要な要素であり、ブロウェットはクックがCEOになってから初めて採用した知名度の高い人物だった。

しかし、彼は入社して間もなく問題にぶつかった。最初からアップルの文化にはなじまないように見えた。ディクソンズは最低限の顧客サービスしか持たない安価な電子製品の小売業者で、ヨーロッパ版のベスト・バイ(ミネソタ州に本社を置く世界最大の家電量販店)として知られていたため、彼の採用を発表してから1日と経たずに、クックのもとにはアップルストアの質が落ちることを心配する顧客からのメールが届き始めた。

でも、クックは心配していなかった。「多くの人と面談しましたが、ジョンはその中で最高の人材です」。顧客からのメールに彼はこう返信している。「あなたも私と同じぐらい喜ぶようになるでしょう。彼の役割はアップルをディクソンズのようにすることではなく、さらに高いレベルの顧客サービスと満足度をもたらすことです」。

しかし、顧客の不安は的中した。ブロウェットはアップルストアの優れた顧客サービスに対する評判をないがしろにして、スタッフの数と勤務時間を削減することでコストを減らそうとした。

そして、それまでは最優先事項ではなかった販売目標の達成に固執した。この変革は、不満と軽蔑しか生まなかった。ブロウェットがアップルで働き始めてから6カ月後、クックは彼を解雇した。アップルが過ちを認めるのはまれなことだったが、広報担当のクリスティン・ハグエットは「これらの変更を加えたことは間違いであり、すでに元に戻されています。お客様にふさわしいワールドクラスのサービスを提供する従業員たちは、我々の最も重要な資産なのです」と語った。

ブロウェットはアップルとの相性が悪かった。彼は売り上げと利益を重視するタイプの重役で、アップルストアののんびりとした穏やかな哲学にはそぐわない人物だった。クックは、ビジネスにおいては最終的な利益が一番重要だと考える人物を採用するという、彼にしては珍しい間違いを犯してしまった。ブロウェット自身もこのことを深く悔いていた。「私は単に、彼らのビジネスのやり方に合わなかったのです」。彼はのちにこう振り返っている。「とはいえ能力ではなく、合わないからという理由で拒絶されるのはショックでした」。

ブロウェットの解雇は、クックにとってバツの悪い痛手となった。CEOになって1年目のことだったため、はたから見ると彼が右も左もわからないお手上げ状態にあるかのように見えたのだ。スティーブ・ジョブズは、長い間にいくつかの採用ミスを犯していたが、彼はそれよりも優れた協力者――とりわけアップルにおけるスティーブ・ウォズニアックやジョニー・アイブ、ピクサーにおけるジョン・ラセターやエド・キャットムル――を選んだことで知られていた。

クックは自ら選んだ素晴らしい協力者を持たず、彼のアップルに対するビジョンはジョブズのそれとは大きく異なっていた。彼には余計なプレッシャーがあり、ブロウェットの採用と解雇は、彼が下調べをしなかったか、あるいはもっと悪いことに、彼の判断が間違っていたという印象を与えた。

ブロウェットの解雇よりさらに大きな問題となったのは、ジョブズの死後、一時期は次のCEOの候補だったスコット・フォーストールの退職だった。

彼はネクストでキャリアをスタートさせ、瞬く間に出世し、その後はジョブズを追ってアップルへ入社し、Mac OS Xを極めて大きな成功に導いた立役者の1人となった。のちにその貢献が認められ、初代iPhoneのためのソフトウエアを開発するという難題を与えられた。彼の優れたパフォーマンスは、iPhone 4Sの基調講演の場で、クックが新しいAIアシスタントであるSiriを彼に紹介させたことで、より広く認知されることとなった。彼はネクストにいたときと同じくらい早く出世していった。

2011年、ジョブズの死の直後に刊行された『ブルームバーグビジネスウィーク』誌には、彼を

「魔法使いの弟子」、「ミニスティーブ」、「スティーブ・ジョブズの代理として最適な人物」と称したプロフィールが掲載された。『フォーチュン』誌の記者であるアダム・ラシンスキーは、その著書である『インサイド・アップル』の中で、フォーストールはアップルの次のCEOとしてのポテンシャルがあり、ティム・クックの後を継ぐ準備はすでにできていると評していた。急速に出世していた彼は、かつてはスティーブ・ジョブズの後を継ぐ可能性が最も高い候補の1人だったが、2012年の終わりには、アップルを去ることとなった。

フォーストールはアップルの幹部たちに好かれていなかったが、創設者の1人と緊密な関係を築いていたことが後ろ盾となった。ラシンスキーは、フォーストールが悪い状況に陥るとすれば、その原因は野心をむき出しにしすぎたことにあるだろうと語っていた。社内での権力と影響力に対する彼の渇望は、他の幹部や同僚たちをうんざりさせたが、ジョブズはその意欲と競争心を支持し、彼を気に入っていた。しかしそのジョブズが亡くなり、彼は後ろ盾を失ってしまった。

2012年の彼の退職は、期待外れなSiriと悲惨なApple Mapsという低レベルな2つのソフトウエアの発売に続くものだった。

SiriはSRIインターナショナルの人工知能センターからのスピンアウト、およびアメリカ国防高等研究計画局が資金提供するAIプロジェクトの派生としてスタートし、2010年にサードパーティによるiOSアプリとして発売された。アップルはすぐにこの企業を買収し、Siriを自社のイメージに合ったものに作り変えた。

フォーストールがiPhone 4Sの基調講演のステージでSiriを紹介したとき、彼はその出来事について話した。Siriはアップルが1987年に「ナレッジナビゲーター」の名で初めて世に出したデジタルパーソナルアシスタントの構想を形にしたものだった。

しかしユーザーに体験させたところ、その評価は賛否両論を巻き起こした。アップルの共同創設者であるスティーブ・ウォズニアックは、オリジナルのサードパーティ製アプリの大ファンであることを公言していたが、アップル版は公然と批判した。

彼はSiriがそもそも「カリフォルニア州で1～5番目に大きな湖は？」や「87より大きいプライムナンバー（素数）は？」というような質問を理解したため夢中になったが、アップル版では湖について質問すると湖畔の物件へのリンクが現れ、素数について質問するとプライムリブステーキの検索結果が出てくることを指摘した。発売から1年以内に、オリジナルのSiriアプリに携わった2人の幹部――アダム・チェイヤーとSiri社の元CEOであるダグ・キットラウス――は、別のプロジェクトに集中するためにアップルを去った。この2人は問題だらけのSiriを置き去りにして、新たに共同設立した会社でビブと呼ばれるAIの開発に着手し、それは後に2億1500万ドル（約240億円）でサムスンに売却された。

Siriは好機を逃したと見なされたが、Apple Mapsの大失敗と比べればたいしたことではなかった。

アップルの地図ソフトウエアは、2012年6月11日に開催された世界開発者会議（WWDC）で発表された。iOS 6に標準装備され、Google Mapsに替わるiPhoneのデフォルトの地図サービスとなった。地図の作成はまだ始まったばかりだったが、スマートフォンの地図アプリは非常に魅力的なものであることが次第に明らかになっていった。地図と道案内は、モバイル広告と同じような収益増加の機会が豊富に見込める重要な機能だった。アップルは、グーグルに支配権を譲ることでこの機会を失うことを理解していたため、自ら支配権を握り、独自のサービスを開発することにしたのだ。Apple Mapsの機能には、ターン・バイ・ターンナビゲーションや3Dマップ、フライオーバー（3D表示された世界の主要都市を上空から眺めることができる機能）、およびSiriの統合が含まれており、Google Mapsとは一線を画していた。

しかし残念なことに、Apple Mapsが9月19日にリリースされてから、ユーザーがそれをガラクタと分類するのにそれほど時間はかからなかった。そこにはあらゆる種類の問題があった。地図の3D表示が歪んでいるためサルバドール・ダリの絵のように見え、イギリスでロンドンを検索すると、その首都ではなく「カナダのオンタリオ州ロンドン」が表示され、アラスカ州にあるフェアバンクス国際空港へ行くのに、滑走路の1つを横切って運転するように指示するといった危険な問題も含まれていた。『ニューヨーク・タイムズ』紙は、Apple Mapsを「アップルがこれまでリリースした中で、最も厄介で使い物にならないソフトウエア」と表現した。またApple Mapsが間違った場所に案内したため、アップルの幹部が会議に30分遅れたという話まであった。

アプリをもっとシンプルなものにしておけば、望み通りに動いた可能性は高かったが、アップルは背伸びをしすぎてしまった。約7年前に誕生し、成熟した機能を多く備えていたGoogle Ma psに代わる機能豊富な代替品を作ろうとしていたのだ。グーグルに対抗しようとしてやりすぎ、最終的にはその対価を支払うことになってしまった。

Apple Maps担当の幹部だったフォーストールには、この新しいアプリの失敗に対する責任があった。『ビジネスインサイダー』のジェイ・ヤロウは、「Apple Mapsの大失敗は、次期CEO候補にとって最悪なニュース」というタイトルの記事の中で、これはフォーストールの「iOSソフトウエアの2回連続での目立った失敗」であることを強調していた。

その1年前、彼の後押しでSiriをiOSに導入することとなったが、良い成果を上げることができなかったのだ。クックはフォーストールに公の場で謝罪することを求めたが、彼は拒否し、その後は2人ともこの問題について言及しなかった。

しかし、フォーストールが謝罪する気配を見せず、世間の非難の声が2日間続いた後、クックは自ら率先して行動を起こした。彼はアップルのユーザーたちに公式の謝罪文を送り、そこでマップに関するいくつかの問題を詳しく説明し、これからの対応を明確に誓った。

「アップルは、お客様に最高の体験をお届けする世界最高レベルの製品を作ることに取り組み続けています。しかし先週リリースした新しいマップは、その基準に達することができませんでした。お客様にご迷惑をおかけしていることに対し、心よりお詫び申し上げます。現在私たちは、マップをより良いものにするために最善を尽くしています。

アップルは、自社製品を世界で最高のものにすることを目指しています。皆様がそれをアップルに期待していることも、私たちは理解しています。私たちはマップがこの極めて高い水準に達するまで、絶えず努力を続けていきます」。

一部では、クックの謝罪は弱さの表れだととらえられた。『ザ・ウィーク（The Week）』誌は、彼の謝罪を「一部の人々が言うように、『スティーブ・ジョブズが生きていたら、決して起こらなかっただろう』不名誉な行為」だと評し、「クックの謝罪は、彼がスティーブ・ジョブズとは決定的に違うということを証明しているのか」という問いを投げかけた。

スティーブ・ジョブズが、アップルの過ちを謝罪することは決してなかった。数年前、新しいiPhone 4で通話をしていると、指が側面のアンテナ部分に触れた際に通話が切れてしまう不具合――いわゆるアンテナゲート事件（ウォーターゲート事件をもじっている）――をユーザーが訴えたとき、ジョブズは「誤った持ち方をしているせいだ」と言い放った（最終的にはアンテナゲートについての記者会見を開き、問題を軽減するために、アンテナ部分を保護するケースを無償で提供したが、明確に謝罪することは決してなかった）。

しかしクックは、自らのやり方で対処することを望んでいたようだった。彼はフォーストールのことを、チームに破壊的な影響を与え、責任を負わないトラブルメーカーと見なし、解雇したのだ。

クックの同僚であるグレッグ・ジョズウィアックは、彼がマップの開発メンバーに変更を加えることについて、断固とした態度で行動したと言って、そのことを遠回しに賞賛したが、フォーストール個人について語ることも、彼の名前を挙げることもなかった。ジョズウィアックは、クックのことを「大胆かつ固い決心を持ち、あらゆる点でリーダーに向いた人物」だと言い、「会社を公正な場所にするために、必要なことを自ら率先して成し遂げた」と語った。

フォーストールが解雇されたことに対し、同僚の幹部たちが抗議を行うことは、少なくとも表向きは全く見られなかった。それどころか彼の退職を知り、社員たちは「大いに喜んだ」という。アップルのとある元社員は、フォーストールは非常に狡猾で、他人の成果を自分のものにし、昇進のために同僚たちを押しのけ、多くの衝突を引き起こしたと語った。彼は野心を隠そうともしなかったため、同僚たちとの間に壁を作っていた。「彼は自分には関係ないことにまで口を出していました」とその社員は語った。「そのために他の社員たちは少し動揺していたと思います……。そして多くの人は彼にうんざりしていました」。

元iPod部門担当上級副社長で、「iPodの生みの親」の1人であるトニー・ファデルは、BBCのインタビューで、フォーストールは「自業自得だ」と語った。当時はフォーストールとファデルが反目し合っていることが広く噂されていた。iPhoneの開発に取り組んでいたとき、この2人は絶えず衝突していたという(フォーストールはソフトウエア、ファデルはエンジニアリングの責任者だった)。

2008年にファデルがアップルを退職するまで、彼らはリソースや人員、そして功績の面で激しく衝突した。同じインタビューの中で、ファデルはフォーストールの解雇とクックによる経営陣の再編成は賢明な策だと語った。「私はアップルが素晴らしい時期にきていると考えています。素晴らしい製品を持ち、素晴らしい人材がそろう今、彼らにはしっかりとした地位を築き、スティーブが残したものを受け継いでいくチャンスがあるのです」。

社員たちの多くは、フォーストールの解雇の主な原因は狡猾に策を弄《ろう》したことにあると考えていた。彼はiPhoneのソフトウエアを担当し、そのiPhoneが人気を博すと一躍スターの座に上りつめ、社内で強い権力を持つようになった。アップルのアナリストであるホラス・デディウは、フォーストールが独自のプロジェクト――自らハードウエア担当のエンジニアを募集していた――をクックや他の幹部の許可を取らずに始めたという噂があると語った。「彼がどれほどアップルに貢献し、功績を上げていたとしても、命令に背き、一線を踏み越えることは、アップルでは死刑に値する罪なのです」。

デディウは、アップルには過ちを許容する文化があるため、フォーストールは新たなApple Mapsという冒険的事業を台無しにしたことだけが原因で解雇されたのではないと語った。彼がクックからの公式な謝罪を求める直接の命令を拒否したことが、彼の運命を決定づけた反逆的行為となったという。

「ティムは『私は試されている。幹部たちが権力を行使し始めていることに対して、断固たる姿勢で臨まなければ』と感じて、『他の幹部たちに私を重要視してもらうためにも、この公開処刑は必要だ』

と自らを納得させたのではないでしょうか。そうすることで、その後はトラブルに見舞われることがずっと少なくなったのです」とデディウは語った。

フォーストールの追放から数カ月後、クックは『ブルームバーグビジネスウィーク』誌のインタビューで、この出来事の詳細を少し明らかにし、自らのリーダーシップのスタイルについても語った。彼は、プレスリリースで述べたのと同様に、経営陣の再編成によって、社内での協力体制が強化されたと語った。「我々は社内であらゆるレベルの協力をしていますが、それをより高いレベルに押し上げることが重要なのです」と彼は語った。「我々はそれぞれ優れた専門性を持っています。しかしこれからは、多くの消費者がもはや区別できないほどに、ハードウエアやソフトウエア、サービスなどの業務を一体化させるという前人未到のことに挑戦していきます。消費者は、ただその体験が素晴らしいものかどうかだけを気にかければいいのです。そして我々がその状態を高い水準でキープするためには、社内の協力体制の評価でAプラスを取る必要があるのです」。

クックはフォーストールとブロウェットの解雇について直接言及することはなかったが、幹部たちがこれからどのように協力し、責任を取っていくのかについて語った次の言葉はすべてを物語っていた。

「我々全員が、同様の価値観のもとに団結しているのです。私たちは正しいことをして、正直に、率直でいようと望んでおり、自分たちが間違っているときにそれを認め、変化する勇気を持っています。

そこに策略はありません。私は策略を軽蔑し、社内にはその余地はありません。私の人生に、策を弄している暇はないのです。官僚主義でもありません。アップルを、すばやく変化できるほど敏捷《びんしょう》で、策略や計略のない企業にしたいのです」。

この言外の意味を読み取ると、クックがフォーストールを解雇した原因は、彼が策を弄し、個人的な意図を持って行動したためだということになる。フォーストールは自分の非を認めず、謝罪をしなかった。クックと彼のリーダーシップのスタイルにおいて、これは大罪を意味していた。

アップルは全盛期を過ぎたのか

当然のことながら、フォーストールの解雇は間違っていると考えた人もいた。「アップルは全盛期を過ぎた。ここから先は下るのみだ」。ダン・クロウは2012年後半、『ガーディアン』紙にこう書いている。「グーグルのマップを自社製品に置き換えるという決定と、スコット・フォーストールとジョン・ブロウェットを追放し、会社の経営陣を刷新したことは、アップルがわずかに下向きの軌道を取ったことを示している」。

アップルは財政的には非常にうまくいっていた（2012年の収益は1565億ドル（約17兆円）で、驚くべきことにそのうちの463億3000万ドル（約5兆円）が利益だった）が、多くの専門家はこれをジョブズと彼の残したもののおかげだと考えた。人々は、アップルがたくさんの小さな傷のせいで、遅かれ早かれ崩壊してしまうという物語に抗えなかった。

アップルの広告代理店であるTBWAメディア・アーツ・ラボでさえ、残念なことに、その物語を信じているように思われた。2013年1月、『ウォール・ストリート・ジャーナル』紙は「アップルはサムスンを前にして冷静さを失ったのか?」というタイトルの記事を掲載し、当時精力的に新製品のGalaxy S3スマートフォンを売り込んでいたサムスンが、アップルを不調に追いやったことを示唆した。後にサムスン対アップルの特許をめぐる裁判の証拠として発見されたアップルの幹部へのプライベートなメールの中で、TBWAは「アップルが今の状況を乗り越える手助けが必要だという点で、今この瞬間は1997年の状況にかなり近いと理解している」と記していた。

ジョブズは1997年にアップルに戻ると、賞を受賞した有名な「シンク・ディファレント」キャンペーンを依頼し、今は財政難に陥ってはいるが、これから浮上するであろう素晴らしい企業があることを人々に思い出させた。このキャンペーン広告は華々しい働きをし、深刻な問題を抱えていた会社に新しい命を吹き込んだかのようだった。

しかし2012年は、これと真逆の状況だった。財政面では好調だったが、世間はそう認識していなかった——多くの人は、アップルが衰退の一途をたどっていると感じていた。

しかし、アップルの社員たちには信念があった。同社のマーケティング責任者であるフィル・シラーは、次のように反撃した。「今は1997年ではありません。あの年のアップルには、市場に出す製品が何一つありませんでした。利益は微々たるもので、半年後には倒産しそうな状況でした。今のように、スマートフォンとタブレットのフォームファクターを構築し、コンテンツ配信とソフトウエア市場で主導権を握る世界で最も成功したハイテク企業でも、誰もが真似をし、競い合うことを望む企業でもなかったのです」。

事実、ティム・クックがＣＥＯになってから、ＴＢＷＡが「シンク・ディファレント」のような広告を新たに制作したことは一度もなかった。

クックはアップルの変革を始める

幹部のランクを入れ換え、協力体制を強化することは、社内的には大きな調整だったが、外部から観察する者にとってはほとんど変わっていないように感じられた。全体的に見ると、クックは前任者の残したものをそのまま継続しているようだったが、その後の数年間で彼がどうアップルの舵を取るかについてのいくつかのヒントがあった。

ＣＥＯを引き継いでから、わずか5カ月後の２０１２年1月、クックは最初の大きな変革を行った。彼は前四半期の驚異的な収益報告を受け、社内でタウンホールミーティングを開催した。彼はこの会議において、社員たちと「エキサイティングな新しいこと」について討論することを予定しており、そのうちの1つはアップルの慈善活動であることがわかっていた。このことは、スティーブ・ジョブズのアップルに対するビジョンからの脱却を意味していた。

ジョブズは慈善活動にお金を出さないことで有名だったのだ。彼は自分にできる最も慈善的なことは、アップルの価値を高めることであり、それによって株主たちが慈善活動に使える資金が増えると主張していた。ジョブズのもとで、アップルが十分な慈善活動を行ったことは、少なくとも表向きは一度もなかった。同社が参加した唯一の公益的な慈善活動は、U2のフロントマンであるボノが発起人となった（PRODUCT）RED（プロダクト・レッド）であり、これはREDブランドの製品を販売し、その売り上げをアフリカでHIV（エイズ）と戦う資金にするという活動だった。2006年以降、アップルはiPodとiPhoneでそれぞれ数種類のRED版を販売し、1億6000万ドル（約177億円）以上を寄付している。

しかしクックは、ジョブズとは異なる見解を持っている。彼は自分の甥が大学を卒業するまでの授業料を支払った後、全財産を慈善団体に寄付する計画を立てている。CEOとして、彼は社員のための慈善活動支援プログラムを制定し、社員が寄付する金額に、1人あたり年間最大1万ドル（約110万円）の上乗せを行っている。そしてこれは大きな影響を与えることとなり、プロジェクトを開始してから最初の2カ月で、アップルとその社員は合わせて260万ドル（約2億8800万円）を寄付した。

またクックは、タウンホールミーティングにおいて、アップルがスタンフォードにある病院にも5000万ドル（約55億円）を寄付したことを明らかにした。彼はその地域が選ばれた理由を詳しく説明しなかったが、アップルとスティーブ・ジョブズは、スタンフォードの大学や医療施設と長い付き合いがあった。ジョブズは2005年、スタンフォード大学の卒業式で有名なスピーチを行い、スタンフォードがんセンターで治療を受けていた。アップルはまた、2011年以降、ハリケーンの救援活動や山火事の復興支援、中国で起きた洪水の救援活動などを含む、教育および環境へのさまざまな取り組みに対し、数百万ドルを寄付してきた。

アップルは教育プログラムに多額の投資をするだけでなく、健康や人権に焦点を当てた慈善団体にも多額の寄付を行ってきた。CEOに就任してから約1年半後、クックはチャリティーバズが主催するオークションに、アップルの本社で彼とコーヒーを楽しむことができる権利を出品することに同意した。この権利は61万ドル（約6700万円）で落札され、正義と人権のためのロバート・F・ケネディ・センターに寄付された。これは他のオークションから同センターに寄付された金額の2倍であり、わずか数週間前に出された「推定価格」の12倍以上だった。

2014年も終わりに近づいた頃、アップルはエイズとの闘いを支援するため、PRODUCT（RED）に2000万ドル（約22億円）という多額の寄付を行った。この資金は、アプリの売り上げとアプリ内での課金の一部を拠出したアプリ開発者との提携、およびアップルの1年で最も売り上げが伸びる2日間（ブラックフライデーとサイバーマンデー）の売上によって生み出された。「今四半期の寄付総額が2000万ドル（約22億円）以上――これまでの最高額――になり、わが社がPRODUCT（RED）に寄付した総額が1億ドル（約110億円）を突破することを発表できて非常に嬉しく思っています」。クックは社員に向けたメールの中でこう述べている。「私たちの寄付は命を救い、困っている人々に希望をもたらしています。私たち全員が、彼らの助けになっていることを誇りに思ってよいのです」。

アップルは社員による寄付額を更新していないため、クックが2011年に発表した以降の寄付額は不明のままだ。しかし2018年、トランプ政権が税法を修正し、約2500億ドル（約27兆円）を海外へ現金で送金することが可能になると、クックは1対1ではなく2対1の割合で、社員の寄付に対する上乗せを2倍にすると発表した。そして社員あてに、年末までに社員による慈善寄付額を倍増させる（上乗せの上限額は年間1万ドルのまま）ことを記した文書を送信した。アップルはまた、社員たちが寄付した回数によって上乗せ金額を2倍にすることを決定した。

クックの慈善活動に対する新たなスタンスは世間の高評価を得たが、寄付額はアップルの利益から考えると非常に少額で、自社のサプライチェーンが直面していた労働問題のほうを何とかするべきではないかとの意見もあった。「アップルが現在所有する現金が977億ドル（約10兆円）であることを鑑みると、寄付額は不十分であると言わざるを得ない」。ベンチャービートの記者であるサラ・ミトロフはこう記している。同社の寄付額は「2012年の第1四半期の収益である463億3000万ドル（約5兆円）と比較すると、雀の涙ほどしかない。加えて、iPhoneならびに他のアップル製品を製造しているフォックスコンが抱える労働問題は、同社の慈善活動家という新たなイメージに傷をつけるだけである」。

とはいえ、障害の多い1年目にもかかわらず、クックはアップルに小さな変革を起こし、それはより大きく有益な変革の前触れとなった。

サプライチェーンにおける取り組み

その変革には、アップルのサプライチェーンの慣行を変革することも含まれていた。2012年2月、ABCは『ナイトライン』という深夜の報道番組で、アップル最大の製造業者であるフォックスコンの特集を放映した。この特集はアップルの承認を得て撮影されていたにもかかわらず、同社の製品が製造されている環境の劣悪さを浮き彫りにしていた。

興味深いその詳細には、1台のiPadを作るのに5日かかり、さらに衝撃的なことに、325人の手を通っているという事実が含まれていた。またフォックスコンの作業員は、12時間のシフト制で働き、食事は1食につき0・7ドル（約77円）、さらに6〜8人部屋の宿舎は月額17・50ドル（約1900円）かかるが、給与は1時間あたり1・78ドル（約200円）だということが明らかになった。

『ニューヨーク・タイムズ』紙も、フォックスコンの労働環境に関する一連の調査報告を掲載し、ピューリッツァー賞を受賞している。クックはいつになく激しい怒りをこめてこれに反応し、思いやりのない態度が批判されていたスティーブ・ジョブズとは180度異なる態度で、社員たちに自らの考えを語った。

彼は社員あてのメールの中で、この報道に対して自分は「腹を立て」、「激しい憤り」を感じていると記し、社員たちに対して直接、自らの率直な考えを語った。「我々は、世界中のサプライチェーンで働くすべての労働者を大切に考えています。あらゆる事故は深刻にとらえられなければならず、労働環境に関するあらゆる問題は懸念の原因となります。我々がそれらを気にかけていないという考えは、明らかな間違いであり、不快にさせるものです。あなたがたがよくご存知のように、今回の報道で明らかになった事実は、アップルの価値観に反するもので、我々の本来あるべき姿ではありません」。これまで何十万もの作業員の労働環境を改善してきたクックは、事実を明らかにすることを決意した。

すぐにアップルは、ワシントンDCを拠点とし、世界各地の搾取《さくしゅ》労働を終わらせるために活動しているアメリカ公正労働協会（FLA）と契約を結び、中国の深圳《しんせん》と成都《せいと》にあるフォックスコンの工場の監査を依頼した。この動きは、アップルがサプライチェーンをクリーンな状態にし、その責任を負うという、同社のウェブサイトで説明されている6つの価値観のうちの1つを実現するための大きな一歩と見なされた。

アップルは、これまで食品やアパレル業界におけるサプライチェーンの改革で評価されてきたFLAを、最初に雇い入れたハイテク企業となった。2016年10月、アップルがFLAとの提携をやめるまで、他のハイテク企業が同じことをすることはなかった。

その後間もなく開かれたゴールドマン・サックスのカンファレンスで、クックはフォックスコンにおける労働者酷使の疑惑について率直な意見を述べた。彼は基調講演のスピーチで、アップルはすべての労働者が差別のない、水準以上の給与が支払われる安全な労働環境を保障されるまで、取り組みをやめることはないだろうと述べた。

そして、彼は労働者を気にかけないサプライヤーとの契約を終了すると語った。「アップルは労働環境に対して、長きにわたり非常に真剣に取り組んできました。ヨーロッパ、アジア、アメリカ、たとえどこにいようと、我々はすべての労働者を気にかけています」。彼はブルーカラーだった自らの経験をもとに次のように語った。「私自身、アラバマの製紙工場やペンシルベニアのアルミニウム工場で非常に長い間働いていました。私は、我々の工場でフルタイムで働く数百人もの労働者のことも気にかけています。アップルと彼らの労働環境は、非常に強く結びついているのです」。

意義のある改革に対するクックの誓約は、多くの人に前向きに受け取られた。カリフォルニア大学バークレー校で環境および労働政策を専門とするダラ・オルーク准教授は、『ニューヨーク・タイムズ』紙に対し、クックの発言は賞賛に値すると語った。「私はティム・クックに敬意を表したいと思います。彼は自分たちが問題を抱えていることを認めたのです」。

ノースウェスタン大学でレピュテーション・マネジメント（企業の評判向上のための戦略的な取り組み）を専門としているダニエル・ディアマイアー教授も、これに同意した。否定的な報道は、クックに明確な措置を講じるように促していたが、クックはそれを前向きな変化を起こすきっかけにしたとディアマイアーは語った。「私は彼がこの問題を誰よりも深く理解し、他の幹部たち以上に自分のこととして受け止めていると思います」。

しかしクックの主張を疑う者もいた。労働運動家で研究家のジェフ・バリンジャーは、改革に対するクックの誓約に疑念を抱いていると語った。「私が以前に観察したのと同じパターンのように思えます」。クックは「ほとぼりが冷めるのを期待しているのでしょう。彼の言うことには説得力がありません」。

しかしクックは変化を起こすことを決意していた。彼は労働環境の改善に時間と労力を注ぎ込み、サプライヤーの工場を訪問し、そこで働く労働者と交流することに努めている。3月の終わり、彼は中国へ飛び、鄭州《ていしゅう》にある新しいフォックスコンの組立工場を査察した。この工場では12万人ほどの作業員が働き、その多くはiPhoneの組み立てに従事していた。アップルが公開した訪問時の写真は、世界中で話題となった。クックがサプライチェーンのロジスティクスへの関与を強化したことは大きな一歩だった――スティーブ・ジョブズが組み立てラインの前で写真を撮ったことは一度もなかった――が、多くの冷笑的なブロガーは、その写真をあまりに意図が見え透いたものだとして取り合わなかった。

クックが労働条件の改善を誓約したにもかかわらず、2000人以上の労働者が、成都にあるフォックスコンの工場で起きた小さな事件――報告では、寮の1つで起きた盗難事件――が原因で暴動を起こした。悪質な労働条件と給与により、工場内の緊張は以前から高まっていた。ほどなくして、成都の23歳の作業員が自分の部屋から飛び降りて自殺した。彼がフォックスコンで働き始めてからまだ1カ月しか経っていなかったが、アップルが改革を約束した直後の出来事だった。

フォックスコンで自殺者が出たのは、それが初めてではなかった。2007年と2009年にも、それぞれ1名の死亡者が出ていたが、2010年になると突然急増し、推定18人の作業員が自殺を試み、少なくとも14人が死亡したという。

その最初の自殺は2010年1月に起き、マー・シャンチェンという名の若い作業員が飛び降り自殺をした。誤って工場の備品を壊したため、トイレ掃除担当に降格した後のことだった。彼は法定残業限度の3倍もの時間働いていた。「私たち労働者にとって、生きることは過酷なことです」。彼の姉妹であるマー・リグンは、彼の自殺のすぐ後にこう語っている。「まるで機械になるための訓練を受けているようです」。

2009年7月、フォックスコンの作業員だった25歳のサン・ダンヨは、所持していたiPhoneのプロトタイプを紛失後、宿舎の建物から飛び降りて死亡した。彼は死ぬ前に、社員たちに殴打され、部屋を捜索されたと主張していた。

フォックスコンの会長であるテリー・ゴウは当初、驚くほどの無関心さで、「過酷な環境はプラスに働く」という自らの信念を語っていた。しかし、2010年5月に14人目が飛び降り自殺を図ると、ようやく自殺防止措置に取りかかった。

その最初の一歩として、建物の周囲に300万平方メートル以上の黄色いネットを張り、飛び降りた者を受け止められるようにした。これは問題の根本的解決にはならなかったが、同時に深圳の工場労働者の賃金を3%増の月額1200人民元（176ドル、約1万9000円）にし、6カ月後には

2度目の昇給を行うことを約束した。そして最後に、訓練を受けた100人のスタッフが24時間在中しているカウンセリングセンターを設置し、さらに労働者がマネキンを野球のバットで殴ってストレスを解消できる特別なストレスルームを開設した。

自殺問題はすぐにアップルと結びつけられた。フォックスコンを利用している大企業は他にもあったが、アップルはその中で最大かつ最も知名度の高い企業だった。このスキャンダルはまた、同社の進歩的なイメージと最も相反していると考えられた。アップルとジョブズを非常に肯定的に描いた『スティーブ・ジョブズ　無謀な男が真のリーダーになるまで』の2人の著者は、次のような疑問を投げかけた。「アップルほど市場で輝きを放っている企業が、過酷で単調な労働環境のために何十人もの組立作業員が自殺しているフォックスコンの工場で、なぜ平気でデバイスを製造できるのだろうか」。

しかしスティーブ・ジョブズは、この問題を対処するのに適した人物ではなかった。テリー・ゴウと同じく、ジョブズも過酷な労働環境に異を唱えることはなかった。2010年に自殺者が出た後、フォックスコンを擁護したとき、工場は「非常に素晴らしい」場所で、「搾取的ではない」と語った。しかし、最悪なのは「我々はこれを乗り越える」というコメントであり、これを聞いた多くの人は、ジョブズは思いやりがなく無神経な人物だという印象を抱いた。

しかしクックがCEOに就任して以降、アップルの変革はかなりのスピードで進められることになった。2012年8月、FLAは最初の調査報告を公開し、労働者の安全や賃金、および環境に関して、修正が必要な360の「是正措置項目」を割り出した。その項目には、給与や労働時間、残業、健康と安全に対するトレーニング、失業保険、児童労働や搾取的なインターンシップ・プログラムの終了などが含まれていた。

クックがFLAに協力を要請してから7カ月後、未解決の問題はまだいくつか残されていた。FLAの報告書によると、労働組合の代表の決定や中国の労働法に沿った労働時間の短縮など、是正措置が講じられるべき最大の問題のいくつかはまだ修正されていなかった。しかし、労働時間と残業を減らすことは、より長い時間労働し、その分多くの給与を得て、貯蓄や実家に送金することを望む多くの労働者に不評だった。

しかし全体的に見て、FLAはアップルとフォックスコンが労働条件の改革において大きな進歩を遂げたと述べた。報告書は、最終期限が15カ月に伸びる場合もある中で、両社は284の推奨される変更を早々に達成したことを示していた。「我々の検証によって、健康と安全への即時の対策を含む重要な変更がなされたことが明らかになった」。

FLAのCEOであるオーレット・ヴァン・ヘーデンは、声明の中でこう述べている。「フォックスコンがインターンシップ・プログラムの改革を含む行動計画に従っていることを説明する責任を、アップルがきちんと果たしてきたことに我々は満足している」。CEOとして最初の年に、ティム・クックはサプライヤーに対する責任を果たし、それはスティーブ・ジョブズがアップルにおける全キャリアを通して成し遂げた以上のことだった。2012年のはじめ、彼は社員にあてたメールの中で、「この業界に、今日のアップルほど労働環境改善のために努力している企業はありません」と記していた。

それ以来、アップルはサプライチェーンの改善に取り組んできたが、それでも時折、労働運動家や他の組織から批判を受けることがある。アップルの力と利益率を鑑みると、多くの人はさらなる支援が可能であり、実際にもっとするべきだと主張している。

そしてサプライヤーの工場の労働条件は、いまだ非常に悲惨なものである。チャイナ・レイバー・ウォッチのディレクターを務めるリー・チャンは、アップルがサプライヤーの利益率を依然として低く抑えていることで、労働者の賃金も上がらないことを批判した。同氏によると、アップルのサプライヤーの利益率は5～10％にすぎず、労働者の賃金を引き上げるには不十分だという。「本当に労働環境を変えたいのであれば、もっとお金を払うべきです。結局のところ、出し惜しみしているのはサプライヤーや工場ではなく、アップル自身なのです」。

リーはまた、アップルの工場の90％が、過度の残業に関する規則――中国の労働法では、週60時間まで――を遵守しているという同社の主張にも疑問を投げかけている。労働者たちは低賃金を補うために、残業を事実上強制されていると彼は語った。

彼のグループの代表者が上海にあるペガトロン（台湾を拠点とした電気機器およびコンピューターの周辺機器の委託製造業者。アップルのサプライヤーの1つ）の工場を訪れ、約1000人分の給与明細書を調査した。その結果70~80%が60時間以上働いていたことが判明したため、アップルに調査結果を報告すると、サンプルの量が少なすぎることを理由に却下されたという。

多くの活動家は、問題は製造システム自体にあると考えている。シリコンバレー有害物質連合の創設者ならびに元取締役で、電子機器回収連合の議長でもあるテッド・スミスは、この問題の解決策はアップルが自ら工場を建設し、ラインマネージャーと作業員を直接雇用することだと考えている。「彼らがこれからやろうとしていることと、現在やっていることの規模は、理解できないほど大きなものです」と彼は語った。「たとえアップルの本社に、責任感や影響力、権力を持った世界最高の人々がいたとしても、文字通り何百万もの労働者や設備を所有する756の工場を管理しようとするのは到底無理な話です」。

スミスはジョブズが亡くなる直前に、自分のグループがアップルに働きかけ始めたと語った。ジョブズがトップにいた頃のアップルは、変革する意思がない、もしくは資金を出し惜しみしていると彼は感じていた。しかしクックがトップクラスの人たち――特に環境保護庁の元長官であるリサ・ジャクソン――を雇い入れたことを賞賛し、「これもまた、以前の状況と比べると大きな変化です」と語った。

彼はまた、労働力の問題を調査するための学術諮問《しもん》委員会が設立されたことと、アップルが年に1度、サプライヤーに対する責任報告書を公開し、それを通じてより多くの情報開示をする意欲を見せたことを賞賛した。「非常に多くの問題が改善されました。そしてそれは主にティム・クックのリーダーシップのおかげなのです」と彼は語った。

長年にわたる反搾取労働の活動家であり、作家および政治学者でもあるジェフ・バリンジャーも、問題はシステムそのものにあることに同意している。「アップルがサプライチェーンに製造を委託していなければ、これほど多くの問題を抱えることはなかっただろう。アップルが垂直統合をすることを願っています」と彼は語った。「なぜこれらの企業は、自ら製品を作ることができないのでしょうか。6つの受託業者に入札させ、最低価格の業者を雇うから搾取が起こるのです。問題はそのシステムにあるのです」。このため、アップルが受託業者のもとへ行って「作業員たちに休暇を取らせ、ボーナスを支払うことはできないのか」と言うことはできない。監視は効果がないと彼は語った。「真の問題はシステムにあるのです。監視はごまかしがききます」。

香港理工大学の教授で、SACOM（企業の不正行為に対抗する学生と学者たち）の元運営者、そして「Dying for an iPhone（iPhoneのために死ぬ）」という記事を執筆したジェニー・チャンは、アップルは多くの安全上の問題を認識しているにもかかわらず、十分な対策をせず、ときにはそのまま放置することもあると語った。彼女は労働者に力を与えるため、ボトムアップ型の労働組合がたくさん必要だと訴えている。「労働者は組合選挙に参加し、労働安全衛生委員会の代表となるべきです。そして彼らの声や意見、決断、あるいは議論は、もっと真剣に受け止められるべきです。しかし現時点では、そのような構造は見られません」。

ニューヨークを拠点に活動するドキュメンタリー映画の製作者で、アップルのサプライチェーンにおける過酷な労働条件についての映画『Complicit（共謀）』を製作したヘザー・ホワイトは、最も厳しくアップルを批判した。彼女は、アップルが、圧制的で腐敗した政権が支配し、不正労働が蔓延している中国を生産拠点にしているのはなぜかという疑問を投げかけた。「エレクトロニクス業界のいずれかの企業が、自社のWebサイトに掲載している行動規範の遵守に真剣に取り組んでおり、その主張がすべての利害関係者に対して約束されたものであるならば、その企業は中国から去ることを検討する必要があります」。彼女はこの主張が現実的ではないことを認めているが、もしアップルとティム・クックが行動規範に真剣に取り組んでいるならば、同社は結社の自由（労働組合の結成）と労働者の権利を尊重し、健康と安全の基準を厳守していくだろうと語っている。

これとは反対に、アップルの人事担当副社長で、長年にわたりオペレーション部門でクックと密接に協力してきたディアドラ・オブライエンは、労働者の権利を推進することについて、同社が確実に進歩していると主張した。「ティムが実現したことの中でも、最高の1つだと感じています」と彼女は語った。「サプライチェーンにおけるアップルの功績は並外れたもので、私たちはその場所で真のリーダーになるために尽力しました。問題を無視し、『これは我々とは関係ない』と言う代わりに、彼はすぐに立ち上がって『我々をここのリーダーにさせてください。問題について話し合い、対処していきましょう』と言ったのです。私たちは労働者の幸福を追求することに非常に集中し、彼らの教育の機会や安全性の問題など、そのすべてを非常に真剣に受け止めています」。

クックはアップルを正しい方向に進ませるため、新たな取り組みに着手した。2013年7月、世界開発者会議（WWDC）のすぐ後に、アップルはサプライヤー責任プログラムを監督するための学術諮問委員会を組織した。この委員会は、サプライチェーンを改革するというクックの約束の延長線上にあった。

当初はアメリカの一流大学を代表する8人の教授で構成され、ブラウン大学のリチャード・ロック教授が議長を務め、サプライチェーンにおける労働慣行を改善するためのクックの取り組みの一部となった。その目的は、アップルのサプライチェーンにおける労働基準に関する研究を実施または委託し、労働慣行や方針の改善につながる可能性のあるこれまでの研究を共有し、その実現に向けた積極的な手段をアップルに提言することだった。「委員会がアップルとそのサプライヤーの労働慣行を形作ることで、サプライチェーンで働くすべての労働者が、生きていくのに十分な賃金を与えられ、合法的な労働時間体制のもとで働き、市民として自分の権利を表明できる安全な環境で働けるようになることを願っています」。ロックは声明の中でこのように述べている。

またアップルは、2005年に「アップルサプライヤー行動規範」とともに初めて公開されたサプライヤー責任に関する報告を、年ごとに拡大する努力をしてきた。2007年、アップルがプログラムの一部として監査したのは39の施設のみだったが、2009年には102カ所に増え、さらに2017年には30カ国756カ所まで増加した。また、寮や若年労働者の保護、医療上の差別の禁止、妊婦に対する差別の禁止、非自発的労働の防止、賃金や手当、労働時間などについてのガイドラインも制定された。

クック主導のもと、アップルは労働者をターゲットにした新たな取り組みを始める際に、より直接的な役割を果たしてきた。2017年には、インドと中国のサプライヤーで働く女性を対象とした新しい健康啓発プログラムを開始し、がんの早期発見のための自己診断や栄養指導、パーソナルケア、妊産婦の健康に関するサービスや教育へのアクセスを提供することになった。ジェフ・ウィリアムズは、2020年までにこのプログラムを受ける女性の数が100万人に到達することを期待していると述べた。

またアップルはその強大な財政力を活かし、多くの取引条件をサプライヤーに指示して、労働問題を是正するようプレッシャーを与えている。2018年、同社はフィリピンのサプライヤーの1つに、工場で働くための手数料として労働者に支払わせた合計100万ドルの返済を命令した。

このようなアプローチは、アップルのような財政力と影響力を持つ企業のみがとることのできるものであり、極めて重要だと見なされている。多くの企業がコンポーネントの製造を海外の製造業者やサプライヤーに委託しているが、アップルはその中で最も知名度の高い企業である。そしてフォックスコンでの自殺に対する世論が示したように、多くの人々はアップルとその製品の製造を任されている企業を同じものだと見なしている。

サプライチェーンで働く人々に対する適切な措置を求めるこのアプローチは、直接のサプライヤーだけでなく、彼らと提携する製造業者にまで広がっている。エンガジェット（多言語で展開されている電化製品やガジェットの話題を扱うブログ形式のニュースサイト）の2012年の記事によると、アップルは自社の端末用に公式のMFi（Made《メイド》 for《フォー》 iPhone《アイフォン》）アクセサリーを製造している企業に対しても、同様の倫理的行動を要求している。当時の記者は次のように書いている。「アクセサリー業界の巨大な収益構造に対して、この命令を強制することは、アップルが家電業界で絶対的な地位にいることを利用して、より多くの企業が労働者の権利や環境問題などに対して倫理的な対応を取るように働きかける具体例である」。

クックのリーダーシップのもと、アップルはサプライチェーンに関するいくつかの悪い調査結果を改善することに何とか成功した。２０１４年5月、国際援助団体である世界バプテスト救済委員会のオーストラリア支部は、「エレクトロニクス業界の調査報告書」において、従業員の労働条件を改善している企業の第2位にアップルを位置付けた。評価はBプラスで、ノキアのすぐ下だった。「フォックスコンやペガトロンのような中国のサプライヤーにおいて、労働条件の悪さや児童労働が世間の注目を集めていることを鑑みると、アップルが上位に入ったことは驚きに値するかもしれない」。報告書にはこう書かれていたが、それ以上に、アップルがいかに良い方向に変化しているかが強調されていた。

成功の兆し

クックのCEOとしての1年目は、問題ばかりだった。過酷な労働条件のフォックスコンとアップルの関係に対する批判は爆発し、クックはその大胆な採用と解雇を疑問視され、退屈で期待外れの製品を批判された。

しかし、フォックスコンの失態を受けて、サプライチェーンの労働環境を整備しリソースを増やした彼の対応を多くの人は賞賛し、パス社の違反（同社のアプリがユーザーのデータを無断で取り込んでいた）の後、プライバシーに関する方針を厳しくするという彼の努力は前向きにとらえられた。

彼はまた、新しいｉＰｈｏｎｅの発売とその大成功により、今後のアップル製品は２流のものになるという世間の懸念を克服した。２０１２年９月、スティーブ・ジョブズが亡くなってから最初にリリースされたｉＰｈｏｎｅであるｉＰｈｏｎｅ ５が発表された。この機種は大幅なデザイン変更を前面に押し出しており、ガラス製の本体とより大きなスクリーン、そしてそれ以前のすべてのｉＰｈｏｎｅに組み込まれていた30ピンコネクタの代わりに、新たなコンパクトドックであるLightning《ライトニング》を有していた。この変更は当時いくつかの論争を引き起こしたが、ｉＰｈｏｎｅ ５の成功は揺るぎないものだった。

アップルは９月14日に予約を開始し、24時間以内に２００万台以上が販売された。その予約数は、ｉＰｈｏｎｅ ４Ｓが保持していた１００万台という記録の2倍以上だとアップルは主張していた。実際の発売日を迎えると、その週末の売り上げは５００万台を突破し、ｉＰｈｏｎｅ ４Ｓが前年の発売初週末に売り上げた４００万台を超過した。アップルの将来を心配する者がいたとしても、それはｉＰｈｏｎｅの売上に反映されないばかりか、クックの監督のもとでより大きな利益を生むこととなった。

その年の10月、ジョブズが亡くなってからちょうど1年が経った頃、アップルのホームページに投稿されたメッセージの中で、クックは次のように記した。「私たちが行っている仕事を、非常に誇りに思っています。私たちはお客様が愛する製品を提供し、今後彼らを喜ばせるであろう新しいものを夢に描いています。それはスティーブの記憶と、彼が象徴していたすべてのたまものなのです」。

クックはジョブズの残したものを生かし続けた。多くの人の予想に反し、アップルはジョブズの死後も倒産することはなかった――それどころかクックはアップルをさらなる高みへと導き、世界はそれに注目した。2012年12月、彼は『タイム』誌の「世界で最も影響力のある100人」に選ばれた。この記事の中で、アップルの元副社長で、2003年からは取締役を務めていたアル・ゴアは、クックに関して次のように記している。


「伝説的存在であるスティーブ・ジョブズの後を継いで、アップルのCEOになること以上に難しい挑戦を私は知らない。しかし、アラバマ造船所の労働者と主婦の間に生まれ、穏やかで謙虚、物静かだが熱心な性格のティム・クックは、少しも動じることがなかった。ジョブズの残したものを守り抜き、アップルの文化に深く浸っている51歳のクックは、主要な方針転換を円滑かつ見事に実施しながら、世界で最も価値のある革新的な企業を、さらなる高みへと導くことに成功した。彼は、その複雑な社内構造の管理から、新たな「とてつもなく素晴らしい」テクノロジーおよびデザインの飛躍的進歩を製品パイプラインに落とし込むことまで、アップルのあらゆる分野において、自らのリーダーシップを強く発揮している」。

ゴアのこの言葉はうまく的を射ていた。彼は他の人よりもクックのことをよく知っており、クックが素晴らしいリーダーとなることがわかっていた。『タイム』誌のリストに載ったことは、CEOとして障害の多いスタートを切ったにもかかわらず、彼がジョブズの残したすべてを守りながら、未来のアップルを導くのに適した人物であることを示していた。

アップルの株価は一年を通して上昇していたが、これは主にiPhoneの記録的な売り上げによるものだった。ジョブズが亡くなってから1カ月以内に、アップルの株価は史上最高の413ドル（約4万5000円）を記録し、同社の時価総額を3900億ドル（約43兆円）まで引き上げた。そこからアップルの株価は、クックのもとで目がくらむほどの高さまで上昇することになる。アナリストたちは、運が良ければすぐにグーグルとマイクロソフトを足した以上の価値を持つことになるだろうと予測した。2012年1月末までに、アップルの株価は447・61ドル（約5万円）となり、エクソンモービル（テキサス州に拠点を置く世界最大の総合エネルギー企業）を抜いて世界で最も価値のある上場企業となった。

2012年2月、四半期ごとに好調な利益を上げた後、アップルの株価は500ドル（約5万5000円）という新たな最高値を打ち出した。アップル株は1カ月とかからずに、1株あたり75ドル（約8300円）――約18%――上昇し、それからわずか1カ月後には600ドル（約6万6000円）に達した。クックがCEOに就任してからほぼ1年後の8月、アップル株は665・15ドル

（約7万3000円）という記録的な価格まで高騰し、時価総額は6229億8000万ドル（約69兆円）となった。これは1999年にマイクロソフトが打ち立てた記録を塗り替え、上場企業がこれまでに到達した最高時価総額となった。iPhoneのスマッシュヒットはこれから先も続く可能性が高いことは明らかであり、ウォール街からの注目を集めていた。こうしてアップルは、史上最大の上場企業となったのである。

第 7 章

魅力的な新製品に自信を持つ

2012年、クックとアップルは波に乗っていたが、2013年の始まりはほろ苦いものとなった。iPhoneとiPadの好調な売上を背景に、1300億6000万ドル（約1兆4000億円）の記録的な利益――米国企業で史上2番目に高い――を上げたにもかかわらず、アップルの株価は12％下落していた。投資家たちはAndroidとの競争を警戒しており、同社の成長を不安視していた。

結局のところ、アップルほどの規模の企業を成長させるのは非常に難しいことなのだ。「大数の法則」によると、アップルが数ポイント成長するためには、四半期の売上を数百億ドル増やす必要があるという。対照的に、アップルよりはるかに小規模な企業は、数百万ドル収益を増やすだけで同じ割合の成長を遂げることができる。アップルの評価額は、たった4カ月で4240億ドル（約46兆円）まで下落していた。エクソンモービルを抜いて世界で最も価値のある上場企業になってから、ほぼ1年後のことだった。

「私も同じ気持ちです」。株価が5カ月間で30％下落した後、2月に行われたアップルの年次総会で、がっかりしている株主たちに向かってクックはこう語った。「取締役会も、経営陣も同じように落ち込んでいますが、長期的な視点で考えなければなりません」。

クックは、最先端の革新性を維持し、新たな市場とパートナーシップのチャンスを追求することを決心した。アップルはいまだ世界で最も価値のある企業であり、クックは世界で最も急成長しているスマートフォン市場の1つである中国に焦点を当てることによって、その地位を維持する計画を立てた。彼のリーダーシップのもと、アップルは中国に多額の投資を始め、新たなオンラインストアを立ち上げ、同国の通信事業者との取引を開始し、新たな小売店を開業していった。

政府当局者やビジネスパートナー、そして現地のアップルの社員たちと面会した1月初旬の中国訪問中に、クックは国営の新華社通信に対し、中国に新たなアップルストアを複数オープンさせる予定であると語った。当時、アップルストアは国内にわずか2店舗――1店舗目は2008年に北京にオープンし、2店舗目は2010年7月に上海にオープンした――しかなかった。クックは中国を「わが社にとって非常に重要な国」と呼び、「最適な場所をいくつか選びました。我々の生産拠点はこの国にあり、素晴らしいパートナーもそろっています」と語った。

この中国訪問の際、クックは中国最大の通信事業者である中国移動通信（チャイナモバイル）のシ・グオファ会長と面会した。スティーブ・ジョブズは、亡くなる前に同社と秘密裏に何度も会談していたが、いまだにiPhoneの流通についての合意に達していなかった。iPhoneはすでに、チャイナモバイルの競合相手である中国連合通信（チャイナユニコム）によって販売されていたが、クックはチャイナモバイルの持つ7億人以上の加入者の手に渡るようにするため、さらなる努力をした。

そして2013年12月、ついに両社は契約を締結し、その1カ月後、チャイナモバイルはiPhone 5Sとi Phone 5Cの販売を開始した。これはアップルにとって大きな成果となった。ジョブズがCEOを務めた最後の年である2010年、中国での収益は全体のわずか2%だったが、クック主導のもと、わずか2年でその割合は急増した。2010年から2012年の間に、中国の新規売上高は２００億ドル（約2兆２０００億円）以上を記録し、６００％以上の増加率となった。たった2年間で、中国はアップルの総収益の12％以上を占めるようになった。クックは、小売店への巨額の投資によって、この数値はより大きくなる可能性があり、中華人民共和国はアップル最大の市場になると確信していた。

しかしアップルがこの大規模な取引を始めた直後、数カ月にわたる批判的な報道を受け、中国の顧客に対して保証対応に関する謝罪をしなければならなくなった。中国のファンたちは、壊れたｉＰｈｏｎｅをその場で新品もしくは整備済の端末と交換するという他の国ではすでに一般的に行われているやり方ではなく、保証期間内の端末の壊れた部品しか交換しないことに不満を抱いていた。また、中国の法律では製品の保証期間は1年間と定められているにもかかわらず、交換部品の保証期間を90日間としたことでも批判を浴びていた。

『人民日報』紙は、この保証ポリシーを批判した記事の中で、アップルを「上っ面だけのうぬぼれ屋」と呼んだ。4月上旬に公開されたクックの署名付きの書簡は、「コミュニケーションの欠如が、アップルは傲慢で顧客のフィードバックを軽視しているという誤解を招いてしまった」ことをファンに伝えていた。またクックは、「我々は、この対応が消費者に与えたあらゆる不安もしくは誤解に対する心からの謝罪を表明します」と続けた。

その後アップルは、ｉＰｈｏｎｅの不良品を持つ顧客が修理ではなく新品の端末を受け取ることができるよう、中国における保証ポリシーを変更し、クックはトラブルを避けるために、その変更を地元の小売店に周知させることを約束した。この出来事も、クックが謝罪し、問題を素直に認めたことの一例である。彼は前任者たちとは異なり、過ちや問題を素直に認め、社員たちに優れたリーダーシップの資質を示した。

脱税

2013年はじめにアップルを苦しめた世間からの非難は、中国の保証問題に対するものだけではなかった。5月、米国上院小委員会は、アップルの海外にある巨額の現金資本に疑問を呈し、同社の税務に関心を集中させた。

アップルは、4年間に海外で得た440億ドル（約4兆8000億円）にかかる税金から「逃れる」ために、その利益の大部分を海外子会社に移したことで非難されていた。アップルは2011年には米国で60億ドル（約6600億円）近い税金を納めていたが、2012年には360億ドル（約3兆9000億円）の課税所得を国外へ移し、90億ドル（約9900億円）の納税を回避したと非難された。「アップルは、支払った数十億ドルに注目してほしいようですが、問題なのは支払われていない数十億ドルのほうなのです」。小委員会議長のカール・レビンはこう語った。

アップルはこのとき、1450億ドル（約15兆円）以上の現金を保有していたが、そのうちの約1020億ドル（約11兆円）は海外にあった。海外での貯蓄の大部分を隠蔽することは脱税と酷似しており、立法者を困惑させた。

クックは上院常設調査小委員会による公聴会で証言し、アップルは「課せられたすべての税金を、1ドルも残さず」支払っていると主張した。さらに彼は、アップルが「税法の抜け穴を利用したことはなく、課税を逃れるために、知的財産権を海外に移転した上でこれを米国での製品の販売に利用するようなことはしていない。カリブ海諸国に資金を隠すようなこともしていないし、レパトリ（海外で得た利益を本国に還流すること）にかかる税を免れつつ、米国事業に資金を提供するために、海外子会社から資金を移動したこともない」と主張した。

そしてその代わりに、同社は「現実の場所で現実の業務を行っており、アップルの社員たちは現実の製品を現実の顧客に販売している」と主張した。クックは、アップルの海外子会社は、「国際事業の急成長により、当社の現金保有高の70％を保有していた。そして海外事業に資金提供を行い、製品を製造するための設備を購入し、世界中の小売店を建設するためにその収益を利用した」と証言した。彼はアメリカの税法が、特に世界の他の国のものと比較して時代遅れであることに同意した。「現金を国内へ戻すには非常にお金がかかり」、アップルや他の米国企業は「資本の移動に対し、そのような制約を持たない外国の競合相手に」苦戦していたという。

委員会はアップルが何の法律も破っていないことを認めたが、現行の税法――「デジタル時代の到来と急速に変化する世界経済に追いついていない」と批判された――を自分たちに有利に利用していたことで、アップルを非難した。ただし、マイクロソフトやグーグル、オラクルなどの他の多くの米国企業も、同様のことをやっていた。

当時の税法では、海外の現金を本国に還流する場合、アップルのような企業は最大35％の税金を支払う義務があった。２０１７年12月、トランプ政権はその税率を現金の場合は15・5％、その他の資産の場合は８％まで一時的に引き下げた。

アップルの当時の最高財務責任者だったピーター・オッペンハイマーは、公聴会での発言の冒頭で、米国経済への同社の貢献を強調し、国内での60万の雇用と、テキサス州にＭａｃの組み立て工場を建設するため、２０１３年の後半に１億ドルを投資する計画を説明した。その工場では、イリノイ州とフロリダ州で製造されたコンポーネントと、ケンタッキー州とミシガン州で製造された機器が使用されるという。オッペンハイマーは、アップルが自国で重要な役割を担っていることを、委員会の面々が確実に理解することを望んでいた。

アップルは委員会からの厳しい監視を受けていたが、何人かの議員はアップルが不当に扱われていると感じていた。その中の１人であるランド・ポール上院議員は、彼の同僚たちがアップルを「中傷」しようとしていると非難し、委員会はｉＰｈｏｎｅメーカーに対して「見せしめの裁判」への参加を強制したことを謝罪すべきだと語った。彼はまた、アップルが「奇妙で複雑な税法」に合わせなければならないことに同情を示し、「４兆ドル（約４４０兆円）規模の政府が、アメリカ最大のサクセスストーリーの１つを非難し、しつこく苦しめるといういじめを行っていることに憤りを感じている」と語った。

税に関する話題は、５月下旬にクックがオールシングスＤのカンファレンスに２度目の出席をしたとき再び言及された。彼は、アップルが他のどの米国企業よりも多い60億ドル（約6600億円）を超える税金を支払ったことを出席者に思い出させたが、特定の抜け穴を閉鎖するための改正が行われた場合、「もっと多くを支払う」ことになるかもしれないと認めた。議会での証言について尋ねられたとき、彼は「わが社について話をしに行くことを、嫌な仕事ではなく良い機会だととらえることが非常に重要だと思いました」と語った。

同カンファレンスにおいて、クックはアップルの株価にも触れ、その下落は「投資家と我々全員を失望させている」ことを認めた。その失望により、彼はCEOの報酬を企業の業績と一致させるべきだと判断し、他の幹部たちの給与は増額している中で、自らの給与を400万ドル（約4億4000万円）減額した。

証券取引委員会に提出した書類の中で、この決定は「CEOの報酬とガバナンスにおいて、リーダーシップの前例を作りたいという強い願望」と「将来、幹部に授与する株式報酬の一部に業績基準を付与する」という誓約の結果であると述べた。このことは、企業のCEOがその強力な地位を悪用する代わりに、倫理的なリーダーシップを取った貴重な一例である。そしてクックは気にも留めなかった。彼は給与を減額してもなお、基本給の140万ドル（約1億5000万円）に280万ドル（約3億円）のボーナスという十分な現金を確保していた。

株価を取り巻く悲観的な状況にもかかわらず、クックは前向きな見通しを貫いていた。彼はオールシングスDのカンファレンスで、株価の下落は「前例のないことではない。しばらくの間停滞することで、多くのサイクルを理解することができる」と熱く指摘した。アップルが順調に回復していることを世間に保証するために、彼は「信じられないほど素晴らしい」新たなデバイスの計画を繰り返し説明し、アップルは「形勢を逆転させる切り札」をまだいくつか隠し持っていると語った。また自分はスティーブ・ジョブズとは非常に異なっており、いくつかの重要な変革を実行したが、アップルの核心にある文化はずっと変わらないと語った。そしてファンや投資家たちに、ジョブズのもとで生まれたこの文化は、iPhoneやiPad、iPod、そしてMacをもたらした主要な社員たちの多くとともに、今も元気に生き続けていることを再認識させた。

クックのパフォーマンスは好意的に受け止められた――『ガーディアン』紙は、彼の「超然とした冷静さ」は「賞賛に値する」と評価した――が、2013年8月にアップルの株価を5・6％も急上昇させたのは、クックではなく、億万長者の投資家であるカール・アイカーンだった。彼はクックと「実のある話し合い」――より大規模な株の買戻し計画について議論した――をした後、自らの投資会社は現在「アップルで重要な地位を占めており、我々はアップルがかなり過小評価されていると考えている」とツイートした。そしてこのツイートからたった100分後には、アップルの市場価値は約125億ドル（約1兆3000億円）増大していた。

Mac ProとiOS 7

株価の下落と脱税疑惑で非難を浴びている間にも、クックのチームは新たな製品やソフトウエアの開発に忙しかった。2013年6月、サンフランシスコのモスコーニ・ウエストで開催された彼にとって2回目の世界開発者会議（WWDC）で、アップルはOS X 10・9 MavericksとMacBook Airの改良を発表した。

クックは、CEOになって最初のカンファレンスのときよりは、ステージ上で少しリラックスした様子を見せていたが、発表された製品は賛否両論を巻き起こした。高性能のコンポーネントをコンパクトなアルミシリンダーに内蔵した新しいMac Proは、一部ファンの間で「ゴミ箱Mac」という愛称を獲得した。このデザイン変更は、アップルのコミュニティーを二分した。多くの人がその設計技術に驚かされた一方、拡張性の低さを批判した人もいた。その珍しい円筒形の筐体は、内蔵ハードドライブやビデオカードの追加によるアップグレードを困難にしていたのだ。

2013年のWWDCで、アップルはファンたちにiOS 7の最初のプレビューを行った。これはデザインを一新した重要なアップデートであり、スコット・フォーストールの解雇とクックが行った幹部たちの再編成の後、ジョニー・アイブによって主導されたものだった。アプリやアイコンが実物と同じように認識できるため、ジョブズが好んでいたスキューモーフィズム（質感や特徴などを、現実世界のモチーフに似せてデザインすること）は、よりわかりやすく「フラット」で、現代的なビジュアルにするために排除された。

「人々は、すでにガラススクリーンに触れることに慣れています」。iOS 7が発表された後、『USAトゥデイ』紙のインタビューでアイブはこう語った。「そのため、文字通り物理的世界の模倣をする必要がなくなり、デザインをするにあたって信じられないほどの自由がありました。我々はより抽象的な環境を作ろうとしていました。その結果、邪魔にならないシンプルなデザインになったのです」。

クックはiOS 7を「非常に魅力的な新ユーザーインターフェース」と称したが、彼の意見にすべてのiPhoneおよびiPadユーザーが賛同したわけではなかった。ある人はこのOSに醜く紛らわしいというレッテルを貼り、またある人は「驚くほど面白みがなく」、「子どもじみた」ビジュアルだと批判した。

しかしクックとアイブがこれらの批判に動揺することはなく、iOS 7のデザイン変更によって取り除かれたオリジナルのデザイン――そしてそのアプリアイコンの多く――は、アップルのモバイルオペレーティングシステムの中で今も生き続けている。

iPhone 5Sが記録を打ち立てる

クックは、秋にリリースした新たなハードウエアとソフトウエアの広報活動でさらなる勝利をおさめた。iOS 7は9月に公表されたが、これは高評価を得ていたiPhone 5の物理的デザインに、新たなテクノロジーを組み合わせたiPhone 5Sをアップルが発表したわずか1週間前のことだった。これには、Touch IDという今後長きにわたってiOSデバイスを保護する方法を変えることになる新しい指紋認証システムと、「デスクトップクラス」の64ビットアーキテクチャを搭載したアップル初のモバイルチップセットであるA7プロセッサを内蔵していた。

A7は、Android搭載機向けのモバイルチップを製造する最大の製造業者であるクアルコムを含めた競合他社を驚かせた。クアルコムが初の64ビットSnapdragonプロセッサを発表するのには、それから2年を要した。A7の再設計されたアーキテクチャは、サムスンやモトローラなどの競合する製品のスコアを容易に上回るベンチマークスコア（相対的な性能評価）をたたき出し、スマートフォンに前例のない性能をもたらした。

これらの改善により、iPhone 5Sはクック主導のアップルがその時点までに発売した中で最もエキサイティングなスマートフォンとなり、それは販売実績にも反映された。カラフルなプラスチック製のデザインで、やや古いスペックのiPhone 5Cは、5Sの安価な代替機として、発売週末に記録的な速さで900万台を売り上げた。5Sはその3倍の売り上げを記録し、その需要は初期の供給量をはるかに上回り、一部のファンは注文した端末が届くまで1カ月以上待たなければならなかった。

iPhone 5Sが発売されてから6カ月後、アップルはiPhoneブランド全体の販売台数が5億台を超えたことを明らかにした。2014年5月、すでに発売から8カ月経っていたにもかかわらず、この機種はサムスンが新しくリリースしたGalaxy S5を40%も上回る販売台数を記録した。

良い年末

2013年は、株価が大幅に下落したことで先行き不安な幕開けとなったが、年末のホリデーセールス期間には576億ドル（約6兆3000億円）の記録的な収益を記録し、純利益は131億ドル（約1兆4000億円）となった。5100万台のiPhoneと2600万台のiPad、480万台のMacがホリデー期間中に販売され、他のアップル製品も引き続き好調な成長を遂げていた。「我々は、iPhoneとiPadの史上最高の売上や、Mac製品の堅調な業績、そしてiTunesやソフトウエア、およびサービス部門の継続的な成長に本当に満足しています」。クックは声明の中でこう述べている。

クックは社員たちに対し、彼らの努力を労い、過去12カ月間にアップルが達成したすべてのことを彼らに思い出させる社内連絡を書くことで、2013年を締めくくった。「あなたがたの多くは、愛する人と一緒に休日を祝う準備をしているでしょうが、私はここで、我々がこの1年間に一緒に達成したことを振り返るために、少し時間を取りたいと思います」。メモにはこのように書かれていた。「2013年、我々は各主要分野で業界をリードする製品を発表し、アップルの革新性がいかに幅広いものであるかを示してきました。そして我々はともに、アップルの革新性が製品を超えて、我々のビジネスの方法やコミュニティーへどのように還元していくかというところにまで広がっていることを世界に示しました」

クックは、アップルが2013年の1年で行った主要な慈善団体や救援活動に向けた数千万ドルの寄付と、(PRODUCT) REDへの継続的な支援——ジョニー・アイブがデザインした赤で統一された製品群が後押しとなった——を強調し、さらに「2014年には、お客様に大人気を博すであろう大きな計画を含め、楽しみにしていることがたくさんあります」と社員をじらすような発言をし、次のように締めくくった。「我々が人類の最も重要な価値と最も強い願望に奉仕するための革新をしていく中で、あなたがたのそばに立っていられることを非常に誇りに思います。あなたがたと一緒に、この素晴らしい企業で働く機会を与えられた私は、世界で最も幸運な人間です」。

世界開発者会議——iOS 8と健康部門への参入

2014年の世界開発者会議(WWDC)で、アップルはモバイルオペレーティングシステムを大幅に改善したiOS 8を発表した。また、HealthKitと組み合わされた健康管理アプリの発表によって、1兆ドル規模のヘルスケア業界への本格的な参入を開始した。クックは後に、健康問題は「世界が抱える主要な問題」であり、我々が必死に対処する必要のあるものだと語っていた。「我々がヘルスケアを通じて、世界に深く貢献できることがあるのです」。

2014年9月、チャーリー・ローズのインタビューで彼はこう強調した。HealthKitによって「自分の人生を包括的に把握することができ、時間をかけて自分自身の身体を気づかうことができるようになるのです。体調に異変を感じたときには、このアプリのデータを医師に見せることで、より適切な治療を受けることができるようになります」。健康は、長年フィットネスにいそしんできたクックにとって明らかに重要なものであり、彼の主導のもと、アップルは健康とウェルネス分野で大々的な事業展開を行うことになった。

WWDCにおける他の重要な発表には、OS X Yosemite、iPod touchの新色と廉価版、899ドル（約9万8000円）という手頃な価格のiMacがあった。アップルはまた、古くて複雑なObjective-Cよりも習得しやすく使いやすいように設計されたMacおよびiOSアプリ用の独自のプログラミング言語であるSwiftを発表した。同社は後にSwiftをオープンソースにし、誰もが――競合他社でさえ――この言語を使って開発し、支援し、その進化に貢献することができるようにした。

大学でプログラミングを学んでいたクックは、子どもたちにコードを習得させることの重要性を熱心に語っていた。「もしどちらか一方を選択する必要があるなら、他言語を学ぶよりもプログラミングを学ぶほうが重要であると考えています」と彼は語った。「この意見に反対する人もいるでしょうが、プログラミング言語は世界共通で、これを使って70億人と会話することができるのです」。また別の機会に、彼は次のように述べている。「プログラミングは、人々に世界を変える力を与えてくれるのです。そして私の考えでは、この言語は最も重要な第二言語であり、唯一のグローバルな言語なのです」。

クックは人々にコードの習得を奨励することに熱心に取り組んできた（彼は後にエブリワン・キャ

ン・コードという教育プログラムの立ち上げを手助けしている。第10章を参照)。「我々は、ハードウエアだけでなく、開発者ツールのほうも、より多くを改善できるよう絶えず努力しています。そうすることで、そのハードウエアを最大限に活用することができるのです」。

彼は、2014年のSwift導入について、2017年はじめの『インデペンデント』紙のインタビューでこう語っている。「それがSwiftというプログラミング言語の核心です。私たちがこの言語を作成したのは、より多くの人がプログラミングを学び、最新のハードウエアを利用するためなのです」。このプログラミングの重要性の強調は、アップルを助けることにもなった。Swiftは開発者がアップルのプラットフォーム用のアプリを作成する際の一般的な使用言語になりつつある。そしてiOSとMacのアプリが多ければ多いほど、それはアップルの利益となるのだ。

アンジェラ・アーレンツ

フォーストールとともにジョン・ブロウェットが追放されてから1年が経った2013年10月、クックは空白のままだった小売担当上級副社長の座に、新たにアンジェラ・アーレンツを起用した。以前バーバリーのCEOを務めていたアーレンツは、アップル初の女性幹部として会社に奉仕することになった。

クックとの面接で、自分は「技術に疎い」と語ったにもかかわらず、アーレンツはアップルの「価値観と、革新へ焦点を当てる姿勢」を共有していたため、その地位を獲得したと、クックは社員たちのメールの中で語っている。「彼女は我々と同じくらい顧客体験を重要視しています。従業員のことを深く気にかけ、我々の最も重要なリソースと魂は、ここで働く人々であるという我々の考えを受け入れています。彼女は他者の生活を豊かにできると信じる非常に賢い人物です」。クックは続けた。「アンジェラはこれまでのキャリアを通じて自らが並外れたリーダーであることを証明し、確固たる実績を持っています」。

アップルの小売部門の元責任者で、アップルストアとジーニアスバー（アップル製品のサポートカウンター。専門技術を持ったジーニアスと呼ばれるスタッフが常駐している）のコンセプトをジョブズとともに生み出したロン・ジョンソンは、アーレンツの採用を「素晴らしい選択」であるとブルームバーグに語っている。

2014年春にバーバリーから移ると、アーレンツはアップルの物理的な小売事業とオンラインの小売事業を統合し、よりシームレスな顧客体験の実現に着手した。彼女はまた、世界中のアップルストアを、来訪者の生活を豊かにすることに焦点を当てたコミュニティーに変えることによって、新たな命を吹き込むというミッションを立ち上げた。

ストアはすでに大成功をおさめていたが、アーレンツのもとで以前よりもはるかに多くのイベントや講座が開かれ、人々が気軽に集まって時間を過ごす場所になりつつある。彼女のリーダーシップのもとでは、販売経験ではなく、共感や思いやりを持っているかどうかが採用の決め手となっている。1日に5億人を超える来訪者たちが、自らのデバイスを最大限に活用して新しいスキルを習得できるよう、クリエイティブプロ（ストアで開かれるデザインやプログラミングなどの講座を担当する専門スタッフ）が導入された。

「我々はアップルの小売店を、アップル最大の製品だと考えています」。アーレンツは初めて登壇した2017年9月の基調講演でこう語った。「おかしなことと思うでしょうが――我々はすでにストアではなく、『タウンスクエア』と呼んでいるんです。誰でも歓迎され、皆の憩いの場となっていますから」。クックも同講演で、次のように語っている。「アップルの小売店は、これまでもずっと、ただ売買する以上の意味を持つ場所でした。学び、インスピレーションを与え、人々を結びつける場所なのです」。彼はアップルをより身近で皆が利用しやすいものにすると決心し、アーレンツの採用は、その達成に貢献するものとなった。

ティム・クックのティム・クック

クックは、アップルの継続的な成功に貢献する優れた人事決定を他にも下していた。2015年12月、彼はオペレーション部門で長年ともに働いてきたジェフ・ウィリアムズを最高執行責任者（COO）に昇進させた。ウィリアムズは「ティム・クックのティム・クック」と呼ばれていた。スティーブ・ジョブズがCEOを務めていた頃、クックがオペレーションを統括していたのと同じように、彼はクックのもとでオペレーション部門の責任者を務めていた。その他にも、ウィリアムズとクックの共通点は不思議なくらい多かった。

ジョブズとクックがビジネスパートナーとして良い関係を築けていたのは、2人が非常に異なっていたからだが、ウィリアムズとクックの場合は逆で、2人は非常によく似ていた。「ウィリアムズはクックとの共通点が多く、まるでドッペルゲンガーのようだ」。『フォーチュン』誌の記者のアダム・ラシンスキーは、著書『インサイド・アップル』の中でこのように表現している。クックと同じく背が高く、痩せて白髪交じりのウィリアムズは、アップルの幹部たちに言わせるとボスであるクックにそっくりで、後ろ姿ではどちらか判別できないという。

哲学的な観点からも、2人は相性が良いように思える。どちらもサイクリングを好むフィットネスオタクであり、アップルの外での生活については非公開を貫いている。ウィリアムズは倹約家で、何年もの間、ぼろぼろで助手席側のドアが壊れた古いトヨタ車に乗っていた。自社株購入権で数百万ドルの収入を得ることができる管理職の地位に昇進した後でも、それは変わらなかった。

社員たちは彼のことを、率直に物を言う性格ではあるが公正な人物で、問題を解決するために部下を責め立てるのではなく、何をする必要があるのかを教えてくれると語った。「ジェフのもとでは、やったことがそのまま結果になります」。ウィリアムズの友人で、ノースカロライナ州立大学のコールドウェル・フェロー・プログラムの名誉会長であるジェラルド・ホーキンスはこう語った。「彼が何かをするつもりだと言ったなら、必ずやり遂げるでしょう」。

クックはウィリアムズに仕事を教えるにあたり重要な役割を果たし、彼について語るときには感情をあらわにした。彼がCOOに昇進したとき、クックは「ジェフは私が今までともに働いた中で最高のオペレーティング責任者です」という大げさなくらいの賛辞で埋め尽くされた声明を公開した。以前のクックと同じように、ウィリアムズは目立たないようにふるまい、アップルの舞台裏で非常によく働いている。彼は2011年に出版されたウォルター・アイザックソンによるスティーブ・ジョブズの伝記では一度も言及されなかったが、今ではアップルの次期CEOとなるのに適した地位にいる。

2010年から、ウィリアムズはアップルの全サプライチェーンやサービス、サポートおよび社会的な責任を追及する取り組み――クック主導になってから重要度が増したもの――を監督している。彼がiPodのサプライチェーンでおさめた勝利の1つは、iPod Nano用のフラッシュメモリを確実に手に入れるために、SKハイニックスのようなサプライヤーに約12億5000万ドル（約1370億円）を前払いするようアップルに求めたことである。

またiPodの配達プロセスを高速化し、顧客がiPodをオンラインで購入した後、カスタムされた刻印を施し、3営業日以内に配達することを可能にした。このようなやり方は、純粋なクパチーノの魔法である――そしてこの場合、感謝すべき相手はウィリアムズである。彼はまた、フォックスコンとも重要な関係を築いているという。

「ジェフ・ウィリアムズは目を見張るような成果を上げている」。アップルのアナリストであるニール・サイバートはこう書いている。「オペレーション担当上級副社長として、彼はアップルのマシンが順調に機能し、最高の形を保っていることに対する責任がある。1四半期に1億台を超えるiOSデバイスを製造するだけでなく、年間のハードウエアアップデートを処理するための柔軟性をシステムに組み込むことを任務としている。それはほとんどのハードウエア企業を恐怖に震え上がらせるような規模だ……。彼は多くの人には不可能なレベルの任務を遂行している」。ウィリアムズは初代iPhoneの開発で重要な役割を果たし、以来、iPhoneとiPod両方のためのワールドワイドなオペレーションを主導してきた。彼は、Apple Watchの開発も監督している。

驚くべきパートナーシップ

アップルを最高速度で前進させ続けるために、クックは新たな企業との革新的なパートナーシップを導入した。2014年5月、アップルはビーツ・ミュージックとビーツ・エレクトロニクスを30億ドル（約3290億円）で買収することを発表した。「音楽は我々の生活にとって重要なものであり、アップルの中心でも特別な場所を占めています」。クックはプレスリリースでこのように語った。「だからこそ我々は音楽への投資を続け、並外れたチームを結集させて、世界で最も革新的な音楽製品やサービスを作り続けることができるのです」。

2014年9月に行われたチャーリー・ローズのインタビューで、クックはビーツを買収するというアップルの決定の理由を明らかにした。以前、同社の共同創設者であるジミー・アイボンは、Beats Musicの素晴らしさについてクックに語っていた。「その後、私はある晩、音楽を聴くのに彼らのサービスを使い、別の企業のサービスと比較してみました。しばらくの間、彼らの音楽を聴いていると、他の企業のものとは全く違うことに気づいたのです」とクックは語った。「そしてその理由は、ヒューマン・キュレーションが配信サービスにおいて重要であると彼らが認識していたことにありました」。ヒューマン・キュレーション――アルゴリズムではなく、人間の編集者によるトラックのキュレーション――は、ほとんどBeats Music独自のもので、競合する音楽配信サービスがコンピューターによるアルゴリズムを使用し、リスナーの以前の活動に基づいて音楽を推薦するのとは異なっていた。「説明するのは難しいのですが、使ってみればきっとわかります」とクックは付け加えた。彼が決断したのはこのときだった。「我々もこれをやらなければ、と思いました。そしてその夜は眠ることができませんでした」。こうして彼の買収計画は始まった。

これまでで最大の買収となり、ビーツの共同創設者であるアイボンとドクター・ドレ、そして社長であるルーク・ウッドやマーケティング責任者のボゾマ・セント・ジョン、最高クリエイティブ責任者のトレント・レズナーとイアン・ロジャース、最高執行責任者のマシュー・コステロがアップルへ入社した。「ビーツがアップルにもたらしたものは、非常にたぐいまれな能力を持つ人々です。非常に貴重な人材です。彼らは音楽を深く理解しています。我々は素晴らしい才能をアップルに注ぎ込むことに成功したのです」。レコードのインタビューでクックは後にこう語っている。「このような人々を見つけるのは難しく、非常に貴重な人材です。彼らは音楽を深く理解しています。我々は素晴らしい才能をアップルに注ぎ込むことに成功したのです」。

ドクター・ドレとジミー・アイボンが、買収後にどのような役割を担っているのかは明白にされていない。ドレはほとんど姿を見せず、アイボンは2015年6月のイベントでApple Musicを紹介する際、長く取り留めのない演説をしたことのみが注目を集めていた。しかし彼は音楽業界のコネクションを持ち込むことで、アップルに貢献を果たしたようだ。

ボゾマ・セント・ジョンは、アップルにおいて最も注目を浴びる幹部の1人となった。同社の数少ないアフリカ系アメリカ人女性幹部である彼女は、業界のイベントやアップル製品の基調講演に定期的に参加していた。そしてアップルが非常に必要としている魅力――性別や人種の多様性以上のもの――を企業の上層部にもたらした。アップルで数年働いた後、彼女は2017年6月に退職し、ウーバーの最高ブランド責任者に就任した。それから1年後には、映画やスポーツ、そしてファッション関連の芸能プロダクションであるエンデバーへ移り、その最高マーケティング責任者になった。

買収前のアップルは、オンラインおよび小売店でビーツのヘッドフォンとスピーカーを直接販売しており、1年ほど後にApple Musicが発表されるまで、Beats Musicの配信サービスを提供し続けた。Apple Musicは、ビーツが作った基盤の上に構築されており、Beats Musicの利用者に愛されていたキュレーション体験を提供し続けている。

またテイラー・スウィフトやフランク・オーシャン、ドレイク、チャンス・ザ・ラッパーなどのアーティストとの独占的なパートナーシップによって、加入者数を拡大している。Apple Musicは驚くほどの成功をおさめ、2018年3月には加入者数が3800万人を突破し、2018年の夏までにはアメリカでSpotify（スウェーデンの企業が運営する世界最大の音楽配信サービス）を上回ると予想されていた。

IBMとのパートナーシップ——法人向けiOS

2014年7月、MacBook ProをRetinaディスプレイにアップデートした後、アップルは1980年代初頭にアップル最大の競合相手となって以来、ジョブズがひどく嫌っていたことで有名だったIBMとの間に、新たなパートナーシップを締結するという驚くべき発表を行った。

それまでのアップルは常に一般の消費者に焦点を当てており、学校や大学を除いて、企業の顧客——特にIBMが焦点を当てている大規模なグローバル企業をほとんど無視していた。このパートナーシップは、外部のパートナーと協力し、ビジネスの世界に進出しようするクックの意欲を示していた。この提携により、アップルとIBM双方の「市場をリードする強み」と、100を超える業界固有の法人向けソリューションを1つに集約することで、企業の流動性に対する変革が約束された。「iPhoneとiPadは世界最高のモバイルデバイスであり、フォーチュン500に選ばれた企業の98%以上およびフォーチュン・グローバル500（フォーチュン500の世界版）の92%以上に属するビジネスパーソンの働き方を変革してきました」。アップルのプレスリリースにおいてクックはこう語った。「この提携は、企業に向けたビジネスの大胆な一歩であり、アップルとIBMにしか提供できないものなのです」。

現在IBMは、銀行や製造業、航空宇宙産業など、さまざまな業界に向けた多くのアプリを設計しているとクックは説明し、そのうちの最初の10個は2014年末までにリリースされる予定となっていた。「これは我々やIBM、そしてそれ以上に重要な顧客の皆様、その全員が勝利をおさめることのできる分野なのです」。彼はチャーリー・ローズに対してこのように説明した。そして実際にアップルとＩＢＭは、少なくとも市場の反応に対しては勝利をおさめた。

提携が発表された日のアップルの株価は、時間外取引で２・59％上昇し、ＩＢＭの株価も２％近く上昇した。これとは対照的に、当時、自社の法人向けソリューションで市場シェアを取り戻そうと奮闘していたブラックベリー（カナダの法人向け通信機器メーカー。Ｂｌａｃｋ Ｂｅｒｒｙ端末は、全盛期にはスマートフォンのシェアで世界２位を記録していた）の株価は、ナスダックとトロント証券取引所の両方において10％近く下落した。

この奇妙なカップルは成功をおさめているようだ。２０１７年７月、２社はパートナーシップ提携３周年を記念して、これまで15の業界で１００を超える法人向けｉＯＳアプリが開発されたことを発表した。そしてアップルとＩＢＭはヘルスケア分野だけで、公に利用可能な病院向けの法人プログラム、および特定の顧客に向けたカスタムアプリを数十個開発したという。ＩＢＭのｉＯＳソリューション向けＭｏｂｉｌｅＦｉｒｓｔ担当副社長であるスー・ミラー・シルビアによると、病院や医療システムを含む３８００以上の組織が、ｉＯＳ向けＭｏｂｉｌｅＦｉｒｓｔを使用しているという。

このパートナーシップは、ＢＹＯＤ（Bring Your Own Device、自分の端末を用いる）時代――自ら所有するデバイスを仕事で使うことを好む人が多い時代――に、クックに大きな勝利をもたらすことになった。20年前にはマイクロソフトやデルのような企業が、法人向け業界を支配し、大小さまざまな企業に大量のコンピューターを販売していた。しかし現在はＢＹＯＤの流れに適応しなければならず、それができている企業が勝利者となっている。クックはＩＢＭとの提携のような大きなパートナーシップによって、そのトレンドをリードする存在となっている。

iPhone 6とApple Pay

アップル初の大画面を持つｉＰｈｏｎｅ６とｉＰｈｏｎｅ６Ｐｌｕｓの発表において、クックはこの機種を「ｉＰｈｏｎｅ史上最大の進歩」と表現した。大幅に大型化したＲｅｔｉｎａ ＨＤディスプレイと、より高速化したＬＴＥ接続、そして最新のＡ８チップセットを搭載するという大胆なデザイン変更を施されたその機種は、最初の24時間で４００万台、さらに週末だけで１０００万台以上を売り上げ、クックのもとでリリースされた製品の中で最も成功したアップル製品となった。この最新機種には新たにＡｐｐｌｅ Ｐａｙ機能が搭載され、ｉＰｈｏｎｅユーザーは対応するＮＦＣ端末に自分のデバイスをかざすことで支払いができるようになった。

ｉＰｈｏｎｅ６とｉＰｈｏｎｅ６Ｐｌｕｓの両方は、圧倒的な高評価を持って世間に迎えられた。多くのメディアはこの2つをお金で買うことのできる最高のスマートフォンと評し、そのパフォーマンスやデザイン、改良されたカメラ、そしてよりシャープで鮮やかになったディスプレイを賞賛した。

しかしｉＰｈｏｎｅ６と６Ｐｌｕｓが、誤った理由の数々で世間を賑わせるまで、それほど長くはかからなかった。それは「ベンドゲート事件」（ウォーターゲート事件をもじっている。ベンドは

「曲がる」という意味）から始まった。

ユーザーたちはこの新機種に、特に狭いポケットに入れて持ち運んだ場合に曲がってしまう傾向があることを発見した。ユーチューブでUnbox Therapyというチャンネルを運営するルイス・ヒルセンテガーは、アップルの新たなアルミ製の筐体は、背面に圧力がかかると簡単に歪む可能性があることを検証したビデオを公開し、わずか数日で数千万もの視聴回数を記録した。かなり大型のフレームを持つiPhone 6と6 Plusは、曲がる可能性が高いと見られていた。アップルはそれが広範囲におよぶ問題であることを否定し、発売後6日間に販売された何百万もの端末のうち、実際に曲がって返品されたのはたった9台だったと主張した。新たなiPhoneは、精密加工された陽極酸化アルミニウムの筐体と、ステンレススチールとチタンのインサートを採用し、アップルの「日常生活での使用に耐えうる高品質規格」を十分満たしていた。

アップルは消費者がこの「非常にまれな」問題に遭遇した場合はサポートセンターに連絡するよう促し、その後ジャーナリストたちをラボに招き、iPhone 6と6 Plusの開発中に行った耐久性テストを彼らの目の前で実演してみせた。サポートスタッフたちは、変形した端末を持ってジーニアスバー（アップルのテクニカルサポートステーション）を訪れ、「目視による技術点検」を受けるよう顧客に促し、故意の損傷ではなく、アップルが設定した「ガイドラインの範囲内」の被害だと認定されると、無料の代替品が提供されることになっていた。

iOS 8・0・1の厄介なバグ

ベンドゲート事件が収拾する前に、iPhone 6の所有者たちは、アップデートされたiOS 8・0・1に不満を抱くことになった。電話をかけることができなくなるバグによって、4万人ものユーザーが影響を受けていた。その時点で、端末が発売されてから数週間しか経っておらず、影響を受けた人々は携帯電話のネットワークに接続することができなくなっていた。

また別のバグにより、指紋認証に使用されるTouch IDのセンサーが機能しなくなってもいた。「我々はこれらの報告について現在調査を進めており、できるだけ早く情報を提供し、それまでの間は、iOS 8・0・1アップデートの公開を中止します」。9月24日に発表されたアップルの声明にはこのように書かれていた。このアップデートをまだインストールしていなかった人々は、そこにアクセスすることができなくなり、すでにアップデートしてしまった人たちは、8・0・1がリリースされてからわずか2日後の9月26日に、iOS 8・0・2が公開されるまで、この不具合に耐えることを余儀なくされた。

このような厄介な問題にもかかわらず、iPhone 6はいまだにアップルの最も注目すべき変更が加えられた製品の1つと考えられている。以前は片手で操作できるように、小さいほうが好ましいと考えられていたスマートフォン――特にそのディスプレイ――に対する同社のアプローチの大きな変化を示していた。

アップルは、大きなスクリーンを求める声に応じて作られたAndroid端末に顧客を取られるようになったため、ようやく本腰を入れたのだった。カンター・ワールドパネル・コムテックのデータによると、2014年5月までの3カ月間にサムスンのスマートフォンを購入した26%が、iPhoneからの移行だったという。ちなみにその前年度は12%にすぎなかった。米国を含む世界中のアップルの主要市場の多くで、Androidのシェア拡大に伴い、iPhoneの市場シェアは低下していた。

しかしiPhone 6シリーズに大型スクリーンを導入したことで、すぐに変化が生じた。これらの新機種は、iPhone 5やiPhone 5Sよりもはるかに速い普及率を誇り、発売から1年と経たずに、当時発売されている中で最も人気のあるiPhoneとなり、アップル市場全体の40%を占めることになった。「同シリーズは、これまでのiPhoneよりも多くのAndroidからの移行者を獲得しています」。2015年4月、クックは投資家たちに対してこう語っている。

Apple Pay

iPhone 6の基調講演で、クックはApple Payを発表し、それがクレジットカードと現金に取って代わるという大胆な計画を世界に紹介した。この時点で、アメリカ国内だけでクレジットカードとデビットカードの利用額は毎日120億ドルを記録しており、アップルはその分け前を欲していた。グーグルのような競合他社は、すでにモバイル決済を標準化するための努力をしていたが、成功しているとは言えなかった。しかしクックは、アップルのソリューションがプライバシーに焦点を合わせることによって成功をおさめることを確信していた。

「これまでモバイル決済の開発に取り組んできた多くの企業は、顧客体験に焦点を当てるのではなく、自社の利益を中心としたビジネスモデルを作成することから始めていました」。基調講演の観客を前にして、クックはこのように語った。「我々はこのような問題に対処するのが大好きです。アップルがベストな解決策を講じることのできる分野ですから」。そして競合他社とは違い、アップルは支払いサービスから得た顧客の購入データを第三者に提供してお金に変えることは考えていなかった。

「お客様は商品ではありません」。2015年2月に開催されたゴールドマン・サックスのテクノロジー・アンド・インターネット・カンファレンスでの講演中、クックはこう主張した。「あなたがどこで何を買い、それに対していくら支払ったのかを他人に知られる必要はありません。私はどれも知りたいとは思いませんし、率直に言って、私とは関わりのないことです」。クックはまた、Apple Payのセキュリティ面での優位性、およびクレジットカード情報が悪用される心配をする必要がないことを熱心に強調した。

彼は「Apple Payが、我々全員が物を買う方法を永遠に変えることになるだろう」と信じており、ファンたちはそれを試すのを待ちきれなかった。このサービスがリリースされてから1週間後、『ウォール・ストリート・ジャーナル』紙のテクノロジー・カンファレンスに出席したとき、クックはサービス開始から72時間で、100万枚のクレジットカードがApple Payに登録されたことを明らかにした。彼が「他社の合計よりも多い」と強く指摘したこの数字は、アップルのモバイル決済サービスが、すでに「非接触型」決済を主導する存在となったことを意味していた。初期の利用者たちは、Apple Payが使いやすさに重点を置いていることに感銘を受けた。「お客様から大量のメールを頂いています」とクックは語った。「思わず『ああ』と感嘆の声が出てしまう瞬間ではないでしょうか――携帯電話1つですべて済んでしまうのですから」。

2015年1月までに、750以上の銀行と信用組合がApple Payのサポートに加わり、非接触型決済プラットフォームを使用した支払いの3分の2以上はApple Payを通したものとなった。「休暇中にApple Payを実装できた店舗がこれほど多いことに、良い意味で、信じられないくらいのショックを受けています」。収支報告でクックはこのように語り、「2015年はApple Payの年になるでしょう」と宣言した。

アップルは今日まで、Apple Payに登録した人数、あるいは定期的にこのサービスを利用している人数を正確には明らかにしていないが、印象に残る数字を節目ごとに開示している。2016年6月、『フォーチュン』誌は、毎週100万人――1年前の登録者数の5倍――がApple Payに登録していることを確認した。2017年5月、アップルの第2四半期の収支報告で、クックはApple Payが1年前と同じ3カ月間において、取引数を450％増加させるという驚異的な成功を遂げたことを自慢げに語った。

この頃までに、Ａｐｐｌｅ Ｐａｙは北米やヨーロッパ、オーストラリア、そしてアジアの15の国々に拡大していたが、その登録者数はクックの予想には届いていなかった。２０１８年２月、彼はＡｐｐｌｅ Ｐａｙが「数年前に私が考えていたよりも、ゆっくりとした成長を遂げている」ことを株主たちに認めた。それにもかかわらず、アップルのＣＥＯは、Ａｐｐｌｅ Ｐａｙや類似のモバイル決済サービスの将来について楽観的な見通しを貫いている。

２０１８年の株主総会で、クックはＡｐｐｌｅ Ｐａｙやその他の非接触型決済システムの将来に対して前向きな姿勢を見せ、「私はお金がなくなるのをこの目で見るまで死にたくないのです」と語った。

Ａｐｐｌｅ Ｐａｙの勢いは増しているようだ。２０１８年７月、アップルの四半期収支報告で、クックはアナリストや投資家たちに、Ａｐｐｌｅ Ｐａｙが２０１８年第３四半期に「10億回を優に超える取引」に使用されたことを報告した。これは競合他社をはるかに上回る数字だった。クックはまた、アメリカ全土のＣＶＳ（アメリカ最大の薬局チェーンの１つ。生活用品や食料品も販売している）とセブン-イレブンの店舗でサービスを展開し、さらにその年の後半にはドイツに拡大する計画を明らかにした。Ａｐｐｌｅ Ｐａｙは、クックが思っていたよりも遅いスタートを切ったかもしれないが、彼の非接触型決済にかける夢は実現に向けて勢いを増しているようだ。

クックの初の主要製品：Apple Watch

2014年9月のよく晴れた日、クックはついに待望のApple Watchを発表し、それを「アップルの物語の新たな章」と呼んだ。

この製品は心拍数モニターとフィットネス追跡機能を特徴とするもので、自分のトレーニングをモニターして追跡することを望む健康オタクを主なターゲットとしていた。内蔵されたActivityアプリは、ユーザーが立ち上がって運動し、身体を健康に保つことを奨励していた――そして毎日の目標を達成した人には、仮想のメダルが授与された。これは明らかにフィットネスに熱心なクックの心が反映されたものだった。彼はApple Watchを「正確な時計であり、手首につけて親密なコミュニケーションができる新たな手段であり、総合的な健康とフィットネスのための機器」であると説明した。

ファンたちはアップル初のウェアラブル端末を手に入れるために、2015年4月まで待たなければならなかった。Apple Watchは出荷を開始する準備が整っておらず、さらに開発者がこの端末向けのアプリを作る時間も必要だったとクックは説明した。

これにより、早期購入者が自分の端末を受け取った日に、お気に入りのアプリをすぐにダウンロードすることが可能となった。フェイスブックとツイッターの2大企業は、すでにwatchOS――アップルがウェアラブル端末のオペレーティングシステム（iOSのカスタム版）に付けた名前――

向けのアプリ開発に着手していた。

Apple Watchがついに発売されると、初期の購入者から「圧倒的に前向きな」フィードバックを得たとクックは語ったが、アップルは今日まで、この端末の正確な売上高を明らかにすることを拒否している。サードパーティによる見積もりによれば、Apple Watchはサムスンやモトローラ、LGなどの競合他社のスマートウォッチをたやすく上回る販売数を記録しているという。また初代Apple Watchが、その時点までに販売されたAndroid Wear端末の販売総数である約72万台を上回るまでに、24時間もかからなかったことが報告されている。

高級時計専門サイトのホディンキーのインタビューで、ジョニー・アイブはApple Watchがスティーブ・ジョブズと全く関わりを持たない最初の主要製品であることを明らかにした。「スティーブと時計について話したことはなく、自分たちで作ろうとしたこともありません」とアイブは語った。「彼が時計をしていたのを見たこともありません」。

アップルの幹部たちは、ジョブズの死から数週間後、ブレインストーミングを始めた。つまりこの時計のアイデアは、ジョブズの死から間接的に生まれたものだと言うことができる。「最初のディスカッションは、スティーブが亡くなった数カ月後の2012年初めに行われました」とアイブは語った。「それには時間がかかりました。我々がどこに行こうとしていたのか、企業としてどんな軌道に乗っていたのか、そして何が我々のモチベーションとなっていたのかを、皆でじっくりと考えたのです」。そうして生まれたのがApple Watchだった。

2013年と2014年のアップルの新リーダーとしての地位を確固たるものとするため、クックは新たな市場でのビジネスチャンスをうかがい、興味深いパートナーシップを探し当て、iPhoneの容赦ない革新とApple Watchの開発を先導してきた。

2014年11月の終わりに、株価が最高値を更新した後、アップルの時価総額は初めて驚異の7000億ドル（約76兆円）を突破した。当時、このiPhoneメーカーはグーグルの2倍の価値があり、その総額は地球上で2番目に価値のある企業であるエクソンモービルよりも3000億ドル（約32兆円）高くなっていた。ジョブズの跡を継ぎ、アップルをさらなる大きな成功へと導くことができるのかというクックの能力に対する疑念は晴れつつあり、その根拠は盤石なものだった。

第 8 章

より環境に優しいアップル

アップルは現在、ハイテク業界で最もグリーン（環境に優しい）な企業の1つと見なされているが、その環境への取り組みが本格的なものになったのは、クックが常任CEOになった後のことだった。「サスティナビリティ（持続可能性）は、アップルにとって後知恵にすぎませんでした」。1999年から2005年まで、アップルで製品設計担当の上級メカニカルエンジニアとして働いていたアブラハム・ファラジはこう語った。彼は、アップルの環境への取り組みは、活動家や気にしている消費者をなだめるための「リップサービス」にすぎなかったと主張した。

当時のアップルには、環境への影響を調査する仕事に就いている社員はたった1人しかおらず、経営陣からの「トップダウンの強力なサポートがなければ、たった1人で社内に影響を与えることは不可能」だったとファラジは語った。「そして実際、サポートを受けることはありませんでした。彼女は精一杯努力していましたが、そもそも不可能な仕事だったんです」。

リサイクルを支援するために、サスティナビリティ推進団体が25g以上の重さのある製品にリサイクルコードを刻印することを推進していたが、当時のアップルはコードが「美しくない」ことを理由に拒否したことをファラジは覚えていた。「環境への配慮のために、デザインを変更することはありえないことでした」と彼は説明した。「美しいデザインを保つことのほうが、サスティナビリティに対する責任を考慮することよりも重要だったのです」。

ジョブズが主導していた頃のアップルは、環境に優しい企業と見なされるために最低限の努力はしていたようだが、天然資源の使用量を減らすことに乗り気ではなかった。2000年代半ばのクックは、ワールドワイド・オペレーション担当上級副社長を務めており、これらのポリシーと関わりを持つことはなかった。

スティーブ・ジョブズのもとで、アップルは環境に全く配慮しない一連の決定を下し、グリーンピースはその有害性を激しく非難し、2000年代を通して多くの報告書を作成した。2007年に発行された「無視された要求：iPhoneの有害化学物質」と題された最初の重要な報告書には、初代iPhoneのコンポーネントに、いくつかの有害な原料が使用されていることについて書かれていた。分析の結果、アンチモンや臭素、クロム、鉛など、欧州連合が規制しているいくつかの有害物質が発見されたという。

また、アップルが製品に使わないことを約束していたプラスチックのポリ塩化ビニル（PVC）も見つかっていた。「2007年6月に、米国市場で初めて販売された製品に、まだPVCと臭素系難燃剤（BFR）を使用しているという事実は、2008年までにこれらの原料の使用を段階的に全廃するという公約に向けて、アップルがまだ何の対策も講じていないことを示唆している」。そして報告書は次のように結論付けた。「アップルが本当にiPhoneを革新的なものにしたいのであれば、端末と周辺機器からすべての有害物質と原料を取り除く必要がある」。

グリーンピースの非難を受けて、ジョブズはアップルを弁護するため、直ちに「よりグリーンなアップル」と題した書簡を発表した。その中で、彼は製品の有害性を減らすために、同社がすでに達成したことと今も取り組んでいることを強調した。これには、2006年にブラウン管ディスプレイを自社製品から完全に排除したこと、および2008年末までに、全製品に対するPVCおよびBF

Rの使用を廃止することが含まれていた。彼はまた、Mac とiPodを販売している82%以上の国々で、リサイクル活動を行っていることを指摘した。「アップルは、これらの分野でほとんどの競合他社を上回っている、もしくはこれからすぐに上回ることになるだろう」とジョブズは主張した。その後間もなく、アップルは毎年環境責任に対する進捗報告書の発行を始めた。それは今日も続いており、同社の環境保護に対する取り組みが詳述されている。

ジョブズの書簡を受けて、グリーンピースはその努力について公にコメントを発表した。彼らは、PVCとBFRを撤廃するというアップルの公約に感銘を受け、競合するコンピューターメーカー——エイサーやデル、ヒューレット・パッカード、東芝、およびレノボ——にアップルの後を追うことを奨励した。「これらの企業は、有害化学物質の除去に関するアップルの方針を今すぐ取り入れるべきである」。

2009年に発売されたiPhone 3GSは、PVCとBFRを含まないとアップルが宣言した最初の製品の1つだった。しかし、iPhoneとiPadの成功によって世間の注目を集めていたことで、グリーンピースはその後もアップルに焦点を当て続けた。彼らは2009年6月に発行した四半期ごとの「よりグリーンな電子機器の手引き」の中で、「PVCまたはBFRが含まれていないことになっている製品の、これらの物質の限界値が不当に高く設定されている」ことについてアップルを批判した。アップルが実は有害物質を撤廃していなかったのか、もしくは委託業者がしていなかったかは明らかになっていない（クックの指導のもと、今日のアップルは製品のすべてのコンポーネントとサブコンポーネントを徹底的に監査して、それらが化学組成を含めて厳格な規格に従っていることを確認している)。

グリーンピースはまた、再生プラスチックと再生可能エネルギーを使用する努力を怠っているとして、アップルに低評価を与えた。しかし、その年の後半には、ケーブルを除くすべての製品にPVCを使わないことをアップルが公約したため、12月のランキングでは、その順位をいくつか上昇させた。また、再生可能エネルギーの使用が増えたことで、さらに多くのポイントが与えられることになった。しかし、それから間もなく、アップルは、グリーンピースの非難よりも懸念すべき問題にぶつかることになる。

汚染と中毒

アップルの事業に対するより厳しい非難が中国で起こり、反公害活動家たちは、アップルが環境をひそかに汚染し、サプライチェーンで働く労働者たちを中毒にしていると訴えた。中国を代表する環境団体連合が行った2011年1月の調査では、30の大手ハイテク企業の中で、アップルが最下位にランキングされた。この報告書は、iPhoneのスクリーンの洗浄に使用されていた化学物質のノルマルヘキサンによって、中国人労働者が入院したと報告されてから、わずか数カ月後に公表された。「アップル製品はそのスタイリッシュなイメージの裏に、汚染と中毒という多くの人が知らない側面を持っている」。グリーンチョイス・イニシアティブによる報告書には、このように書かれていた。

「そしてこの側面は、同社の秘匿されたサプライチェーンの奥深くに隠されている」。同時に公開された動画には、台湾で入院した62人のうちの何人かが登場し、ジョブズに説明を求めていた。「あなたが自ら選んだサプライヤーに対して、責任を負うべきだと考えていますか?」と彼らは尋ねた。「使っているiPhoneを見下ろして、自分の指でスワイプするとき、それはもはやあなたが誇らしげに語っていた美しいスクリーンではなく、我々作業員と犠牲者たちの命と血にまみれたものであることを実感することはありますか?」。

中毒が発生したと報告されたのは、蘇州《そしゅう》にあるウィンテックの工場だった。工場のマネージャーは、作業効率を上げるために、アルコールよりも速乾性があるノルマルヘキサンに切り替えたが、この化学物質には最大2年におよぶ神経障害を引き起こす可能性があった。

当時、グリーンチョイスからのコメントの要求が数カ月にわたって繰り返されたにもかかわらず、アップルはウィンテックと関係を持っていると認めるのを否定した(当時のアップルは、サプライヤーについて秘密主義を貫き、日常的に協力している相手の特定を拒んでいた。しかし今日のアップルは、クックのもとでよりオープンになり、すべてのサプライヤーの包括的なリストが公開され、毎年更新されている)。

「この姿勢により、彼らのサプライチェーンを公に監視することができなくなっているのです」。中国の環境保護活動家で、公衆環境研究センターの理事を務めるマー・ジュンはこう語った。「環境違反が公になったとき、沈黙の言い訳として商業上の機密性を持ち出すのは間違いです。他の主要なブランド企業はこのような姿勢を取っていません」。ノキアとモトローラはすでにウィンテックとの関係に関する質問に応じていたが、アップルは個々の申し立てについてはコメントしないと主張していた。

元調査ジャーナリストであるマーは、2011年はじめに「アップルの別の側面」というタイトルの報告書を発表し、そこで同社のサプライチェーンで働くことが、一部の労働者に与えた痛ましい影響について詳述した。また、同時に公開された動画には、アップルの新製品を紹介しているジョブズの映像と、病気の作業員たちが自らの症状を説明する映像が交互に流された。

大きな衝撃を与えたにもかかわらず、アップルがこの報告書に対して言及することはなかったが、5カ月後、マーは「アップルの別の側面2」を発表し、アップルのサプライヤーだと考えられる複数の企業の10件におよぶ環境違反事例を詳述した。

マーと公衆環境研究センターは、公衆の健康と安全を危険にさらす深刻な汚染を引き起こしているとして、アップルのサプライヤーを非難した。中国全土の多くの工場を訪問して作成され、9月に発表された46ページにわたる報告書には、「何十もの」アップルのサプライヤーが、汚染廃棄物と有毒金属を周辺地域に廃棄した疑いがあり、そのうちの27の地域では、すでに環境被害を引き起こしていることが明らかにされていた。

アップルはまず、サプライヤーを対象としたすでに進行中の調査に対する声明を発表した。「わが社はサプライチェーン全体で、最高水準の社会的責任を追及することを約束します」。広報を務めるスティーブ・ダウリングは、報告書に対してこう語った。「我々は、アップル製品を製造しているすべてのサプライヤーに対して、安全な労働条件と、尊厳および尊敬をもって労働者を扱うこと、そして環境に配慮して製造を行うことを要求しています」。ダウリングはまた、アップルはサプライチェーンの工場を積極的に監視し、定期的な監査を実施していると主張した。

しかし同時に、マーの報告書の内容を事実だと認め、「彼をコントロールするのではなく、良い関係を築く」ために電話連絡を要請したことが、『沈みゆく帝国』（日経BP）の中に書かれている。「こうしてマーとアップルの間で、細心の注意を要する会談がスタートした」。当初の進展は遅く、初期の会談は不安で気まずいものだったと、マーは『沈みゆく帝国』の著者・ケイン岩谷ゆかりに語っている。

しかし、ジョブズが亡くなった直後に、「突破口が見えた」。その突破口は、クックが開いたものだった。彼は後に、サプライヤーに対する責任を果たすため、より多くのリソースを投入するようになっていった。

良い方向へ進む

クックは、自身がアップルで行った取り組みにおいて、自らの環境に対する愛を明確に示した。彼はCEOに就任して以来、アップルの環境ポリシーとサスティナビリティに対するアプローチを変革していった。CEOに就任して数週間後、オペレーション部門におけるクックの右腕的存在の1人であるビル・フレデリックは、ワシントンDCを拠点とする非営利団体の天然資源保護協議会（NRD

C）に所属する環境毒性学者であるリンダ・グリアに連絡を取った。この団体は、企業と協力して環境への影響を改善する活動を行っている。

フレデリックは、環境保護はジョブズ主導のアップルの優先事項ではなかったことを認めたが、彼は会社の幹部たちがサプライヤーを管理する良い方法を模索している最中だとNRDCに保証した。アップルは会談を要請し、NRDCはこれに同意したが、すでに同団体と関係を持っていたマーが同席するという条件がついていた。

「会談は5時間にもおよんだ」とケインは書いている。「何人かの幹部は守りの姿勢を取ることがあり、彼らが独自に行った監査結果とマーの調査の間の矛盾点について言及するのを拒み続けた。しかし同時に、透明性を高める必要があることを認めた。そして最後には、アップルはマーの調査結果を確認するために独自の調査を行い、何か問題を発見した場合は必ず対処することに同意した」。

グリアは、アップルがサプライヤーの改善に対して、ほとんどの競合他社よりも多くのことを行っていると実感し、マーはクックがアップルを引き継いでから1カ月も経たないうちに、「より良い方向へ進むようになった」と感じていた。ジョブズは誰が見ても、サプライチェーンが与える環境への影響に無関心だったが、クックはこの問題に真っ向から取り組むことを決意した。こうしてアップルの環境へのアプローチは、180度変化することになった。

ダーティなデータ

アップルの環境への取り組みを改善することに対するクックの熱意は確かなものだったが、すでに存在する山積みの問題に対処するには時間と労力がかかった。クックがCEOに任命されたとき、1製品あたりの二酸化炭素排出量は史上最高を記録しており、アップルがクラウドベースのサービスを推進し続けている間、グリーンピースによる非難は続いた。アップルは、クラウドコンピューティングの環境への影響に関する2011年の報告書「あなたのデータはどれだけ〝汚れているか（ダーティ）〟」で、「最も環境に優しくない」ハイテク企業に選ばれた。アマゾンからゼンデスクまでのすべてのハイテク企業が、オンラインサービスを運営するために電力を大量に消費する巨大なデータセンターに投資したことで、クラウドコンピューティングは大きな業界勢力となり、アップルはその頂点に立っていた。

最新のiCloudデータセンターを、石炭火力のエネルギー（大気汚染などの原因となる有害物質を排出することから、クリーンなエネルギーの対義語として「ダーティ」なエネルギーと表される）を安く手に入れることができる「国内で最もダーティな送電網がある」ノースカロライナ州に建設する選択をしたことで、アップルは「クリーンエネルギー指数」で最も低いパーセンテージ、そして「石炭への依存度」で最も高いパーセンテージを割り当てられた。「アップルのiDataセンターの他の候補地が、同じく非常にダーティな電力が主流となっているバージニア州だったという事実は、同社の選定条件が税制上の優遇措置に加えて、出どころに関係なく、とにかく安価なエネルギーへのアクセスであったことを示している」。グリーンピースの報告書にはこのように書かれていた。

数カ月が経ってもアップルからの反応がなかったため、活動家たちは世界中のアップルストアの外で抗議活動を開始した。ニューヨークのグリーンピースの活動家たちは、アップルの主力である5番街の店内に、黒いヘリウムで満たされたいくつもの風船を放ち、ガラス張りの天井から太陽光が入るのを妨害した。2012年5月には、グリーンピースの2人の活動家が、クパチーノにあるアップルの本社前で、以前は北極圏の掘削を阻止するための抗議で使用されていた高さ8フィート（約2・4メートル）、幅10フィート（約3メートル）のシェルターを改造した巨大なiPodに立てこもった。この2人組は、石炭ではなく再生可能エネルギーを使用することを求める世界中のファンによる音声メッセージを再生し、建物の入り口を通り過ぎる社員たちに聞かせていた。その後さらに4人の活動家が、iPhoneのコスプレをして彼らの応援にかけつけた。その胴体には、ソーシャルメディアの応援メッセージを表示するテレビ画面がくくり付けられていた。

「これまでアップルの経営陣は、再生可能エネルギーを動力源とするクラウドを構築することで、他の企業の良い手本となることを求める何十万という人々の声を無視してきました」。グリーンピースUSAの事務局長であるフィル・ラッドフォードは、この抗議について対応する中でこう語った。「アップルの顧客の1人として、我々はiPhoneとiPadを気に入っていますが、スモッグを排出するダーティな石炭を燃料としたiCloudを使いたくはありません」。

クックは仕事に取りかかる

このような抗議活動は、ジョブズが主導していた頃にはおそらく無視されていたが、クック主導のもと、企業の良心が高まっていたアップルの行動は迅速だった。わずか2日後に発表された声明の中で、同社は2012年末までに、ノースカロライナ州メイデンのデータセンターで使われるエネルギーを、再生可能なものに切り替えることを約束した。アップルはすでに、その敷地内に100エーカー（約40万平方メートル）の太陽光発電装置とバイオガス発電施設の建設を始めていたが、依然としてデューク・エナジーから大量の石炭エネルギーを購入していた。アップルは、代わりに地元の再生可能エネルギープロバイダからエネルギーを調達することを誓い、カリフォルニア州ニューアークにある別のデータセンターも、2013年はじめには再生可能エネルギーに切り替えることを約束した。

グリーンピースはこれに応じた声明を発表し、アップルの努力を賞賛した。「今日のアップルの発表は、同社がダーティな石炭ではなく、クリーンなエネルギーで動くiCloudを求めてきた何十万もの顧客の声を真剣に受け止めているという大きな証です」。それでもグリーンピースは、アップルや他の主要なハイテク企業が、今後新たなデータセンターを建設する際に再生可能エネルギーを使用することを約束するまで、活動をやめることはないと主張した。「そのとき初めて、顧客はiCloudが成長するにつれて、よりクリーンになっていくことを確信するようになるでしょう」。

アップルの中国での問題も、簡単に消えることがないことは明らかだった。2013年2月、iP

adのサプライチェーンの一角を担っていたリテン・コンピューター・アクセサリーは、中国の環境当局から地元の川が「乳白色」になるほど大量の廃棄物を投棄した罪で罰則を与えられた。近隣住民は水の色に気づいて不安を募らせており、その後の調査で、汚水には切削液と油が含まれており、リテンの排水管から放出されたものであることが判明した。このわずか18カ月前には、同社の建物の1つで爆発が起こり、61人の作業員が検査のために病院へ送られていた。アップルにとって、好ましい事態とは言えなかった。

環境保護庁の門をたたく

過酷な戦いに挑む中で、アップルが助けを必要としていると認識したクックは、オバマ政権下で4年間、環境保護庁（EPA）の長官を務めていたリサ・ジャクソンを2013年に同社の経営陣へ引き入れた。ジャクソンの任命は、クックがアップルのこれまでの行いを改めることに真剣に取り組んでいることを示していた。

彼女の採用は、アップルをよりグリーンな企業にするというクックの大きな計画の最初のステップだった。「ジャクソンは、わが社がその影響力を利用して、電力会社や政府に対し、現在アップルとアメリカの両方が必要としているクリーンエネルギーを提供するよう働きかける手助けをします。彼女のサポートがあれば、アップルはハイテク業界で最も環境に配慮した企業になるでしょう」。2013年5月、D11テクノロジー・カンファレンスで彼女の採用を発表したとき、クックはこう語っていた。

2018年3月にアップル・パークで行ったインタビューで、ジャクソンはクックの新たなミッションについて熱く語った。「ティムが環境問題に強い関心を抱いていることは明白です。彼は環境に大きな価値を見出しています。」

クックはアウトドアをとても愛しており、ほとんどの休日をカリフォルニアのヨセミテ国立公園でのハイキングやサイクリングに当てている。「自然は彼の一部なんです」とジャクソンは語った。彼女もまた、環境を保全する決心を固めていた。「自然は何よりも重要なものですが、一度破壊すればもとに戻すことはできません。自然は私たちに、きれいな水や空気はもちろん、心の平穏のような非常に多くのものを与えてくれます。そのすべては、私たちが幸福に生きるために欠かせないものなのです」。

ジャクソンは、50代半ばの愛想の良い社交的なアフリカ系アメリカ人女性で、クックとは同年代で、彼の故郷とそれほど遠くないニューオーリンズで育っていた。彼女は大学を卒業してから数年後、スタッフレベルのエンジニアとしてEPAに入り、すぐに昇進を重ねていった。2008年、彼女はオバマ政権からEPAの長官に任命され、初のアフリカ系アメリカ人の長官として、約1万7000人の職員を監督することになった。彼女は働き者で皆をまとめるのがうまいという評判を得ていたが、業界との密接な関係を非難され、一連の政治騒動の後、2012年に辞任した。そしてその後1年もしないうちに、アップルへ入社することになる。

2013年3月、彼女がアップルへ入社した初日から、クックは彼女に多くを学んでいた。彼は彼女に対し、「アップルは何を間違えているのか、また逆に正しくできていることは何か、我々には何ができるのか。我々にこれからのビジョンを説明し、そこに達するための手助けをしてほしい」と尋ねた。彼は当初から大いにやる気だった。ジャクソンを引き入れることが最初のステップだったが、クックはすぐに問題に取り組みたがっていた。前任者とは違い、彼は企業の環境に対する取り組みにおいて積極的な役割を果たすことを決心していた。

クックが挑戦したがっていたミッションは、「世界を我々が発見したときよりも良い場所にして後に残す」ことだと、ジャクソンに語っていた。この発言はアップルの環境に対する報告書や、プロモーションビデオ、心を打つポスターなどに繰り返し使用されている。世界で最も強力な企業の1つとして、アップルはその膨大なリソースを使い、本当の変化を起こすことができた。「クックの大きなビジョンは、『アップルは大企業だ……どうすればわが社を、善行を促進する力として利用することができるのか。我々のような規模と領域を持つ企業が、目の前にある大きな問題に確実に取り組むようにするにはどうすればいいのか』というものでした」とジャクソンは語った。彼は最終的に、気候変動への取り組みと、製品によりグリーンな原料を使用すること、そして地球の資源を保護する手助けをするという3つに焦点を合わせることにした。

グリーンピースのゲイリー・クックは、再生可能なエネルギーと原料のみを使用するという公約を掲げたティム・クックのリーダーシップを賞賛した。「ティム・クックは、それが重要であると考えているのです」と彼は語った。「彼は気候変動への取り組みの必要性と、その取り組みに対するアップルの責任について、非常に積極的に発言してきました。私は彼が物事を前進させ、元EPA長官のリサ・ジャクソンを雇ったことは、これがアップルにとって最優先事項であり、長期的に対処する必要があると考えていたことを示唆していると思います」。

グリーンピースの承認を得たことは、アップルの環境ポリシーをより良い方向に変えるというクックの計画の最初の大きなステップとなった。しかし彼がそこで立ち止まることはなかった。

善行を促進する力

よりグリーンな企業になるためのアップルの努力は、37年の歴史で最も大きなものとなっていた。環境問題はクックの計画の最優先事項であり、もはや活動家たちをなだめるための後知恵ではないことは明らかだった。「アップルは、製品を超えて、世界中で善行を促進する力となりました。労働条件や環境の改善、人権の擁護、エイズ撲滅の支援、教育の改革など、アップルは社会に大きく貢献しています」。2013年10月、アナリストや投資家に対する収支報告の中で、クックはこう語っている。

ティム・クックの新たなミッションによって、アップルは急速にグリーンピースのランキングで順位を上げ始め、製品ごとの排気量を年々削減し、世界中の製造施設やオフィス、小売店に電力を供給するため、石炭ではなく再生可能エネルギーにますます頼るようになっている。2014年、同社はグリーンピースの報告書で、世界で最もクリーンなデータセンター事業者の1つに選ばれた。アップルは長い道のりを歩んできた――そしてティム・クックは会社を変革し、世界をより良い場所にしていた。そして彼は、アップルを他社が追随するような確固たる環境保護の主導者にしたいと願っていた。

2014年9月にニューヨークで開催された気候週間で、クックはロバート・F・ケネディの言葉を引用し、「さざ波を送り出す池の中の小石の1つ」になる必要があると語った。また彼は、「アップルは、経済を理由に環境を犠牲にすることを許さない」と、国連気候変動枠組条約事務局長のクリスティアーナ・フィゲレスに語った。「ハードルを高く設定し、革新を起こしたなら、その両方を手に入れる方法が見つかります。両方とも手に入れなくてはならないのです。環境に配慮しないことによる長期的な影響は大きいのです」。

2014年までに、アップルは製品からPVCを完全に取り除くことに成功した――適切な代替物質を見つけるのに6年以上が費やされていた。リサ・ジャクソンは、世界中に「内側の銅を手に入れるためにコードを燃やす人々がいる」ことを知っていたため、アップルが電源コードからPVCを取り除くことは重要だったと語った。「健康面から考えて、非常に危険な行為です。そして製造工程においてもそれほど良いこととは言えません。そして我々は、他社も同様の措置を講じることを期待していましたが、そうはなりませんでした。だから正しいことをする必要があるのです。ティムはいつもこう言っています。正しいことをする理由は、それが正しいからなのです」。これはクック主導のアップルの環境ポリシーを要約したものだった。彼が行ったこれらの変革は、うわべだけのものではない――正しいことをしたいと心から望んだ結果だった。

クックは太陽光発電に力を注ぐ

クックが環境に対するアップルの責任を果たしたもう1つの方法は、再生可能エネルギーの開発に進んで取り組むことだった。

2015年2月、アップルは、カリフォルニア州に8億5000万ドル（約930億円）かけて太陽光発電所を建設するために、ソーラーパネル製造業者大手のファースト・ソーラーと提携したことを発表した。モントレー郡に位置し、2016年の完成時にはアップルの4番目のソーラーファームになるこの施設は、6万近くの世帯に電力を供給するのに十分なエネルギーを生産する予定だった。アップルとファースト・ソーラーは、25年間の電力購入契約を締結し、これは業界最大の商業用電力契約となり、アップルは130メガワットの電力を手に入れることになった。

「アップルは、大企業が100％クリーンで、再生可能なエネルギーが自分たちの業務にどれほど貢献できるのかを示すことによって、気候変動に対する企業の取り組みを先導しています」。ファースト・ソーラーの最高商務責任者であるジョー・キシュキルは、契約締結を正式に発表した声明でこのように述べた。「アップルの公約が、このプロジェクトを可能にし、カリフォルニアの太陽光発電の供給量を大幅に増やすことになるでしょう。カリフォルニア・フラッツ（2018年7月にはまだ建設中だった）で生み出される再生可能エネルギーは、環境への影響を大幅に低減させるだけでなく、代替エネルギー源よりもコストを削減することになるのです」。

ソーラー契約の締結後、クックは気候変動が真の脅威であることに同意し、「話し合いの時間は過ぎ去りました。今は行動するときです」と強調した。グリーンピースも、この契約を受けて発表した声明の中で、次のように述べている。「アップルには、天然資源の消費量を減らすためにやるべき仕事がまだ残されている。しかし他のフォーチュン500のCEOたちは、ティム・クックのやり方に学ぶことができるだろう」。

2015年10月、アップルは、地元のサプライヤーをより持続可能なものにするための取り組みの一環として、中国で200メガワット――26万5000世帯に電力を供給するのに十分な量――の太陽光発電プロジェクトに着手する計画を発表した。このプロジェクトにより、アップルの二酸化炭素排出量の70％を占めていた「サプライチェーンで使われるエネルギーを相殺する」ことが可能となった。クックは、「気候変動は、我々の時代の大きな課題の1つであり、今が行動を起こすときなのです。新しいグリーン経済への移行には、革新と大志、目的が必要です。他の多くのサプライヤーやパートナー、そして企業が、この重要な取り組みに参加してくれることを願っています」と語った。

アップル最大の製造パートナーの1つであるフォックスコンは、すでにこの取り組みを支持しており、2018年までに中国の河南省に400メガワットの太陽光発電所を建設する計画を立てていた。同社は、鄭州の工場がiPhoneの最終生産時に通常消費するのと同じくらい多くのクリーンエネルギーを生成することを約束した。これはアップルとフォックスコンが、労働条件だけでなく工場の環境への影響に関して長年抱えてきたすべての問題を考慮していることを示し、非常に大きな意義を持つものだった。

アップルのCEOとして5年目を迎えたクックは、『ワシントン・ポスト』紙のインタビューで、「アップルが、社会的責任を果たすことに力を入れた」ことを非常に誇りに思っていると語った。また自らのリーダーシップのもとで、このような取り組みによってアップルが進化したことを強調した。「我々は何十年もの間、環境への努力を続けてきましたが、それについて語ることはなく、しっかりとした目標を設定してきませんでした」と彼は説明した。「我々は、環境に対する取り組みに対しても、製品に対して掲げているのと同じように、すべてが完成した後で公表するという哲学を用いていました。しかしそれを撤回し、再度検討し、『途中経過であっても積極的に見せていかなければ、他社に同じことをさせることはできない』と決意したのです」。

その後、2016年12月には、サプライチェーン全体の電力を再生可能エネルギーに移行するというクックの計画の一環として、中国の再生可能エネルギー企業で、世界最大の風力タービンメーカーでもあるゴールドウィンド・サイエンス・アンド・テクノロジーとの間に、もう1つの重要なサスティナビリティ契約を締結した。

ジャクソンによると、アップルはこのとき初めて風力発電事業に参入し、これは今までで最大のクリーンエネルギープロジェクトだったという。合意の一環として、アップルは河南省、山東省、山西省、雲南省の各省で風力発電プロジェクトを実施している4社——ゴールドウィンドの子会社であるペキン・タイアンラン・ニュー・エナジーが所有している——の権益の30％を取得し、地元のサプライヤーに285メガワットの風力エネルギーを供給することになった。

しかし2017年7月、ゴールドウィンドがアップルの収益性に不利な影響をおよぼす契約を締結したことで厄介な事態となり、今日ではまだ両社の契約が有効かどうかは不明である。しかし1年後の2018年7月、アップルは中国のサプライチェーンのグリーンエネルギーへの移行を支援するために、サプライヤー10社とともに3億ドル（約320億円）の基金を設立した。この中国クリーンエネルギー基金は、1ギガワットを超えるグリーンエネルギー（100万世帯に電力を供給するのに十分な量）の開発に投資し、それをサプライパートナーに供給することになっている。

100%再生可能

アップルがこれまで行ってきた再生可能エネルギーに対する取り組みは実を結んだ。2018年4月の地球の日（アース・デイ）に、アップルは世界中の自社施設——世界中のすべてのデータセンターと小売店、巨大なアップル・パークのキャンパスを含むオフィス——の電力が、100%再生可能なエネルギーでまかなわれていることを発表した。

ジャクソンは、アップルがカーボン・オフセットのようなトリックを用いていないことを指摘するのに忙しくしていた。同社は、現在の供給量を独占していないことを保証するために、巨大なソーラーファームや多くの建物の屋根にあるソーラーパネルなど、再生可能エネルギーの新たな供給源に投資していた。「クリーンな電力を購入する場合、そのすべてを独占することはしたくないというのが私たちの主張です」と彼女は語った。「アップルもしくはそのサプライヤーが、すべての電力を購入してしまったら、後からやってきた企業はクリーンな電力を手に入れることができません。そのため、新たに十分な量のクリーンエネルギーを追加していく必要があるのです」。

しかし、アップルの自社施設が排出する二酸化炭素は、同社の総合的な排出量（2017年には約2750万トン）のほんの一部にすぎない。排出量の最大77％はサプライチェーンから出たものであり、アップルはこの数値を削減することも重視している。

ジャクソンによると、同社は2020年までに、サプライチェーンと連携して4000メガワットの新たなクリーンエネルギーを追加するという非常に挑戦的な目標を掲げているという。この電力は現在のサプライチェーンの約3分の1をカバーすることになるが、残りの3分の2は依然としてダーティな電力に頼ることになる。ジャクソンは、サプライチェーンの3分の1が再生可能エネルギーで稼働するようになるまでには約4年がかかり、残りの3分の2も、同様のタイムスパンで今から約8年後には再生可能エネルギーで稼働することを期待していると語った。「我々はこれからもこの取り組みを続けていくつもりです」。

彼らは良いスタートを切った。これまでのところ、14のサプライヤーが、アップルの事業のために電力を100％再生可能なものにすることを約束している。

アップルは、サプライチェーンにおけるサスティナビリティへの取り組みを開始したことで、他に類を見ない企業である。グリーンピースのゲイリー・クックは次のように語った。「彼らは100％

再生可能にするという公約を、彼らのサプライヤーにまで拡大した唯一の企業です。このことは企業の責任や、気候への責任に対する業界の認識を変え始めています」。今はまだ始まったばかりだが、それが他の企業にも波及することを期待していると彼は語った。

ヒューレット・パッカードやイケアなどの企業は、自社のサプライチェーンに対する取り組みをすでに始めている。「数年かかるかもしれないが、サムスンのような企業が二酸化炭素排出量を削減せず、再生可能エネルギーへの移行を行わなければ、企業のサプライヤーに対する責任がますます大きくなり、環境へのパフォーマンスに対する要求も厳しくなっている現代では、競争上の不利益に直面する可能性があります」。

ゲイリー・クックによると、その収益の大部分を冷蔵庫やテレビではなく、チップやスクリーンなどの部品をアップルのような他の企業に販売することで獲得しているサムスンが、世界で展開する事業のうち、再生可能エネルギーでまかなっているのはたった1％だという。

私が彼の話を聞いてから数カ月後の2018年7月、サムスンは2020年までに米国、ヨーロッパ、そして中国でのすべての事業に使用される電力を、再生可能エネルギーに移行することを発表した。ゲイリー・クックは、アップル、フェイスブック、そしてグーグルは、業務をグリーン化するための努力を怠っているアマゾンや中国の大手オンライン企業――バイドゥ、アリババ、テンセント――よりもはるかに良くやっていると付け加えた。

「アマゾンは健闘しています」と彼は語った。「彼らは多くの再生可能エネルギーを配備しているのですが、まだ十分とは言えません」。アマゾンの急成長は、同社の再生可能エネルギーの供給量を上回っている。アップルはティム・クックのもとで、持続可能なサプライチェーンの構築を主導するリーダーとなり、今も成長し続けている。そして今後はさらに多くの企業が、その後を追うようになるだろう。

クローズドループのサプライチェーン

2017年4月、アップルは、クローズドループのサプライチェーン――iPhoneや他の機器の製造をリサイクルされた原料のみで行うこと――を計画したことで、グリーンピースからさらなる賞賛を浴びることになった。

クックの意図は、サプライチェーンを本質から変えることにあった。2017年のアップルの環境責任報告書には、その目標は「いつの日か、天然資源の採掘を完全にやめること」だと書かれていた。「クレイジーだと思うでしょうが、我々は実際に取り組んでいます。いつか、あなたの古い製品を含む、リサイクルされた原料だけで新しい製品を作ることができるようにしたいのです。これは我々に多くを教えているリサイクル技術の新たな使い道であり、このような考え方が我々の業界の他の人々を刺激することを願っています」。

2016年3月、アップルはこれまでで最も成功をおさめたスマートフォンであるiPhone

6を分解するLiam《リアム》というロボットを発表することで、クローズドループのサプライチェーンの実現に向けた大きな一歩を踏み出した。これによりすべてのパーツがリサイクル可能となったのだ。現在、2機のLiamロボット――1機はアメリカ、もう1機はオランダにある――が稼働しており、それぞれ11秒ごとに、年間120万台のスマートフォンを完全に分解している。

「従来のe-waste（電子機器廃棄物）リサイクルは、今日の電子機器に使用されている原料のほんの一握りしか回収することができません」。iPhoneリサイクルロボットについて、アップルはこう説明している。「この問題に対処するため、Liamはその作業工程を8つに分けることで、目標とする原料を回収することを可能にしました。その結果、エンドプロセッサは以前よりもより多様で大量の原料を回収することができるようになったのです」。

アップルはまだ研究開発プロジェクトと見なされているLiamについて、「クローズドループのサプライチェーンを確立するための重要な一歩であり、リサイクル産業の革新を推進するための手段でもある」と述べている。2018年4月、「地球の日」の数日前に、アップルは1種類ではなく9種類のiPhoneを分解し、リサイクル可能な原料をより効率的に回収するため、従来のリサイクル方法では不可能だった部品の分類が可能になったLiamの新しいバージョンを発表した。オランダのブレダにあるそのロボットはDaisy《デイジー》と名づけられ、1時間に200台のiPhoneを処理している。

現在、アップルはMac Mini用のエンクロージャーに、iPhoneから回収した錫《すず》とアルミニウムを使用する実験を行っている。iPhoneからリサイクルされたアルミニウムを使用する利点は、品質が非常に良いことであり、多くの場合、原材料の供給元から調達できる品質にむらがあるものよりも優れている。現在、アルミニウムのリサイクル率はごくわずかで、約4％である。しかしジャクソンは、アップルのリサイクルに対する取り組みはより加速すると予想していた。彼女は2018年に「製品から原料を回収して、それを再び使用することに特化した」ハイテク業界初の原料回収ラボを開くことを明らかにした。

またアップルは、炭素を排出しないアルミニウムの製錬方法を発見するという画期的な発表を行った。2018年5月、同社はアルコアとリオ・ティント・アルミニウムと提携して、直接的な温室効果ガスの排出を排除するアルミニウムの製錬方法を考案したことを明らかにした。アップルはそれを「世界で最も広く使用されている原料の1つの製造における革命的な進歩」と呼び、この方法で、カナダだけで二酸化炭素の排出量を年間65億トン削減することが可能となった。

アルコア・コーポレーションの創設者であるチャールズ・ホールが1886年に発明したプロセスによって、アルミニウムは130年以上にわたり同じ方法で製造されてきた。この方法には、酸素を除去するため、酸化アルミニウムにその自然発生状態に強い電流を流すプロセスが含まれている。電極として機能する炭素材が、最下部にある精錬所で燃焼することで二酸化炭素が排出され、これは現在、産業界から排出される温室効果ガス排出量の21％を占めている。

2015年、アップルの3人のエンジニアが、アルミニウムを大量生産するためのよりクリーンな方法を模索し始めた。彼らは、アルコアが二酸化炭素の代わりに酸素を放出する高度な伝導性原料を炭素材の代替とする全く新しいプロセスを設計したことを発見した。しかしアルコアは、この事業を前進させるためのパートナーを必要としていた。そのためアップルの事業開発チームは、製錬技術に関する幅広い専門知識を持つリオ・ティントを引き入れた。

カナダ政府やアルミニウム製錬会社と協力し、アップルはこの特許取得済みのアルミニウム製造プロセスのために1億4400万ドル（約150億円）を投資した。アルコアとリオ・ティントは、すぐにＥｌｙｓｉｓと名づけた共同事業に着手し、2024年までに大規模生産と商品化のための新たなプロセスを開発することを約束している。「我々はこの野心的な新しいプロジェクトの一員であることを誇りに思っています。そして温室効果ガスを直接排出することなく生産されたアルミニウムを、我々の製品の製造に使用できることを楽しみにしています」。クックは声明の中でこう語っている。

アップルはここでも、我々の世界に良い影響を与える持続可能な新しいテクノロジーの開発におけるリーダーとなった。2017年の時点で、同社の世界中にあるすべての最終的な組み立て工場が、埋め立て処分量ゼロに貢献していると認定されており、アップルと提携しているサプライヤーは、エネルギー効率を改善することで、2017年だけで年間32万トン以上の温室効果ガス排出量の削減を達成した。

持続可能な森林

再生可能エネルギーとリサイクルにおいてアップルは多くの進歩を遂げていたが、グリーンピースは、包装のサスティナビリティや排出量の報告など、いくつかの分野でまだ改善の余地があると述べた。アップルの持続可能な紙と包装の調達に関する2016年4月のグリーンピースの報告書で、ゲイリー・クックは同社に対し、アメリカで物議をかもしている持続可能な森林イニシアティブ（SFI）を含んだ森林認証承認プログラム（PEFC）の弱い森林管理基準に従っていることを非難した。ただしグリーンピースによると、PEFCとSFIの設定する基準は「グリーンウォッシング（企業や組織が訴求効果を狙い、あたかも環境に配慮しているように見せかけること）」であり、物議をかもす伐採や森林破壊に貢献し、先住民や森林に依存するコミュニティーの権利を踏みにじる説得力のない基準だという。

この報告書を受けたアップルは、自社の製品包装の100%を持続可能な資源から調達することを約束し、2018年現在、すでに99%提携し、より厳格な森林管理協議会認証基準に従うことを決断した。アメリカでは、メイン州とノースカロライナ州にある3万6000エーカー（約145平方キロメートル）の持続可能な「事業用森林」の管理をコンサベーション・ファンドと共同で支援しており、中国では、世界野生生物基金と共同で、3つの大規模な紙の「プランテーション」（7万エーカー、約283平方キロメートル以上）を所有している。

ジャクソンによると、約2年間で、これらの森林が持続可能な方法で管理された同社のニーズを満たすのに十分な木材を生産するようになったという（木材が紙の原料となる）。同社はまた、梱包により多くの再生紙を使用することで、非再生紙の使用量を削減し、より小さく軽量な梱包をするよう取り組んでいる。ジャクソンによると、アップルは、製品の包装に発泡スチロールのようなプラスチックを使用することを段階的に廃止し、代わりに再生可能な紙を使用することを考えているという。

しかし残念ながら、それほど簡単にできることではない。アップルは、iＭａｃのような大きくてかさばる製品の包装を、発泡スチロールから変えることに苦労している。「我々は紙による解決策を思いつきましたが、それに満足することができませんでした。アップルが提供するすべてのものに対する顧客体験や品質、喜びと期待を犠牲にしたくはないのです。我々は持続可能な他の解決策を見つけます」。彼女の自信から考えると、アップルのデザイナーが何か実用的なことを思いつくのは時間の問題なのかもしれない。

ひたむきなCEO

クックの献身的なアプローチのおかげで、アップルは環境問題への対応を先取りしている。「他の企業のCEOが、この問題にこれほど関わることはありません」と、グリーンピースのゲイリー・クックは語っている。「アップルは、彼らのブランドを、他社が採らない方法で環境に結びつけました」。サスティナビリティはアップルの文化の大部分を占めるようになり、ティム・クックが他の企業や一般の人々にもそのことを知ってほしいと考えているのは明らかだった。

　彼は他の企業だけでなく、アップルの顧客に対しても公的な手本になろうとしており、同社の典型的な秘密主義とは異なる戦略を取っている。リサ・ジャクソンは、「ラボと製品については秘密を貫いていますが、環境に対する取り組みに関しては、ティムはその秘密を知ってほしいと心から願っているのです」と語った。クックは、この透明性により、人々が自身の生活の中で、環境に配慮した決定を下すことになると信じている。

　アップルの社員たちも、同様に彼らの企業がこれまでに達成したことを誇りに思っている。ジャクソンによると、クックは製品だけでなく環境への取り組みを取り巻く競争的な雰囲気を歓迎しているという。「彼は、単に好ましいと感じる場所に留まることを許しません。我々は正しいことをしなければならないのです。そして彼は、我々が問題を黙認することを許しません。持続可能な解決策を導き出す必要があるのです」。クックの決意は、アップルが世界で最もグリーンなハイテク企業の仲間入りをするという大きな成果につながっていた。

第 9 章

クックは法と闘い、勝利する

プライバシーの保護は、クックがＣＥＯに就任して以来、アップルがその公約において高い優先順位をつけてきた価値観の１つである。２０１３年に初めて言及されたプライバシー問題から、彼はユーザーのプライバシーの問題を非常に深刻に受け止めてきた。

ユーザーのプライバシーを保護することは、「私生活を内密にし、匿名である」ことを好むクックにとって、常に重要な焦点となっている。彼のもとで、アップルはユーザー自ら端末のプライバシーをコントロールできる機能を大幅に強化した。彼の任期中にリリースされたほとんどのソフトウエアのアップデートは、プライバシー保護を強化し、最も機密性の高いデータが広告主を含む外部の手にわたって悪用されないように設定することが簡単にできるようになった。プライバシー管理の拡大は、２０１２年にｉＯＳ ６で始まり、このｉＰｈｏｎｅとｉＰａｄの最初のアップデートは、ほぼ完全にクックのリーダーシップのもとで開発されていた。

ｉＯＳ ６では、設定アプリ内に専用のプライバシーメニューが導入され、ユーザーは自分のアプリがアクセスできるコンテンツとデータを、とても簡単に制御できるようになった。メニューは当初６つのセクションに分かれており、それぞれのセクションはオン・オフのスイッチで切り替えることができたため、各アプリの権限を管理するのがこれまでになく容易になった。セクションの１つである「位置情報サービス」では、移動体通信ネットワークサーチ、Ｇｅｎｉｕｓアプリやｉ Ａｄを含む特定のシステムサービスが、ユーザーの位置をトラッキングするのを拒否することができた。またｉＯＳ ６は、ユーザーが初めて広告業者によるトラッキングを制限することが可能になり、開発者はユーザーの興味や閲覧履歴に基づいて、ターゲットを絞った広告を配信することが困難になった。これにより、iPhoneとiPadは、プライバシーの保護を提供した最初のモバイル端末の1つとなり、以来アップルは他のプラットフォームにもこの機能を付与し続けてきた。

2013年6月、アップルが毎年開催している世界開発者会議で発表されたiOS 7でも、プライバシーとセキュリティの向上が重要な役割を果たした。このアップデートで最も話題となったのは、2012年10月にスコット・フォーストールが解任された後、ソフトウエアの設計を監督していたジョニー・アイブによる物議をかもすほど劇的なデザイン変更だった。プライバシーとセキュリティの向上はその脇に追いやられていたが、デザインと同じくらい重要なものだった。

アップルは、iPhone 5Sとともにデビューした新しい指紋認証システムであるTouch IDのサポートを追加した。このシステムは当時、セキュリティ面での大きな一歩として賞賛されていた。端末のセキュリティ対策が容易になったことで、ロック解除のために毎回パスコードを入力する必要がなくなり、より多くのユーザーが自分のiPhoneにロックをかけるようになったのだ。

iOS 7には、所有者のiCloudパスワードがなくても、紛失または盗難にあったデバイスの初期化と再アクティベートを防ぐことができるアクティベーションロック機能も搭載されていた。このロック機能により、iPhoneとiPadは、窃盗犯にとってそれほど魅力的なものではなくなった。正当な持ち主の手を離れた瞬間、ただの美しい金属の塊と化してしまうことに気がついたのだ。2014年に公開された警察のデータによると、サンフランシスコでのiPhoneの盗難件数は、2013年9月にアクティベーションロックが使用可能になってから38％減少し、ロンドンでは

24%、ニューヨークでは19%減少していた。

2013年11月、アップルは透明性に関する報告書を初めて発行し、ユーザーデータの提出を求める政府機関からの要請について詳述した。「お客様には、自らの個人情報がどのように扱われているかを把握する権利があると我々は考えています。そして我々には、利用可能な最善のプライバシー保護を提供する責任があると考えています」。報告書にはこのように書かれていた。「アップルは、世界中のお客様に透明性を示すため、個々のユーザーもしくはデバイスに関する情報を求める政府の要請について説明するこの報告書を作成しました」。

透明性に関する報告書では、顧客のアカウントおよび特定のデバイスに対する要請の統計が明らかにされた。アップルは最初の報告書で、受け取った要請についてより透明性の高い報告を公表し続けることを約束し、その後は6カ月ごとに新たな報告書を発行し続けている。「お客様のプライバシーは、すべての製品およびサービスの設計の初期段階から考慮されています」とアップルは続けた。「我々は、世界で最も安全なハードウエアおよびソフトウエアを提供するために全力を注いでいます」。

アップルはまた、同社の事業はフェイスブックやグーグルのようなシリコンバレーの他の大企業とは違い、「個人データの収集には依存していない」と述べている。「我々はお客様の個人情報を収集することに関心がありません」。

2014年9月、クックはアップルの顧客にあてた公開書簡で、ユーザーデータから収益を上げている企業をさらに批判した。「我々のビジネスモデルは、素晴らしい製品を販売するだけの明快なものです。広告主に販売するために、メールの内容もしくはウェブの閲覧記録に基づく統計データを作成することはありませんし、iPhoneやiCloudに保存されている情報を「お金に変える」こともありません。そしてあなたの情報を販売するために、メールやメッセージを閲覧することもありません」。

当時アップルは、独自の広告事業であるiAdを運営していたが、これらの広告をよりその人に合ったものにするために、機密データを引き出すことはしなかった。iAdは「他のすべてのアップル製品に適用されるのと同じプライバシーポリシーに準拠している」ことをクックは保証した。「HealthkitやHomekit、Apple Maps、Siri、iMessage、通話履歴、連絡先やメールなどのiCloudサービスから、iAdがデータを取得することはなく、またいつでも完全に停止することが可能です」。

2014年9月には、セキュリティとプライバシー保護をさらに強化したiOS 8がリリースされ、法執行機関からの令状があっても、iOSデバイスのロックを解除しないことを約束する新たなプライバシーポリシーが追加された。この約束を実現するために、アップルはiOS 8のデバイスのデータを暗号化する方法を巧みに変えた。それはiOSのパスコードと、そのデバイスに固有の秘匿化された一連の番号を組み合わせることによって暗号化キーを生成するもので、機密扱いの軍事情報を保護するために米国政府によって採用されているものと同様のシステムだった。これにより、他人――アップルも含む――がパスコードなしでデータを解読するのを防げるようになり、たとえ政府の要請で判事に強制されたとしても、デバイスのロックを解除したり、保護されたバックアップを開いたりすることはできなくなった。

2015年9月にリリースされたiOS 9では、この暗号化によってユーザーが自分のデバイスにインストールしたものすべてを保護することが可能となり、さらにこのiOSはデフォルトのブラウザであるSafariの広告やCookie、およびデータ収集ツールをより強力に制御できるコンテンツブロック機能に対応していた。この3カ月前、クックはその「企業のリーダーシップ」が認められ、電子プライバシー情報センター（EPIC）から表彰された最初のビジネスリーダーとなった。EPICチャンピオンズ・オブ・フリーダム・アワード・ディナーでのスピーチの間、クックはアップルが「基本的権利」だと認識しているプライバシーの保護に対する公約について繰り返し言及した。

「あなたがたの多くと同じように、我々はお客様が安全のためにプライバシーを犠牲にする必要があるとは考えていません」。クックはこう語り始めた。「その両方を等しく提供することが我々には可能であり、またそうしなければならないのです。我々は、人々がプライバシーに対する基本的権利を持っていると信じています。アメリカの国民や憲法および道徳もそれを要求しているのです」。

さらにクックは、顧客データに基づいたアプローチを採用しているフェイスブックやグーグルを、社名を出すことなく再度批判した。「シリコンバレーで大きな成功をおさめている有名企業の中には、お客様に自らの個人情報は守られていると錯覚させることで、ビジネスを成り立たせているところがあります」と彼は語った。「彼らは、あなたから得られるすべてを手に入れ、それをお金に変えようとしていますが、我々は、それは間違いだと考えています。アップルが望む企業の在り方ではありません」。

クックは出席者とファンたちに向かって、アップルは「あなたのデータをほしがっていない」ことを再認識させた。「あなたがたは、無料だと思って使っているサービスに対して、実は大きな代償を払わされているのです」。財務データや健康情報を含む個人の機密データのすべてがスマートフォンに保存されている現代では、顧客データの保護に対するアップルの献身的な取り組みは、さらに重要性を増していると彼は説明した。「我々は、お客様が自らの情報を管理すべきだと考えています。あなたがたはいわゆる無料とされているサービスを好むかもしれませんが、メールの内容や検索履歴、そして家族写真のデータまでも広告のためという理由で収集され売却されるという代償を払ってまで、利用する価値があるとは思えません。そしてあなたがたはいつの日か、その本当の目的を知ることになるのです」。

彼はまた、自社の暗号化を擁護し、政府機関がiOSデバイスに侵入することを可能にする「バックドア」を提供しない理由を説明するのに時間を割いた。「ワシントンの望み通り、我々の製品から暗号化ツールを完全に削除した場合、犠牲になるのは法を遵守し、我々にデータの保護を任せている善良な市民たちです」と、彼は強調した。「我々は法的機関に深い敬意を払っていますが、この問題に関してはは賛同できません。はっきりと言わせてもらいますが――暗号化を弱めたり、それを取り除いたりすることは、正当な理由で暗号化を利用している人々を被害者にすること以外の何物でもないのです。そして最終的には、それが合衆国憲法修正第1条で保障された権利（表現や宗教の自由を指す）を委縮させることにつながり、この国の建国の精神を傷つけることになると私は考えています」。そしてクックは、次のように警鐘を鳴らした。「警官のためにマットの下に鍵を隠せば、強盗もそれを見つけることができます。犯罪者たちは、他人のアカウントに侵入するためならどんなテクノロジーツールも自在に使いこなします。どこかに鍵が隠されていることを彼らが知ったなら、それを見つけるまで止まることはないでしょう」。

2015年12月、チャーリー・ローズによるインタビューで、クックは政府が特定の情報を要求する令状を発行した場合、アップルはユーザーのプライバシーに関する厳しい姿勢を貫いているにもかかわらず、「法律で義務付けられているから」という理由でそれに対応する必要があることを認めた。しかし、ソフトウエアやデバイスに保護機能が組み込まれたおかげで、アップルが引き渡すことができるものはほとんどなくなった。「情報が暗号化されている場合、我々にはどうすることもできないのです」と彼は説明した。そして、アップルは法律に従ってデータを提供することもあるが、できるかぎり顧客データの安全性を確保することに専心しているということを、ユーザーに理解してもらうことを望んでいた。

プライバシーの問題

しかし、アップルのユーザーを長らく不安にさせていたプライバシーに関するスキャンダルがいくつか存在した。機密保護に関するアップルのスタンスが最初に世間を騒がせたのは、2013年12月のことだった。ある機密文書が漏洩《ろうえい》したことで、米国国家安全保障局（NSA）が「DROPOUT JEEP」というソフトウエア埋め込み型のプログラムを使って、iPhoneが送受信するほぼすべての通信を傍受していることが明らかになったのだ。世間はこれに激怒し、アップルはNSAと協力して政府によるスパイ活動を支援し、iOSへの「バックドア（正規の手続きを踏まずに内部に入ることができる侵入口）」アクセスを許可したとして非難された。

しかし同社はそれに対して、次のように明確な声明を発表した。「我々は、iPhoneを含むわが社の製品のいずれかに、NSAと協力してバックドアを作成したことはありません。加えて、我々はわが社の製品を標的とする当該プログラムの存在を知りませんでした」。声明にはこのように説明されていた。「このプログラムは、デバイスに保存されたファイルの出し入れや、ショート・メッセージ・サービス（SMS）の検索、連絡先リストの検索、ボイスメール、位置情報、ホットマイク（第三者が通話を盗聴することができる状態のこと）、カメラのキャプチャー、携帯電話基地局の位置情報などを把握する機能を持っています」。NSAはアップルのデバイスにおける100％の成功率を主張したが、アップルは「悪意あるハッカーに先んじて、セキュリティに対する攻撃――その背後にどんな組織がいるかにかかわらず――から顧客を守るために、自社のリソースを使い続ける」ことを約束した。

　２０１３年10月に発行されたカークスラボ（ＱｕａｒｋｓＬａｂ）のセキュリティ研究者による初期の調査報告書によれば、アップル自身がそれを望む場合、もしくは政府の命令によりアクセスを要求された場合、ｉＭｅｓｓａｇｅ上の会話にアクセスできる手段を持っているということだった。

　しかしアップルは、これに対してすぐさま声明を発表し、「ｉＭｅｓｓａｇｅは、我々が会話内容を読めるようには設計されていない」と反論した。さらに、今回の調査報告は「理論上の脆弱性《ぜいじゃく》があり、もしわが社が本当にｉＭｅｓｓａｇｅシステムを悪用しようとしたならば、システムを再設計する必要があり、我々にはそれを実行する計画も意図もない」と主張した。そしてその後、アップルは顧客の個人データに対する政府の要請について概説した次のような報告書を発表した。

「当社のお客様には、自分の個人情報がどのように扱われるかを理解する権利があると、我々は考えています。そして、お客様が利用できる最善のプライバシー保護機能を提供することが、我々に課せられた責任だと考えています。アップルは、世界中のお客様に向けて透明性を確保するため、わが社のデバイスを利用する個々のユーザーの情報を求める政府の要請を公にする意図で、この報告書を準備していました。すでに我々は、合法的に共有が認められているすべての情報を公開しています。そして引き続き、受け取った要請についての透明性を高める努力をしていきます。」

しかしプライバシーに関する問題はこれで終わらなかった。2015年10月、カリフォルニア州ラグーナビーチで開催された『ウォール・ストリート・ジャーナル』紙のテクノロジー・カンファレンスで、クックは、ソフトウエアのバックドアに対する人々の疑念に言及し、「バックドアは全く必要のないものです」と語った。

NSAや他の政府当局がiOSにバックドアからのアクセスが可能になると、ハッカーたちもそれを利用できるようになる可能性がある。バックドアが悪意ある者によって発見され、悪用されれば、何億ものiOSユーザーが危険にさらされるという重大なリスクがある。

何しろアップルのソフトウエアの脆弱性を特定する能力は、かつて盛んに活動していた改造コミュニティに、iOSデバイスに許可されていないアプリをインストールすることを可能にさせた過去があった。「誰かがデータにアクセスできるようにすれば、多くの人に悪用される危険が生じるのです」とクックは付け加えた。「強力な暗号化は、この国の最大の利益となるのです」。

アップルは業界内で行動を開始していたが、2014年9月、100人を超える有名人のプライベートな写真や動画がオンラインに流出し、クックとアップルはiCloudのセキュリティを真剣に考慮していないと非難された。「セレブゲート事件」と名づけられたこの流出騒動は、ジェニファー・ローレンスやリアーナ、カーラ・デルヴィーニュのような知名度の高いスターたちが被害者となっていたが、iCloudシステムは侵入を受けていないとアップルは主張した。その声明には、「我々が調査を行った事例は、iCloudを含むわが社のシステムに対する侵入が原因ではありませんでした」と書かれていた。「我々は、犯行におよんだ人物を特定するために、引き続き法執行機関と協力して調査を進めています」。アップルは、これらのアカウントは「ユーザー名やパスワード、セキュリティ上の質問に対する答えを得ることに的を絞った攻撃」を受けて侵入されたと述べた。

チャーリー・ローズによるインタビューで、クックは「iCloudはハッキングされていない」ことを繰り返し語った。「これについては誤解があります。iCloudに対するハッキングとは、誰かがクラウドに侵入して、個人のアカウントに保存されている情報を漁りまわることを意味していますが、そのようなことは起きていないのです」。代わりに、その攻撃を行った人物は、彼が「フィッシング遠征」と呼んでいるものを使用したという。

ペンシルベニア州ランカスターのライアン・コリンズは、iCloudサーバーに侵入するのではなく、アップル公式から送信されたものを装ったフィッシングメールを対象ユーザーに送信し、彼らのログイン情報を引き出していたのだ。その後、彼は対象のアカウントにログインし、iPhoneとiPadのバックアップにアクセスして、そのデバイスに入っている情報を保存することができた。このようにして入手された何百もの画像と動画は共有され、オンラインの画像掲示板である4Chanに掲載され、瞬く間にウェブ上で拡散された。「このような悪意のある人物がたくさんいるのです」とクックはローズに語った。

アップルは当初、これをiCloudの問題であるとは考えていなかったが、メディアとファンたちの反発を受け、クックはこの事件を防ぐためにできることがあったと認め、同様の失敗を防ぐための変更を加えることを約束した。「この悲惨な事件を離れた場所から見つめ、我々には何ができたのかを問うとき、私の頭に浮かぶのは自覚という言葉です」と彼は『ウォール・ストリート・ジャーナル』紙に語った。「我々にはもっと自覚する責任があると考えています。エンジニアリングの問題ではないのです。お客様を守るために我々にできることはすべてやりたいと思っています。我々もお客様ほどではないかもしれませんが、同じように憤りを感じているのです」。

クックは、誰かがアカウントのパスワードを変更したり、iCloudのデータを新しいデバイスに保存したり、新しいデバイスで初めてiCloudアカウントにログインするときは、必ずメールとプッシュ通知でそれを知らせることを約束した。「それが起きたらすぐに顧客に知らせることが必要だと考えたのです」。チャーリー・ローズとのインタビューで彼はこう語った。「もちろん、そんなことが起こらないことが1番ですが、もし起きてしまったなら、おそらく即座に知りたいだろうと考えたのです」。

漏洩が起こる前にも、アップルはiCloudのアカウントのパスワードが変更されたときに、ユーザーにメールを送信していたが、データが保存されたときにそれが通知されることはなかった。同社は漏洩が発覚してからわずか1週間後には通知システムの運用を開始し、以来ずっとうまく働いている。

クックは何年もの間、プライバシーに関するこれらの問題の多くを舞台裏から解決してきた。しかし、2016年にカリフォルニア州サンバーナーディーノで、テロリストによる狙撃事件が起こると、アップルのプライバシー保護に対する姿勢は、全国的に大きな波紋を呼び起こすことになった。この対立は、クックのキャリアにおける最大の試練となり、会社の将来を大きな危険にさらすことになったのである。以下で、詳しく見ていこう。

サンバーナーディーノ

2016年、ティム・クックは法と闘い、これに勝利した——。

2016年2月16日（火）の午後遅く、クックと何人かの側近たちは、インフィニット・ループ1番地の旧本社内のエグゼクティブフロアにある「ジュニアボードルーム」に集まった。アップルは、2015年12月にサンバーナーディーノで14人の死者を出した狙撃事件の容疑者であるサイード・ファルークが使用していたiPhoneのロックをFBIが解除するため、特別なソフトウエアの製造を命じる米国判事からの書簡を受け取ったばかりだった。

そのiPhoneは、4桁のパスコードでロックされており、FBIはそれを解読することができなかった。彼らは正しいパスワードが見つかるまで、無制限の組み合わせを電子的に受け入れることが可能な特別なiOSを作成するよう求めていた。この新たなiOSはiPhoneにサイドロード（正規の審査を通らないままインストールすること）され、データはそのまま残る可能性があった。

しかしアップルはこれを拒否した。クックと彼のチームは、新たにロックが解除されたiOSを作ることが、非常に大きな危険を生むことになると確信していた。ソフトウエアが悪用され、漏洩され、盗まれる可能性があり、いったん野に放たれれば、取り戻すことは不可能であり、何億ものアップルユーザーの安全が脅かされる可能性をはらんでいた。

会議室では、クックと彼のチームが令状の一行一行を検討していた。彼らはアップルの法的立場がどのようなものになるのかを判断し、どれぐらいの期間それに対応しなければならないのかを把握する必要があった。この会議はストレスの多い、一か八かの賭けだった。クックやアップルの最高顧問弁護士であるブルース・シーウェル、そして他の幹部たちが、この事件について数週間前から法執行機関と積極的に話し合っていたにもかかわらず、同社が令状の発行される可能性を前もって警告されることはなかった。

その令状は、「刑事事件での支援を要請する単純なものではなかった」とシーウェルは説明した。「政府によるこの42ページにおよぶ訴えは、サンバーナーディーノで起きた悲惨な事件と類似する多くの事例から始まりました。そしてその後には、非常に合理的な要請だと政府が考えることに対し、アップルがノーと言った過去のすべての事例に対して、いささか偏った説明がされていました。これは我々が法律上、スピーキング・コンプレイントと呼ぶもので、一般大衆がアップルを非難するように仕向けるためのものでした」。

クックのチームは、判事の命令は広報活動の一貫――よく使用される方法で、ここではアップルにFBIの要求に従うよう圧力をかけるもの――であり、会社にとって重大な問題になる可能性があるという結論を下した。アップルは「有名で、信じられないほど強大な力を持つ消費者ブランドですが、我々はFBIに反対の立場を取り、事実上『このテロの脅威に対処するために、あなたがたが探しているものを与えるつもりはありません』と言おうとしていたんです」とシーウェルは語った。

彼らはすぐに対応しなければならないことを理解していた。その令状は翌日のニュースで大々的に取り上げられ、アップルは対応を迫られた。「ティムは、それが非常に大きな決断であることを理解していました」とシーウェルは語った。それは「社運がかかった」と言えるほど大きな決定だった。クックと彼のチームは、一晩中――16時間寝ずに――対応に当たった。クックはすでに自らの立場――アップルは拒否するという立場――を理解していたが、すべてのアングルから理解することを望んでいた。アップルの法的な立場や義務はどのようなものか？　これは正しい対応と言えるのか？　人々にはどう語るべきか？　どのように文章にすべきか？　どのような論調が適切なのか……？

クックは大衆の反応を非常に心配しており、彼の行動の結果が、アップルがテロリストをかばっているという非難につながる可能性があることを理解していた。テロの捜査でFBIを支援しないのはどのような企業か？　広報の観点からは、アップルは常にプライバシーや市民的自由を擁護する人々の側にいた。しかし、この事件は予想外に同社をテロリストの側に立たせることになってしまった。これは今まで足を踏み入れたことのない領域であり、クックはそこでうまく舵を取る方法を考え出す必要があった。彼は、アップルがテロを支持しているのではなく、ユーザーのプライバシー保護を主張していることを世界に示さなければならなかった。

午前4時30分、東海岸での朝のニュースにちょうど間に合うように、クックはアップルの顧客に対し、「お客様の安全を脅かすことになる」決定に反対する理由を説明した公開書簡を発表した。彼は政府があまりにも多くの力を持つことの危険性について、次のように言及した。「政府の要求は恐ろしいことを暗示しています」と。「政府が18世紀に作られた全令状法（All Writs Act）を用いて、iＰｈｏｎｅのロックをより簡単に解除することが可能になるということは、あなたがたの誰もが、デバイスからデータを抜き出される可能性を得るということなのです」。

これまでアップルは、ＦＢＩと協力して携帯電話のロックを解除し、データを提供し、エンジニアが彼らを手助けできるようにしていたとクックは説明した。「しかし今、米国政府は我々が持っていない、そして作成するにはあまりにも危険なもの……すなわちiＰｈｏｎｅへのバックドアを我々に要求しているのです」。

彼は続けた。「悪意のある者の手に、このソフトウエア（まだ存在していないけれど）が渡ってしまえば、誰かが所有するiＰｈｏｎｅのロックが解除されてしまう可能性があるのです」。これは悲惨な結果をもたらすことになり、ユーザーのプライバシーが侵害されるのを防ぐことができなくなる。「ＦＢＩはこのツールを説明するために別の言葉を使っているかもしれませんが、次のことを理解していただきたいのです。セキュリティをすり抜けるiＯＳを構築することは、バックドアを作成することに他なりません。政府は今回の事件でのみ使用すると主張するかもしれませんが、彼らを確実にコントロールする方法はないのです」。

クックはその後、政府に対し「我々に自身のユーザーをハッキングさせ、高度な技術を持ったハッカーやサイバー犯罪者からお客様を守ってきた何十年ものセキュリティの進歩を無に帰そうとしている」と非難した。もし彼らの言う通りにすれば、その要求はさらに大きくなり、メッセージの傍受や健康記録、財務データへのアクセス、そしてユーザーの居場所を特定するための監視ソフトウエアの構築をアップルに要求する可能性があった。

クックはここで線引きをしておく必要があった。FBIの意図は善意によるものだと信じていたが、アップルのユーザーを守るのは彼の責任だった。「米国の企業が、自社のお客様をより大きな攻撃の危険にさらすことを余儀なくされた前例はありません」と彼は記した。政府からの命令に抵抗することは困難であり、反発に直面するとわかっていたが、彼には自分の態度を明確にする必要があった。

長期にわたる論争

判事の命令は、暗号化にまつわるアップルとFBIの長期にわたる論争に脚光を浴びせることとなった。2014年後半、暗号化されたオペレーティングシステムであるiOS 8が登場して以来、両者は1年以上にわたって対立していたのだ。

iOS 8には、これまでのスマートフォンよりもはるかに強力な暗号化機能が搭載されており、通話記録やメッセージ、写真、連絡先など、ユーザーのすべてのデータをパスコードで暗号化していた。その暗号化は非常に強力で、アップルでさえそれを破ることはできなかった。初期のデバイスのセキュリティははるかに脆弱で、侵入するにはさまざまな方法があったが、iOS 8を搭載しているデバイスの場合、たとえ法執行機関が正当な令状を持っていたとしても、アップルがロックされたデバイスにアクセスすることは不可能だった。「競合他社とは異なり、アップルはあなたのパスコードを迂回できず、したがってデータにアクセスすることはできません」。同社のウエブサイトにはこう書かれていた。「そのため、iOS 8を搭載しているデバイスから、データを抜き出すという政府の要請に応じることは、技術的に不可能なのです」。

このアップデートは、捜査官を何度も悩ませてきた。サンバーナーディーノ事件に関するクックの書簡が公開された2日後に行われたニューヨークのプレスイベントで、FBIは彼らがさまざまな事件を追う中で、175台のiPhoneから締め出されたことがあると述べた。1年以上にわたり、最高レベルの法執行機関がアップルに対して解決策を求めていた。「FBIがサンバーナーディーノ事件に関する令状の発行を裁判所に申請したとき、多くの人は、それが何かの始まりだと認識していたと思います」とシーウェルは語った。「実際にはここにいたるまでに、FBIのジェームズ・コミーによる決定に先立って、すでに多くの活動が行われていたのです」。

シーウェルは、彼とクック、そしてアップルの法務部の他のメンバーが、FBIと司法省、および司法長官と、ワシントンとクパチーノの両方で定期的に会っていたと説明した。クックとシーウェル、ならびに他のメンバーは、ジェームズ・コミーだけでなく、司法長官のエリック・ホルダーならびにロレッタ・リンチ、FBI長官のボブ・モラー（コミーの前任者）、および副司法長官のサリー・イェーツとも会談していた。

2014年末、クックとシーウェルがエリック・ホルダーとジム・コール、ならびに副司法長官と会談したとき、ＦＢＩエージェントは「多くの携帯電話にアクセスすることに関心を抱いている」と語った。これはサンバーナーディーノの襲撃が起こる以前のことで、アップルはそのときから、ＦＢＩがユーザーの携帯電話に侵入するためのアクセスを許可するつもりはないことを明らかにしていた。クックとシーウェルは、ホルダーとコールに対し、「すべての市民の保護を一番に考えている企業に対して、このような要求をすることは適切だとは思えません」と語り、リンチとイェーツとも同様の会話をしていた。

シーウェルはこの議論中に、一部の法執行官は、より広範な社会問題に納得していないことは明らかであると述べた。アップルの立場に頭では同情している者もいたが、法の執行者として、彼らは事件を追及するためにアクセスが必要であると主張した。しかし、クックはセキュリティとプライバシーはすべての土台であるという立場を崩さなかったとシーウェルは語った。セキュリティを迂回するのは非常に危険だとクックは断言していた。一度バックドアが作成されてしまえば、容易に漏洩され、盗まれ、悪用される可能性があった。

しかし、サンバーナーディーノ事件が起きたとき、法執行機関はそれをアップルに強制する好機と見なした。「ＦＢＩは、アップルにとって最悪な事態になったと考えたんです」とシーウェルは語った。「我々は今、悲劇的な状況にある。加害者はすでに死んでいて、携帯電話だけが残されている。今こそアップルに強制するときだ。このように考えて、ＦＢＩは『アップルにバックドアを作成するよう求める令状』を裁判所に申請することを決めたのです」。

抗議の嵐

クックと彼のチームの予測通りに、この裁判所命令はメディアに旋風を巻き起こした。1週間にわたってニュース番組はこの話題で持ちきりになり、2カ月の間ずっとトップニュースとして報道された。アップルの対応は、法執行機関や政治家、および批評家の批判の的となり、カリフォルニア州の民主党上院議員で、米国上院情報特別委員会委員長だったダイアン・ファインスタインは、アップルに「私の州でのテロ攻撃」の捜査を手助けするよう要請し、法律を持ち出して脅しをかけた。

マンハッタンで開かれた記者会見で、ニューヨーク市警本部長のウィリアム・ブラットンもアップルの方針を批判した。彼は、2人の警察官が別々に銃撃された捜査に関連する携帯電話をかざし、「裁判所命令が出たにもかかわらず、我々はこのiPhoneにアクセスすることができません」と集まった報道陣に語った。「私の仲間2人が撃たれたのです。しかしこの携帯電話のデータにアクセスできなければ、捜査を進展させることはできません」。

数日後、当時大統領候補者だったドナルド・トランプは、サウスカロライナ州ポーレイズ島でのキャンペーン集会で、アップルに対するボイコットを呼びかけた。彼は、「ティム・クックは、おそらく自分がどれほどリベラルであるかを示すために、大きな役割を演じようとしている」と言い、クックに政治的動機があると非難した。トランプはその場にいる保守的な聴衆からの人気を得るため、クックをリベラルの悪者のように見せようとし、アップルがテロリストをかばっているように見せる恐ろしい戦術を使った。そして追い打ちをかけるようにアップルを攻撃するツイートをし、同社が情報をＦＢＩに渡すまで、ボイコットをすることを再度呼びかけた。

非常に多くの政治家や役人がアップルに反対したのと同様に、アメリカ国民もまた反対していた。ピュー研究所の調査によると、51％の人々はアップルがＦＢＩを助けるためにｉＰｈｏｎｅのロックを解除すべきだと答え、クックの立場を支持しているのは38％にすぎなかった。

しかし、数日後に行われたロイター／イプソスによる別の世論調査の結論は異なるものとなった。その調査では、46％がアップルの姿勢に賛成し、35％が反対、20％がわからないと回答していた。この違いは、質問の言い回しが原因だった。

ピュー研究所による調査で使用された質問は、アップルの立場に関する情報が少なく、ＦＢＩ寄りであるように感じられた。ソーシャルメディアで使用されている絵文字の分析でも、同様の複雑な結論が出ていた。コンビンス＆コンバート（Convince & Convert）というマーケティング会社は、人々のつぶやきに使われている絵文字が、ポジティブなものかネガティブなものか（笑顔、しかめっ面、拍手、サムズアップ、サムズダウン）を分析することで、アップルを支持する人とＦＢＩを支持する人が、かなりの精度で見分けられることを発見した。このアプローチは科学的とは言えなかったが、一般大衆が分裂していることは明らかだった。このような経験は前例のないもので、多くの人はどう考えるべきかわからなかったのである。

そして結局のところ、アップルにとって悪いことばかりではなかった。クックのスタンスも、世論に何らかの影響を与えているように見えた。トランプのつぶやきに対する何百もの返答には、アップルの行動を擁護するものが多かった。彼のつぶやきは、以前から反対意見を引き出す傾向があったが、ここではほとんどの返答がアップルを擁護するものだった。ある返答者は、「アップル製品をボイコットするのは馬鹿げている。1つの携帯電話に侵入することが、我々全員のプライバシーを危険にさらすことにつながる。政府は信用できない！」とツイートしていた。

何人かの著名人もクックとアップルに賛同する声を上げ、その中にはフェイスブックCEOのマーク・ザッカーバーグや、グーグルCEOのサンダー・ピチャイ、ツイッターCEOのジャック・ドーシー、そして米国国家安全保障局を内部告発したエドワード・スノーデンが含まれていた。『ニューヨーク・タイムズ』紙の編集委員会もアップルを擁護する側に加わった。「アップルがFBIの支援を求める命令に反対することの正当性」というタイトルの社説には、「法執行機関の仕事を容易にすることを目的としたそのような法律は、個々の市民や企業、および政府自体を今よりはるかに安全性の低いものにする可能性が非常に高い」と書かれていた。クックと彼のチームは明らかにこれに同意し、戦いを続けるために本腰を入れた。

作戦指令室

次の2カ月間で、インフィニット・ループ1番地のエグゼクティブフロアは、24時間体制の危機管理室に変わり、スタッフらは記者たちの質問に対して返答していた。あるPR担当者は、1日に複数回、最大700人の記者に対して、更新された情報をメールで一斉に送信していると語った。これは、不定期のプレスリリースと、レポーターの電話やメールを日常的に無視することが特徴となっていた通常のアップルのPR戦略とは、全く対照的なものだった。

クックはまた、会社が攻撃を受けているときに士気を高く保つため、部隊をまとめなければならないと感じていた。アップルの社員たちに向けた「あなたがたの支援に感謝します」というタイトルのメールの中で、彼は次のように記した。「この事件は、1台の携帯電話や1件の捜査以上の意味を持っています。法律を遵守する何億もの人々の個人情報を危険にさらし、すべての市民の自由を脅かす恐ろしい前例が作られようとしているのです」。そしてこれはうまく作用した。アップルの社員たちは、自分たちだけでなく、一般の人々のためにも、自分たちのリーダーは正しい決断を下したと信じていた。

クックは、このメディアでの大論争を通して、アップルがどのように認識されるかを非常に気にかけていた。彼は、この機会を利用して、個人の安全やプライバシー、暗号化について一般の人々に教えることを強く望んでいた。「多くの記者が、アップルの新バージョン、新たな一面を見たと思います」と、あるPR担当者は語った。「そして、このやり方はティムが決めたことでした。これまでの我々のやり方とは全く異なっています。記者たちに最新の情報を与えるため、1日3回メールを送ることもありました」。

アップルの壁の外で、クックは魅力攻勢（自身の魅力を利用して、支持者を引きつける広報活動）

に出た。プライバシーに関する書簡を公表してから8日後、彼はゴールデンタイムに放送されるABCニュースのインタビューを受けることになり、インフィニット・ループ1番地の自身のオフィスに座って、誠意をこめてアップルの立場を説明した。

それは「彼がアップルのCEOになって以来、最も重要なインタビュー」だったと『ワシントン・ポスト』紙は報じた。「クックは質問に答えるにあたり、自らのありのままの信念をいつもより一層強調していた。そして鋭く志の高い語り口で、政府の要求を『がんと同じくらい危険なソフトウエア』と呼び、『基本的な』市民の自由について語った。彼は戦いを最高裁判所に持ち込む準備は整っていると述べた」。同紙にはこのように書かれていた。アップルのリーダーは、本当に困難な状況に陥ったときでさえ、自分の信念を曲げないことは明らかだった。

インタビューはうまくいき、アップル本社の作戦指令室のスタッフたちは、それが重要なターニングポイントになったと感じていた。彼らは、クックがアップルの見解を説明しただけでなく、ユーザーが自らのプライバシーを安心して預けることができる倫理的で思いやりのあるリーダーであることを、世界に示す素晴らしい仕事をしたと考えた。

「彼は、多くのお金を稼ぐことしか頭にないような、強欲な企業幹部ではありません」とシーウェルは語った。「彼は信頼に値する人物です。自分がやると言ったことを実際にやり、悪事や有害な意図を持つことに加担せず、公正であるよう心がける人物です。企業の良き執事になろうとし、自らの信念に基づいて物を言い、事をなす人物なのです」。

アップルの社員たちは、何年も前からティム・クックのこのような側面を知っていたが、世間の人々が彼のその一面に触れるのは初めてのことだった。そしてこれはアップルにとっての勝利を意味した。当初は多くの国民がiPhoneの情報をFBIに渡すのを拒むというアップルの決定に反対していたが、このインタビューによって、彼らの意見を変えることができる可能性が生まれたのだ。

2月末、ニューヨークの裁判所が、未成年の麻薬の売人が所持していた携帯電話のロックを解除するようアップルに命じるFBIの要求を拒絶したとき、同社はさらなる勝利を勝ち取った。判事のジェームズ・オレンスタインは、企業に自社製品のロックを解除することを命じるために、全令状法を適用することはできないというアップルの主張に同意した。「政府の主張は、この法律が制定された1789年当時の議会の意図と、今日許されるかどうかという2つの観点で問題があります」と彼は述べた。

この判決は、サンバーナーディーノのケースと直接結びつくものではなかったが、報道機関がアップルを擁護する1つのきっかけ――同社が非常に必要としていたもの――を与えてくれたとシーウェルは語った。「我々にとって、非常に重要なことでした。おかげで我々は、それまでわが社の決定に反対していた報道機関や世間の人々と、再び向き合うことができたのです。そして彼らに対し、『アップルは儲けを優先しているわけでも、テロリストを擁護しているわけでもありません。これは信念に基づいた主張であり、ニューヨークの判事も我々に同意してくれました』と言うことができたのです」。クックとシーウェルは、オレンスタイン判事が自分たちの味方についた今、他の人たちもすぐにその後を追うだろうと確信していた。

アメリカにプライバシーは存在しない

争いが激化するにつれて、プライバシー擁護団体からの支持は高まりを見せたが、アップルの決定に対する世論は依然として大きく分断されていた。2016年3月に実施された1200人のアメリカ人を対象とするNBCの調査では、回答者の47％が同社はFBIと協力するべきではないと回答していたが、42％はそうすべきだと回答していた。そして回答者の44％は、アップルが要請に応じれば、政府はさらに要求を重ね、ゆくゆくは市民のプライバシーを侵害するようになるのではないかと恐れていた。

国連特別報告者のデイビッド・ケイは、暗号化は「デジタル時代における意見と表現の自由の行使の根幹をなすもの」だと主張し、国連はアップルを支持すると表明した。またケイは、FBIの命令は「情報が保護されたコミュニケーション方法に頼っている数えきれないほど多くの人々の安全性と、表現の自由に関連している」と語った。

しかしFBIはアップルに対して攻撃的なPRを続け、当時のジェームズ・コミー長官は、3月にボストンカレッジで開催されたサイバーセキュリティを主題にしたカンファレンスで、「司法の手がおよばない場所はありません。アメリカには絶対的なプライバシーは存在しないのです」と出席者たちに語った。

アップルにとって最悪のポイントは、サンフランシスコで開催されたセキュリティに焦点を当てたRSAカンファレンスの基調演説で、ロレッタ・リンチ司法長官が同社を批判したときだった。彼女はアップルが法律と裁判所命令に違反していると非難し、そのコメントは広く報道され、夕方のニュースで特集された。「彼女の主張は真実と全く異なっていました」とシーウェルは語った。「司法長官が公共のテレビに出て、「アップルは裁判所命令に違反しており、したがってその行動は違法なものだ」と言うのを見て怒りを感じました。多くのメディアは、司法長官はアップルが裁判所の命令を無視していると主張したと報じましたが、実際にはそのような裁判所命令など存在していなかったのです」。

裁判所の令状は、この事件についてアップルの支援を要請するものであり、そこに法的な拘束力はなかった。しかしこの違いに言及する批評家はほとんどいなかった。アップルは何の法律も破っておらず、政府から強い圧力を受けていたにもかかわらず、ユーザーのプライバシーのために戦うことを決心していた。

訴えを取り下げる

判事がアップルに対する申し立てを申請した3月28日から6週間後、シーウェルと法務チームは、その判事の前で自社の弁護を行うためサンバーナーディーノへ飛んだ。クックは翌日の証言のために旅立つ準備をしていた。

しかしその晩、ＦＢＩは退却し、アップルに対する訴えを無期限に延期するよう裁判所に求めた。彼らは、当該の携帯電話に保存されていたデータへのアクセスに成功したと述べたが、その方法については説明しなかった。しかし後日、携帯電話専門の犯罪捜査事業を行うイスラエルのセレブライト社の助けを借りて、ＦＢＩがファルークのｉＰｈｏｎｅにアクセスしたことが明らかになった。５月の上院司法審問会で、上院議員のダイアン・ファインスタインは、この提携のためにＦＢＩは90万ドル（約９８００万円）を支払ったことを明らかにした。当局の担当者たちは、この携帯電話のデータから、新たな情報を得ることができず、ファルークがイスラム国または他の支持者と接触していた証拠はつかめなかったことを認めた。シーウェルは、ＦＢＩはアップルとの闘いに終止符を打たざるを得なかったと説明した。なぜなら彼らの主張は、同社の助けなしにはｉＰｈｏｎｅにアクセスできないということを根拠としていたからである。

プライバシー擁護団体は、この事件の終結とアップルの明らかな勝利を祝福した。「ＦＢＩの信用度は、過去最低となりました」。オンラインにおけるプライバシー保護を推進する活動家グループのファイト・フォー・ザ・フューチャー（未来のために戦う）でキャンペーンディレクターを務めるエヴァン・グリアはこう語った。「彼らは、我々全員の安全性を脅かすことになる危険な前例を作るため、裁判所と国民に嘘をつき続けました。幸いなことに、インターネットユーザーたちは、バックドアの危険性について一般の人々に教えるために迅速かつ強力に結集し、我々は一丸となって政府の退却を実現させたのです」。

しかし、クックは事件が裁判にいたらなかったことに個人的には失望していた。アップルは「勝利」し、バックドアを作成することを強制されることはなかったが、実際には何も解決していなかった。「ティムは、我々が解答を得られなかったことに少しがっかりしていました」とシーウェルは語った。彼は「自らの理論を法廷で証明することこそ公平であり、我々にとっても妥当であると強く感じていました。最後に残された状況は、我々にとって悪いものではありませんでしたが、彼は裁判へ進んで、そこで我々の正当性を証明したいと考えていたのです」。この問題は、今日まで未解決のままである。またいつ復活してもおかしくなく、トランプ政権下ではそうなる可能性は高いだろう。この戦いは、プライバシーと安全をめぐる戦争における小さな戦闘の1つであり、テクノロジーが進化するにつれ、このような戦いは将来再び起こる可能性がある。

クックはプライバシーを強化する

アップルは2018年4月にiOS 11・3を発表し、プライバシー保護にさらなる強化を加えた。このアップデートには、ユーザーの個人データがアップルのサービスによって収集されていることを明確に示す新たなアイコンが追加された。「このアイコンはすべての機能で表示されるわけではありません。アップルが個人情報を収集するのは、機能を有効にする必要があるときや、サービスを保護するとき、またはユーザー体験をパーソナライズする必要があるときだけです」。iOS 11・3にアップデートしたユーザーへの通知には、このように説明されていた。「アップルはプライバシーを基本的人権だと考えているため、すべてのアップル製品はデータの収集と使用を最小限に抑え、可能な限りデバイス上で処理し、お客様の情報に対する透明性と管理を提供するよう設計されています」。

iOS 11・3のリリースは、フェイスブックのプライバシーをめぐる論争が高まりを見せたのと同時期に行われた。イギリスの選挙コンサルティング会社であるケンブリッジ・アナリティカが、トランプの大統領選挙キャンペーン中に、有権者たちの意見に影響を与える戦略的なコミュニケーションを生み出すため、フェイスブックのユーザーデータを収集していたことが明らかにされたのだ。フェイスブックは、最大8700万人のユーザーが、ケンブリッジ・アナリティカの「不適切な」データ収集の影響を受けていることを確認し、サードパーティの開発者を監視するために有効な対策を講じなかったことを謝罪した。このスキャンダルが原因となり、ユーザーデータの取り扱いに関して明らかに相反する考えを持っているクックとマーク・ザッカーバーグの間で小さな争いが起きた。

クックは、北京で3月下旬に開催された中国開発フォーラムに出席した際、「この状況は非常に深刻で、大事になっているため、何らかの綿密に作られた規制が必要になるだろう」と述べた。「個人の長年にわたる閲覧履歴や交流関係、またその相手の交流関係、好きなもの、嫌いなもの、そして人生のあらゆる出来事の詳細を把握することができる能力など、私の考えでは存在してはならないものなのです」。

レコード（テクノロジーに関するニュースを専門に扱うウエブサイト）のカーラ・スウィッシャーが、もしクックが議会からこの問題についての回答を迫られるマーク・ザッカーバーグの立場ならどうするかを尋ねると、彼は「そもそも私なら、そんな状況に陥ることはありません」と一刀両断した。そしてこれまでのところ、本当にその通りになっている。アップルのユーザーは、プライバシーを強く尊重する人物がそのトップに立っているため、フェイスブックと同じ方法で自分のデータが使用されていないことに確信を持つことができるのだ。

第10章

多様性に賭ける

アップルのCEOになって3年が経った頃、クックは同社のリーダーとしての地位を確立していた。公の場で以前よりもリラックスした態度を見せ、ぶっつけ本番でインタビューに臨んだり、冗談を言うこともあったり、どこへ行ってもファンとの写真撮影に応じ、喜んでポーズをとっていた。同僚のグレッグ・ジョズウィアックは、皆が彼というスターに憧れを抱いており、有名なスポーツ選手や映画俳優でさえ、クックと一緒に写真を撮りたがっていると語った。「そういうセレブたちの中でも、ティムは1番人気があるように見えました。でも彼が他の有名人と同じようにふるまうことはありませんでした」とジョスヴィアックは語った。「そんなことを考えたこともないでしょう。彼がセレブらしいふるまいをすることは決してありません。ただ、ティムはティムらしくふるまうだけなのです」。

そのような世間の喧騒から離れたところで、クックの唱える6つの価値観がアップルの文化に変化を生じさせていた。同社は、多様性や平等、教育、そしてアクセシビリティの促進にかつてないほど力を注いでいた。2014年はCEOとしてのクックにとって重大な年となり、非常に特別な理由から歴史に刻まれることとなった。

10月30日、クックはブルームバーグに「ティム・クックは語る」というタイトルの感動的なエッセイを掲載し、そこで初めて自分が同性愛者であることを世間に向けてはっきりと表明した。彼のセクシュアリティに関する噂は以前から存在し、クック自身もアップルの「多くの」同僚たちには、ゲイであることを打ち明けていた――しかし世界に対してそれを認めたのは、このときが初めてだった。

「私は、自らのセクシュアリティに関する噂について否定したことは一度もありませんが、公に肯定したこともありませんでした」と彼は記している。「この場を借りてはっきりと言います。私はゲイであることを誇りに感じており、神が私に与えてくれた最大の贈り物だと考えています」。こうしてクックは、フォーチュン500の企業の中で最初にカミングアウトしたCEOとなった。「私は自分自身がゲイであるおかげで、マイノリティであることの意味をより深く理解することができ、他のマイノリティグループに属する人々が日々直面している課題についても考えることができるようになったのです」。

同性愛者であることで、より他者に共感することができるようになり、自分自身であることと、自分自身の道を歩むこと、そして逆境や偏見を乗り越える自信がついたとクックは語った。「そうして私は、アップルのCEOを務めていく上で役に立つ強さを手に入れました」。

また彼は、自分が子どもの頃と比べて世界がいかに変化したかを指摘し、アメリカは平等な結婚制度を目指していること、そして多くの公人が文化を「より寛容なもの」にするために自らカミングアウトをしていることに触れた。彼は「自らを活動家だとは考えていないが」とした上で、次のように語った。「アップルのCEOがゲイであると知ることは、本当の自分を受け入れることに苦しむ人々の支えとなり、孤独を感じるすべての人の慰めとなり、彼らが自分たちの平等を訴えるきっかけをもたらす可能性があるのです。そしてこれは、私自身のプライバシーをさらす価値があることなのです」。

その後、CBSの「ザ・レイト・ショー」に出演したクックは、自分がアメリカのセクシュアル・

マイノリティの若者たちを助けることができると気づいてから、自らのセクシュアリティを公表することを決めたと語った。「子どもたちは学校でいじめられ、その多くは差別され、両親から拒絶されています。私が何とかしなければならないと感じたのです」と彼は語った。「私は自分のプライバシーを非常に重視していましたが、他の人のために何かをすることのほうが、それよりもはるかに重要だと感じたのです。皆さんに私の真実を伝えたいと思いました」。

クックが、第43回サンフランシスコ・プライド・パレードに8000人のアップル社員を伴って参加してから4カ月後に、自らのセクシュアリティを公表するという決断は、アップルファンの間はもちろん、ハイテク業界でも大ニュースとなり、その反応は大部分が肯定的なものだった。ビル・クリントン前大統領は、ツイッターで「同じく南部で生まれ育った熱狂的なスポーツ信者の1人として、あなたに敬意を表します」とコメントした。億万長者の起業家であるリチャード・ブランソンも、同じくツイッターで「アップルCEOのティム・クックが、自らが同性愛者であることと、平等に立ち向かうことをつづった文章に感銘を受けました」とコメントした。

ゴールドマン・サックスの会長兼CEOであるロイド・ブランクファインは、次のように語った。「彼はフォーチュン500のトップに入る企業のCEOであり、その彼が公表したことが重要なのです。これは大きな影響を与えることになるでしょう」。またウォルト・ディズニー・カンパニーのCEOであるボブ・アイガーは、「ティムは自らのプライバシーを犠牲にして、若い世代に対し、自分たちが何者であるかにかかわらず、1人1人が重要な存在なのだということを示したのです」と語った。

『ハフィントン・ポスト』紙は、クックが「スティーブ・ジョブズが決してできなかった方法でアメリカを変えた」と断言した。フォーチュン500に入る企業でカミングアウトしたCEOはこれまでいなかったため、クックの告白に対して世間がネガティブな反応をする可能性があったが、実際には、そのような反応はほとんど見られず、クックのエッセイが衝撃的なものとして取り上げられることはなかった。

アップルの環境・ポリシー・社会イニシアティブを担当しているリサ・ジャクソン副社長は、そのエッセイが発表される前の晩に、クックからメールを受け取っていた。彼はそれが新聞売り場に並ぶ前に、まず彼女に読んでもらうことを望んでいたのだ。「これまでの人生の中で最も深遠な奉仕の精神と勇敢さ、勇気とリーダーシップからくる行為を目撃しているように感じました」。明らかに感動した様子で彼女はそう語った。「それは多くの人にとって大きな意味を持つ行為でした。子どもや若者、ティーンエイジャー、学生、誰も自分のことを気にかけていないと感じていたすべての人々に影響を与えたのです。ティムは戦士であり、彼が自分と同じ側にいてくれることは、とても……素晴らしいことなのです」。

このニュースを祝福する多くのツイッターのつぶやきやフェイスブックのステータス、コラムがある一方、クックのカミングアウトをネタにした軽いノリのジョークはその倍以上あふれていた。ツイッターのとあるユーザーは、「ティム・クックがWindowsを使っていると暴露したほうが面白かったな」とつぶやいた。そして、デイビッド・ウルフによるサムスンを絡めた次のジョークは、多くの人にシェアされた。彼は「サムソンは、自社の次期ＣＥＯはゲイであると発表した」とジョークを飛ばし、さらに「サムスンのＰＲ担当者は、『我々の次期ＣＥＯは、ティム・クックより25％多くゲイである』と語った」と付け加えた。

ウォール街がクックのエッセイに動じることはなく、記事が配信された直後の時間外取引におけるアップルの株価と、市場が正式にオープンした後の株価はほぼ変わらず、その下落率は１％にも満たなかった。「これはつまり、世界で最も価値のある企業のＣＥＯが同性愛者であっても、ウォール街はそれを気にかけていないことが公になったということだ」。米国のＩＴ専門メディアのマーシャブルのセス・フィエガーマンは、このように書いている。

アップルのアナリストであるジーン・マンスターは、「ティムはすでに優れたＣＥＯであることが証明されており、このニュースによってそれが揺らぐことはありません」と語った。またマンスターは、パイパー・ジェフリーのアナリストであるダグ・クリントンと共同で執筆した、ニュース専門放送局ＣＮＢＣの意見記事に、「ウォール街のアナリストが、このように個人的な話題に関心を向けるのは奇妙に思えるかもしれないが、我々はこの発表をアップルの株価より価値のあるものだと認識している。しかし、同性愛者であることを公表するというクックの決断は、株価に影響を与える可能性があり、多くの人は実際にどうなるのかを知りたがっていた。しかしほぼ変化のない株価を通して、投資家たちがティム・クックの有能さは発表前と後で変わることがないと考えているのがわかり、大変嬉しく思う」とつづった。

クックに交際相手がいるかどうかは明らかになっていない。彼がパパラッチにパートナーと一緒にいる写真を撮られたことは一度もなく、私生活についての噂もほとんど聞くことがない。ある噂――彼がシリコンバレーの投資家と交際しているという噂――は、その投資家のインスタグラムのアカウント（現在は非公開となっている）からすぐに事実ではないことが証明された。そこにはその投資家がパートナーと写っている多くの写真があったが、それはティム・クックではなかった。クックはパロアルトで一人暮らしをしており、もし交際相手がいるのなら、それを隠すのは至難の業である。彼がレストランで食事をするのか、パーティーに出かけるのか、休暇に出かけるのか、いちいち詮索する人たちが絶えないからだ。この本を執筆している間、私が彼の私生活に踏み込むことはなかった。クックは自身のプライベートをプライベートなままに保ち、私は喜んでその姿勢を尊重した。

ブルームバーグのエッセイから約1年後、クックは、アメリカを代表するLGBTQ（セクシャル・マイノリティ）の公民権団体であるヒューマン・ライツ・キャンペーン（HRC）が主催する第19回目の夕食会「ナショナルディナー」の場で、ビジビリティ賞（LGBTQの可視化に貢献した人に贈られる賞）を受賞した。HRC代表のチャド・グリフィンは、次のように述べている。「ティム・クックは、傑出したリーダーシップを持つ先見の明ある人物です。勇敢にも自分の口から直接真実を語ろうとした彼の意志は、世界中の数えきれないほどの人々に希望を与えただけでなく、彼らの命を救うことにも貢献しているのです。クック自身と、アップルの平等に対する取り組みを通して、LGBTQの若者たちは、ティム・クックのように素晴らしいキャリアを築くことを邪魔するものは何一つ存在しないのだということを知ることができるのです。彼らは自分の考えが許す限り大きな夢を見ることができ、世界最大級の企業のCEOになりたいと願うことすらできるのです」。HRCは、クックが「アメリカのビジネス界にとどまらない広い世界」に貢献したとし、アップルが他の企業に先駆けて平等を支持する行動に出たこと、そしてLGBTQの完全な平等を達成するためにクック自ら声を上げたことを賞賛した。

「このコミュニティの一員であることを誇りに思います」。クックはHRCのナショナルディナーで、自身を歓迎する聴衆に向けてこう語った。「覚えている人もいるでしょうが、私はとても私的なエッセイを書きました。自ら声を上げる準備ができていない人々の力になりたいと思ったのです。このエッセイは広く世間に公開されましたが、自らが何者であるかを理由に、友人やコミュニティ、または家族によって拒絶されたことのあるすべての人に向けて書いたものでした」。

クックは注目を浴びるために書いたわけではないと語ったが、そうなるだろうとは思っており、本来は私生活を表に出さない人柄であるにもかかわらず、「人には声を上げなければならないときがあるのです。私は人々に、同性愛者であることは足かせにはならないと伝える必要があったのです」と晴れやかな顔で語った。「同性愛者であることは、人生の選択肢をせばめることにはならないと伝える必要がありました。セクシュアリティにかかわらず、ありのままの自分でいられるということを伝えたかったのです」。

受賞スピーチの間に、クックは彼のエッセイに対する過去1年間の反応は圧倒的なものであり、自分の苦難をつづったメッセージや、自分の愛する人を助けるために何ができるのかをつづったメッセージが世界中から届いたことを明らかにした。一部の人々は、クックのおかげで自らの性的指向を初めて打ち明けることができたと語った。「私が最も心を動かされたメッセージは、自分たちの子どもを何よりも愛している親たちから寄せられたもので、彼らは世間に受け入れられずに苦しんでいる我が子を見るのがつらいと語っていました」。そして次のように続けた。「最も希望を感じられたメッセージは、世界がより良い方向に変化するのを見て喜んでいる人々からのものでした」。そして彼は、オレゴン在住のベトナム帰還兵から受け取ったメッセージの1つを聴衆の前で読み上げた。「ティム、私はいつか、あなたがしたような発表を聞いた人々が、それを普通のこととして受け止める日がくることを願っている。ありのままの他者を市民として受け入れることが、自分をより善良な人間にし、我々の生活を向上させ、最善を尽くすことにつながると私は考えている。そしてそれがアメリカのやり方ではないのか？」。

クックはこれに同意したが、同時に彼は、アメリカのすべての市民が法の下の平等を享受するためには、まだ長い道のりがあると認識していた。最高裁判所が同性婚を合法化し、『ふたりは友達？ウィル&グレイス』や『モダン・ファミリー』のようなテレビ番組が、同性愛者のキャラクターを主流にするなどの変化は起きていたが、依然としてアメリカにはやるべきことが数多く残されていた。

クックは、当時まだ31の州で同性愛者やトランスジェンダーの人々を差別から守るための法律がないことや、すべての州で「あなたが何者であり、誰を愛するか」によって解雇されたり、強制退去させられるのを防ぐ法律がないのは不名誉なことだと訴えた。そして同性愛の「治療」のために子どもをセラピーに送る親たちや、彼らをいじめて自殺に追い込む人たちを激しく非難した。

また彼は、不平等に直面しているのはＬＧＢＴＱだけではないと認識していた。「私はこう考えています――誰かを差別することは、全員が前に進むことの妨げとなる、と」。彼がこう言うと、聴衆から拍手と歓声が上がった。「そして我々全員が知っているように、差別とはある日突然消滅したり、自分から弱まっていくものではなく、我々が自ら押し戻し、立ち向かい、乗り越え、防波堤を作らなければならないものなのです。それには決心を固めることと、常に警戒を怠らないことが必要です」。彼は、ＨＲＣのような支持団体や活動家、そしてアップルのようなグローバル企業は皆、平等のための戦いにおいて果たすべき役割を持っているという結論を下した。「我々はともに、太陽に照らされた正義への道を切り開いてゆくのです」。

オバマ政権が史上最多のＬＧＢＴＱを起用したことで、ＨＲＣのナショナルディナーに招待されたジョー・バイデン前副大統領は、その演説の中で、自らのセクシュアリティを公表するというクックの決断を賞賛した。バイデンはクックについて、「彼は世界をひっくり返しました。平等とは道徳上の義務であるだけでなく、我々の経済力と活力に不可欠なものであることを理解しているのです」と説明した。そして、クックは「ＬＧＢＴＱコミュニティに属するたくさんの優秀な若者にとって、非常に大きな励みとなっている」と付け加えた。

アップルのワールドワイド・プロダクト・マーケティング担当副社長であるグレッグ・ジョズウィ

アックは、クックのカミングアウトは、アップルの執事としての彼のターニングポイントとなったと語った。社員たちは、彼が優れたリーダーであることをすでに知っていたが、世界はまだそのことに気づいていなかった。クックのカミングアウトは、彼が自身の信念に基づいて行動するリーダーであることを、世界に対してはっきりと伝える行為だった。「世界は、彼のしていることを尊重するようになったのです」とジョズウィアックは付け加えた。「そして世界がそれを認識した瞬間が、私にとってのターニングポイントとなりました」。

パーソン・オブ・ザ・イヤー

２０１４年における彼とアップルの業績により、クックは『フィナンシャル・タイムズ』紙のパーソン・オブ・ザ・イヤーに選ばれた。「経済的な成功と魅力的な新技術だけでも、アップルの堅実な最高経営責任者が２０１４年のパーソン・オブ・ザ・イヤーに選ばれる理由としては十分だったかもしれないが、クック氏が自らの価値観を勇敢に表明したことも大きな選定理由の1つとなった」。同紙のティム・ブラッドショウとリチャード・ウォーターズはこう説明している。『フィナンシャル・タイムズ』紙は、活動的な投資家たちによる批判や、アップルがジョブズなしでは成功し得ないという考えに固執した人々による批判を冷静に対処したとしてクックを賞賛した。同紙はそこで、多様性やサスティナビリティ、そしてサプライチェーンの透明性に対する貢献を支持したが、とりわけ彼が自らのセクシュアリティを初めて公表したことに重点を置いた。「我々は彼の厳重に守られた私生活を垣間見ることができたが、同時に、アップルのブランドが世界のあまり寛容ではない地域で反発にあうリスクがあった」。同紙はクックの私的なエッセイに言及し、このように記した。「彼が平等の重要さを雄弁につづったのは、アメリカ国内で同性婚の法整備が思うように進まず、アップルを含む我々の文化を形作っているシリコンバレーの企業のトップが、多様性に欠けていることについての論争が起きた後のことだった」。

またクックは、それまで白人男性だけで構成されていたアップルの経営陣に3人の女性を迎え入れ、取締役の選考時に、マイノリティから候補者を見つけることを公約として追加するため、同社の取締役会憲章を変更したことでも評価された。「スティーブの代わりを彼が務めるのは絶対に不可能だと考えていました。そしてある程度まで、それは真実でした」。MITスローン経営学大学院で教授を務めるマイケル・クスマノは、『フィナンシャル・タイムズ』紙にこう語った。「しかし、スティーブの精神は社内にまだ生きており、さらにアップルは以前とは違う協調的な社内文化を築き上げていますこのことに対しても、ティムは評価される必要があるでしょう」。

平等と多様性はビジネスの役に立つ

クックのセクシュアリティは、平等と多様性に対する彼の見解に明らかな影響を与えている。アウトサイダーが、また別のアウトサイダーのために戦うことはしばしば見られる光景だ。クックはより争いのない社内文化を築き、そこでは平等と多様性が以前よりも重視されている。２０１３年11月、彼は『ウォール・ストリート・ジャーナル』紙に、アップルのＣＥＯとして初めての論説を執筆した。「職場における平等は、ビジネスの役に立つ」というタイトルの文章の中で、クックは「人種やジェンダー、国籍、性的指向にかかわらず、すべての社員たちが安全を保障され、歓迎される環境を作る」という自身の公約を繰り返し強調した。

「アップルのＣＥＯとして働き始めるずっと前から、私は根本的な事実に気づいていました」。その論説はこのように始まった。「人々は、自らの存在が完全に認められ、保護されていると感じるとき、より多くを捧げようという気持ちになるのです」。そして、彼は上院議員らに対し、目に見える、もしくは本人の認識による性的指向または性自認に基づく雇用差別を禁止する雇用差別禁止法を支持するよう求めた。「ゲイやレズビアンのアメリカ人の職場での権利について、法が沈黙を守っている限り、我々国民は、彼らに対する差別を事実上容認していることになるのです。議会は、雇用差別禁止法を承認することによって、そのような不寛容を打倒する機会をつかむべきです」。彼はこのように結論付けた。その後この法案は超党派の支持を得て、２０１３年11月下旬、賛成64票、反対32票で可決され、上院を通過した。

多様性による革新

職場における多様性――クックの核となる価値観の１つ――は、彼の革新戦略の一部を占めていた。

多様な人々から成る職場は、それ自体が良いだけでなく、製品開発プロセスにさまざまな声や体験をもたらし、アップルを革新する手助けになると彼は考えている。実際に、彼はこのことをより強い言葉で表現しており、2015年には、多様性は「わが社の未来を担うもの」だと語っている。クックは、アップルは「より良い企業」であり、多様な経験や知識、そしてものの見方を製品に取り入れることで、より優れた製品を生み出していると語った。「わが社の製品が非常に優れている理由の1つは、エンジニアやコンピューター・サイエンティストだけでなく、アーティストやミュージシャンといった多様な人々がその開発に携わっていることです。教養と人文学がテクノロジーと交差することで、魔法のような製品を生み出すことができるのです」。

クックは母校であるオーバーン大学の学生新聞『オーバーン・プレインズマン』紙のインタビューで、アップルのような世界規模の企業には、世界中からやってきた同僚たちと仕事をし、世界中の顧客にサービスを提供できる人材が必要だと説明した。「今日の世界は、私がこの学校を卒業したときよりも、はるかに強く結びついています」と彼は言った。「そのため、世界中の文化を深く理解する必要があります。私はまさにそのことを理解しただけでなく、素晴らしいことだと考えるようになりました。皆が同じだからではなく、違っているからこそ世界は面白いのです」。

クックは経営陣を多様化させることに価値を置いており、「素晴らしいことを成し遂げられる」才能あるチームが、1人1人の個性によって彼を支え、アップルに大きな成功をもたらしていることをチャーリー・ローズに説明した。彼はジョニー・アイブやクレイグ・フェデリギ、ジェフ・ウィリアムズ、ダン・リッキオ、そして新たに任命された小売責任者のアンジェラ・アーレンツの名前を挙げ、「彼らと働くことは、私にとって一生ものの特権です」と語った。そして彼は、それぞれ異なる才能を持ったこれらの幹部たちと彼自身が互いに補完し合っていることに注目し、「私は多様性の重要性を心から信じています」とローズに語った。

「ここで言う多様性とは、思考における多様性や、目に見える多様性、そのすべてを意味しています。私を取り巻く人々は、私とは全く異なっており、私にはないスキルを持っているのです」。彼はこのように続けた。「すべての人が、それぞれの分野の専門家です。そして我々は、一丸となって物事を成し遂げるために、縦ではなく横に広がったチームとして一緒に働いています」。彼はアップルの幹部たちが言い争ったり、長い間議論したり、いつも合意にいたるわけではないことを認めた。「しかし、我々は互いを尊重し、信頼し、補完し合っています。だからこそ、すべてがうまくいくのです」。

とはいえ彼の経営陣は、思考においては多様性があるかもしれないが、人種やジェンダーという目に見える多様性には欠けている。クックの「多様性の重要性」についての話は、アップルのリーダーシップがいまだに圧倒的に白人および男性に握られているという明白な事実に触れるのを避けている。彼は、アップルの上層部に女性や有色人種の人々を登用することで一歩前進したが、全くもって十分とは言えない。彼はアップルとハイテク業界を変えるため、真摯な努力をしているようだ——そしてこれらの変革には時間がかかることは事実である——が、より多様性のある企業になるために、アップルにはできること、そしてやるべきことがまだ数多く残されている。

クックは、障害者や退役軍人のような、話題に上がることの少ないマイノリティの雇用を積極的に奨励しており、トップの人たちは多様性についてもっと発言するべきだと考えている。彼は、キング牧師の「善良な人々が沈黙することの恐ろしさ」という言葉を引用し、この問題の原因の1つは、善良な人々が発言しないことだと語った。

多くのCEOがこの問題に取り組むことだけでは不十分だが、声を上げることが難しいのも事実だ。「なぜならこの社会では、残念なことに沈黙を保つことが利益となるのです。しかしこのままでは、国も、産業も、企業も、前に進むことはできません。沈黙したままでは、多様性の問題を解決することはできないのです」。これを解決するためには、この問題について声を上げ、それに取り組むためのプログラムを立ち上げなければならない。「私は鏡に映る自分自身に、私は十分にやっているだろうかと問うのです」とクックは語った。「そしてその答えがノーであるなら、私は自分ができることをさらにやっていきます」。

クックは、変化が起こることに対して楽観的だった。「我々が変化を生み出すことを確信しています」。彼はマーシャブルに対してこう語った。「解決できない問題ではありません。さすがに一晩のうちにとまでは言えませんが、すぐに解決できる問題なのです。なぜならこの問題の多くは人間によって作られたものなので、修正することができるのです」。そして彼は自分の力のすべてを注ぎ込み、問題を修正しようとしている。「もし、あなたがたが我々と同じように、多様性はより良い製品を生み出すことにつながると信じ、そして我々皆が、人々の生活を豊かにするために製品を製造し、あなたがたが本当に重要だと思うものにエネルギーを注ぐのと同じように、多様性にもエネルギーを注いでくれたのなら、解決は可能なのです」。

女性を昇進させる

クックはしばしばハイテク分野における女性の数について懸念を表明している。「このままでは、アメリカはこの分野でのリーダーシップを失うだろうと考えています」と、彼は『オーバーン・プレインズマン』紙にこう語った。「女性は非常に重要な労働力です。理系分野における女性幹部の割合が依然として低いままならば、アメリカはまだまだ変わっていく必要があるというのが事実なのです」。

クックは、女性がハイテク業界でのキャリアに関心がないと語るのは、何も対策を講じないことへの言い訳をしているにすぎないと主張した。代わりに彼は、業界には女性たちを惹きつける責任があると語った。「これは、我々の業界全体の責任であると私は考えています。我々の多くは、若い女性に手を差し伸べ、この業界で働くのはクールで楽しいことだと十分に思わせることができていないのです」。

理系分野へ進む女性を増やすための重要な方法の1つは、女性のロールモデルを増やすことだ。最近までは、ボゾマ・セント・ジョンはアップルで最も知名度の高い女性リーダーの1人で、公の場に姿を現すことがとても多かった。業界における女性リーダーを世間にアピールすることが重要なのだとクックは語っている。手本を示すことが大切なのだ。

ＣＥＯになってからのクックは、アップルの多様性を向上させることに積極的に取り組み、女性や他のマイノリティを幹部に昇進させたり、外部から採用したりしてきた。２０１１年9月、彼はキューバ系アメリカ人のエディ・キューをインターネット関連ソフトウエアならびにサービス担当上級副社長に昇進させた。また２０１３年5月には、アフリカ系アメリカ人女性として初の環境保護庁長官を務めたリサ・ジャクソンを、環境への取り組みに対する責任者として新たに採用した。同じ年の10月には、バーバリーのＣＥＯだったアンジェラ・アーレンツを採用し、アップルの小売店を監督させた。２０１４年、クックはアフリカ系アメリカ人女性のデニス・ヤング・スミスを人事担当副社長に昇進させ、さらに２０１７年5月には、彼女を多様性ならびにインクルージョン（包括性）担当上級副社長に昇進させている。そして同じ年、ブラックロック（ニューヨークに本社がある世界最大の資産運用会社）の共同創設者で取締役のスーザン・ワーグナーがアップルの取締役に就任した。

クックはまた、毎年発行している環境報告書およびサプライヤー責任報告書の他に、「インクルージョンと多様性」に関する報告書を作成している。世間の注目を集めているこれらの報告書は、アップルがクックのもとで、どれほど真剣にこれらの問題に取り組んでいるかを示しており、会社とその幹部たちが常に責任を持って問題解決に取り組むよう仕向けることを目的にしているようだ。

クックがＣＥＯになってから、アップルは広告および販売キャンペーンに有色人種の人々を登場させる機会を増やしている。アップルのすべての広告およびマーケティング商材には、多様なキャストが出演している。また、基調講演に登場する女性の数も増加させた。

ジョブズの時代には、ステージには彼1人が立つことがほとんどだったが、クックの時代になると、女性を含む社員たちが新製品を紹介する機会が増えた。2015年、ビジネスニュースサイトのクオーツは、過去2年間において、アップルの基調講演で女性がステージに立った回数を公開したが、そこに並ぶのは「ゼロ」という数字だけだった。しかしクックは多くの女性をステージに上げる重要性に「完全に」同意し、2018年6月、世界開発者会議で行われた基調講演では、アップルで管理職の地位についている6人の女性がプレゼンターとしてステージに上がった。

クックは多様性を向上させることを非常に真剣に考えているようだが、残念なことに、人々の態度を変えるだけで済む話ではなく、社員の離職のペースにも左右されるため、変化のペースは非常にゆっくりとしたものになっている。現在アップルで管理職の地位に就いている社員たちは、すでに何十年も前から同社で働いており、今後もその地位を維持する可能性が高い。一般社員たちも同様で、彼らの多くは、これから20年以上同社で働く可能性が高く、その構造を変えるには、数十年かかるかもしれない。変化が起きているのは確かだが、十分な早さとは言えない。

アップルの組織構成

2014年8月、アップルの多様性に関する報告書が初めて公開されると、そこにはすでに多くの人々が知っていた事実――大部分が白人および男性に占領されているという事実――が記されていた。2014年、同社の世界全体の労働者の70%は男性で、女性はたった30%だった。アメリカ国内では、社員の55％は白人で、その次に多いアジア系は15％だった。ヒスパニックは11％、黒人（国内の人口比では13％を占めている）は7％で、特定の民族を選択していない人たちが残りの12％を占めた。そしてさらに残念なことに、これら少数のマイノリティの大半は、給与の高いエンジニアやマネジメント、幹部としてではなく、小売店で働いていた。

クックはこの結果に対して失望を表明した。「ＣＥＯとして、私はこの数字に満足していません」。アップルの公式サイトに掲載された多様性に関する報告書の声明の中で、彼はこのように語った。「我々はこれらの数字を以前から把握しており、改善するためにかなり長い間努力してきました。実際にこの取り組みは進歩を遂げており、我々は製品開発に捧げるのと同じくらいの熱意を持って、多様性を前進させていくことを約束します」。彼はアップルの多様性を向上させるという約束を再度表明した。

しかし、ここ数年で状況はあまり改善されていない。２０１７年11月の時点で、女性はほんのわずかに増加したが、人種的なマイノリティの割合は減少していた。アメリカ国内では、アップルの技術労働者――小売店で働く人々を含めた一般社員――の52％が白人で、77％が男性だった。その前年は55％が白人、77％が男性だった。人種的マイノリティ――黒人やヒスパニック、および複数の人種的ルーツを持つ人々――の割合は、18％から17％とわずかに減少していた。

そして依然として、アップルの管理職は白人および男性に占領されている。同報告書によると、そのうち男性は71％、白人は66％（前年から1％しか減っていない）だった。そしてアジア系は23％（前年の21％から増加している）、黒人やヒスパニック、ならびに複数のルーツを持つ人の割合に変化はなかった。

報告書に記載された管理職の割合は、企業のトップに多様性がないことを示している。ここに記載された17人の幹部のうち、11人は白人男性、３人は白人女性だった。それ以外の内訳は、アフリカ系アメリカ人女性、ヒスパニック男性、アジア人女性がそれぞれ1名ずつという結果となった。しかしアップルは変化を加速させようとしており、この報告書の対象となった年（２０１６年7月〜２０１7年7月の1年間）に新たに雇用された人々の半数は、女性または人種的なマイノリティのいずれかであった。

残念なことに、これでもアップルはシリコンバレーのいくつかの競合他社よりは健闘していると言える。フェイスブックやインテル、グーグル、ツイッター、そしてマイクロソフトといった競合他社は、その労働者人口の約50％が白人、30〜40％がアジア系、そしてヒスパニックと黒人は約10％というところがほとんどである。アップルは、その中ではヒスパニックと黒人の割合が高いが、彼らの多くは比較的給与の低い小売部門で働いており、ほとんどはパートタイムで、基本給以外の手当ては少なく、昇進の機会も限られている。

株主からのプレッシャー

アップルは、特に幹部レベルの多様性を向上するよう株主からプレッシャーをかけられてきた。2017年5月、クックはアップルに長年勤めていたデニス・ヤング・スミスを多様性およびインクルージョン担当副社長に昇進させたが、彼女がその職に就いていた期間は1年にも満たなかった。長年にわたって順調にキャリアを築いてきた彼女は、はっきりとした理由を明かさないままアップルを去ったが、とあるカンファレンスでその場にそぐわない発言をして聴衆を驚かせており、そのことが彼女の運命を決定づけたようだった。彼女のコメントは次のようなものだった。「1つの部屋に、青い目で金髪の白人男性が12人います。しかし彼らは、それぞれ異なる人生経験を持ち、人生について異なる見方をしているので、十分に多様性のある議論ができていると言えるのです」。

このコメントには、アップルのほぼ白人男性で占められた経営陣を的外れに擁護する意図があったと見られ、広く報道された。スミスは後日、社内メールで謝罪したが、数カ月後には会社を後にした。彼女が自ら辞めたのか、解雇されたのかは定かではない。彼女は20年の間アップルに勤めており、小売店の採用責任者に任命された後、何度かの昇進を経て、多様性の責任者になっていたため、彼女の突然の退職に人々は驚きを隠せなかった。彼女の後任には、コンサルティング会社のデロイトで業務執行役員を務めていたクリスティ・スミスが選ばれた。

2013年12月、アップルは、トリリアム・アセット・マネジメント社とサスティナビリティ・グループという2つの株主グループからの批判を受けて、取締役会の多様性を高めるために会社定款《ていかん》を改訂した。当時は、元エイボンCEOのアンドレア・ジュングがアップルの取締役会で唯一の女性だった。ブルームバーグによると、この批判を受けて、アップルは「取締役会は、女性とマイノリティグループから優秀な人物を積極的に探し出し、その中から取締役の候補を選ぶことを約束する」という変更を定款に加えたという。

また同社は、経営幹部と取締役会の多様性の向上を要求する活動家の株主からのプレッシャーにさらされている。2度にわたる株主総会で、株主のアントニオ・アビアン・マルドナード2世は、上級管理職と取締役会の多様性を高めるための「急進的な採用ポリシー」をアップルに要求した。同社はまだ白人率が非常に高く、これは今後の事業に支障をきたすことになるとマルドナードは語った。「アップルや他の企業は、その地位に適したマイノリティの候補者がいないという言い訳をしていますが、それは全くのごまかしにすぎません」。

アップルの2015年の株主総会で、マルドナードは同社におけるマイノリティのリーダーシップについて、クックに直接質問した。そして返ってきた答えに満足しなかった。「ティム・クックは守りの姿勢を貫いており、自分たちが多様性のことを考えている証として、2人の黒人が管理職に就いていること——しかし2人とも上級管理職ではない——を挙げました」。マルドナードはこのように語った。「個人的には、侮辱されたように感じましたね。完全に『形だけの平等主義』が浮き彫りになっていましたが、彼はそれを認めようとしませんでした」。

アップルの取締役会は、これまでのところマルドナードの提案を拒否している。彼らは、急進的な採用ポリシーは「必要がなく、適切とも言えません。なぜなら、我々はすでにインクルージョンと多様性に対する総合的な公約を提示しており、この2つに関する取り組み、およびこれらの取り組みに関する進捗状況についての詳細な情報を、当社のウエブサイト（apple.com/diversity）で入手できるようにしているのです」。

しかしマルドナードは重要な指摘をしていた。アップルは、特にその上層部においては多様性があるとは言えず、取締役会の解答は、不誠実な言い訳にすぎないということだ。同社はこの問題をうやむやにしている。マルドナードが言うように、アップルは急進的な採用ポリシーを取り入れるべきだ——すべての階層、特に上層部で——なぜなら変化は十分な速度で進んでいないからだ。「意味のある変化には時間がかかります」。多様性に関する報告書で、アップルはこのように述べている。「これまでの成果を誇りに感じていますが、我々にはまだやるべきことが数多く残されています」。

教育におけるクックの取り組み

クックはあらゆるレベルで多様性を向上させるため、いくつかの取り組みを行っている。そして多様性の向上には、まず理系の学位を持つ女性や人種的なマイノリティの数を増やす必要がある。アメリカにおいて、将来的に成長する見込みが最も高い産業はハイテク分野だが、国内の産業エンジニアの女性率はたったの17・1％である。「これが現実です」とクックは語った。「将来的に、我々は人材不足に悩まされることになるでしょう。本来あるべき優秀な労働力を失いつつあるのです。国を挙げて変革を後押しすることが必須であると私は考えます」。

女性とマイノリティの求職者の不足に対抗するために、アップルは非営利の教育団体と数年にわたって数百万ドル規模のパートナーシップを結んでいる。また同社は、「女性や黒人／アフリカ系アメリカ人、ヒスパニック、またはネイティブアメリカンの大学生」の授業料の支払いを支援するため、1万ドル（約110万円）のプロダクト・インテグリティ・インクルージョン・アンド・ダイバーシティ・スカラーシップという奨学金プログラムを立ち上げた。このプログラムは、アップルが最初の多様性に関する報告書を発表し、そこで世界中の社員のほとんどは白人男性で占められていることが明らかになった直後の2014年に開始された。アップルは、この奨学金によって、女性やマイノリティがハイテク業界でのキャリアを考えるようになり、そしていつの日か、彼らがアップル・パークで働くようになることを望んでいる。

2015年、アップルは、より多くの女性や人種的マイノリティ、および退役軍人がハイテク業界で働くための支援をしているグループに対し、5000万ドル（約55億円）以上の寄付を行った。そして歴史的に黒人の多い公立大学（HBCU）に入学する学生を支援しているサーグッド・マーシャル大学基金に4000万ドル（約44億円）を寄付した。この基金は、ハワード大学やグランブリング州立大学、ノースカロライナA&T州立大学などを対象としており、この寄付金は奨学金とスタッフの教育、そしてアップルでの報酬型インターンシッププログラムに使われることになっている。サーグッド・マーシャル大学基金の会長兼CEOであるジョニー・テイラーは、この基金がこれまで応じた中で最大のパートナーシップだと語った。「アップルとの提携を他と違うものにしているのは、それが我々のなすべきことのすべてを包含している点にあります。HBCUにこれまで提供された中で、最も包括的なプログラムです」と彼は語った。

またアップルは、より多くの女性技術労働者の育成を支援するために、国立女性情報技術センターと提携し、4年間で1000万ドル（約10億円）――この組織へのこれまでの寄付で最も大きな金額――を寄付し、インターンシップや奨学金、その他の教育プログラムを支援し、今後数年間で1万人の中学生に貢献することが見込まれている。

しかしアップルだけではない。サーグッド・マーシャル大学基金が、ナショナル・バスケットボール・アソシエーション（NBA）とウォルマートから多額の寄付を受ける一方、NCWITはマイクロソフトやグーグル、シマンテック、その他のハイテク企業から資金提供を受けている。フェイスブックとグーグルの2社は、より多くの女性がコンピューター・サイエンスを学ぶことを奨励する団体と提携している。フェイスブックは、コンピューター・サイエンスの早期教育プログラムであるガールズ・フー・コードと提携し、グーグルは、3Dプリントとファッションを教えるメイド・ウィズ・コードというイニシアティブを立ち上げた。

「我々は、マイノリティの人々が学校を出て最初の就職先にアップルを選択する機会を増やしたかったのです」。インクルージョンと多様性の元責任者であるヤング・スミスはこう語っている。「これには非常に大きな利点があり、我々は多様性とインクルージョンなしでは革新は不可能であるという事実を常に念頭に置いています」。

早いうちに種をまく

人材のパイプラインを増やすため、アップルは大学だけでなく、高校や中学校、さらには小学校まで支援の手を伸ばしている。「我々は、理系科目に興味を持つ子どもたちを増やすために学びと開発の場を提供し、幼稚園から高校3年生までの期間を通して、より多くのパイプラインを築こうとしています」。アップルの人事担当副社長であるディアドラ・オブライエンはこう語った。この問題はクック個人にとっても重要なものであり、それがアップルの核となる価値観の1つに教育を掲げた理由の1つとなっている。2015年、彼は次のように語っていた。「素晴らしい公教育制度に恵まれていなければ、今日の私は存在していません。しかし、多くの子どもたちはその恩恵を受けられていないのが現状であり、とても公平とは言えません」。

アップルは、教育に対する取り組みの一環として、2014年に米国政府によるコネクテッド（ConnectED）プログラムに1億ドル（約110億円）を寄付し、バラク・オバマ大統領は一般教書演説で同社を賞賛した。2013年6月にオバマ大統領のもとで始まったこのプログラムは、全国の幼稚園から高校3年生までの教室に、ブロードバンド接続環境を整備することを目的とした100億ドル（約1兆1000億円）規模の計画だった。ホワイトハウスによると、このプログラムが開始された当初、すでにブロードバンド接続が可能だった学校は、全体の40％にも満たなかった。オバマ政権は、２０１８年までにこれを99％まで引き上げることを目標としていた。教室におけるブロードバンド接続を調査している支援団体のエデュケーション・スーパー・ハイウェイが２０１７年に発表した報告書によると、公立学校の94％に高速インターネット環境が整備され、約４０００万人のアメリカ人学生がこの恩恵にあずかっているという。これは大きな成果だが、やるべきことはまだ残されている。依然として６５０万人の学生が、高速インターネット環境を必要としているのだ。

アップルとクックは、このプログラムが全国の学校にテクノロジーとサポート、および重要なインフラへのアクセスを提供することに大きな成功をおさめたと考えていた。「デジタル時代に生まれた子どもたちが学校に通い始めたとき、そこにアナログな環境しかないならば、彼らの学びを妨げることになってしまいます」。クックは、２０１６年にＣｏｎｎｅｃｔＥＤプログラムの一環でニューヨークの学校を訪問中、ＡＢＣ放送のロビン・ロバーツにこう語っている。「それでは子どもたちの創造性を引き出すことはできません。我々はすでにここを含む多くの学校にデジタル環境をもたらし、現在はまだインターネット環境が整備されていない学校に焦点を合わせています」。そして次のように付け加えた。「これは本当に素晴らしい取り組みです。我々は非常に満足しています」。

クックのもとで、アップルはエブリワン・キャン・コードという独自のイニシアティブを立ち上げた。これは、幼稚園から大学の学生たちにプログラミングを教えるための包括的なカリキュラムを提供するもので、アップルが設計したオープンソースのプログラミング言語であるＳｗｉｆｔをベースにした教師のためのガイドやレッスン、コーディングリソースや教育者フォーラムへの参加まで、すべてが含まれている。クックは、プログラミングはすべての生徒にとって不可欠なツールであり、世界中のあらゆる学校で教えられるべきだと考えている。

「もしも私が10歳のフランス人だったら、英語よりもプログラミングを学ぶことのほうが大切だと考えるでしょう」。2017年にフランスを訪れた際、現地のコンビニという情報メディアに対し、クックはこう語っている。「英語を学ぶなと言っているのではなく、プログラミング言語を使えば、世界の70億人に対して自分を表現できるということが言いたいのです。世界中のすべての公立学校で教える必要があると考えていますし、より簡単にプログラミングを始めてもらうために、我々はSwiftというプログラミング言語を開発しました。Swiftはわが社の製品と同じくらい簡単に使うことができ、世界中の人々が必要としているプログラミング言語なのです」。

クックは、MSNBC放送の「革命：アップルが世界を変える」というタイトルのインタビューでも同じことを繰り返し強調した。「私は、アメリカに強く、何よりも強くなってほしいのです。そしてそのために必要なのがプログラミングです。それは1つの言語であり、我々の生活のいたるところに存在しています。問題を解決する手段なのです。何が偽物で、何が本物なのかを見分けるには、批判的思考が必要です」。さらにこう付け加えた。「そしてアップルは、これに対する責任を負っています。企業は収益と利益を上げる以上のことをするべきなのです」。

エブリワン・キャン・コードの取り組みに加えて、アップルは小売店でプログラミングを教えるアワー・オブ・コードという無料のワークショップを開催している。このワークショップでは、子どもや大人、素人や新進の開発者かどうかにかかわらず、Ｓｗｉｆｔの基本を学ぶことができる。アップルストアに行くことができない場合には、ｉＰａｄ用のSwift Playgroundsというアプリを使うことで、子どもが自宅や学校で簡単にプログラミングを始めることができる。

クックは、新しいｉＰａｄを発表する前の２０１８年３月、シカゴのレーン・テクニカル・カレッジ・プレップ・ハイスクールで開催されたアップルの教育イベントで、「アップルは教育に深い関心を持っています。なぜなら我々は、子どもたちと先生がたを愛しているからです」と語った。「我々は創造性と好奇心を愛し、わが社の製品はすべての子どもたちの創造的才能を引き出す手助けをすることができるのです。だからこそ、教育はアップルの非常に重要な部分を40年間にわたって占めてきました」。現在のところ、.ｉＰａｄは今日の教室で主流となっている非常に安価なＣｈｒｏｍｅｂｏｏｋと比べると高価だが、ＣｌａｓｓＫｉｔやＳｃｈｏｏｌｗｏｒｋのようなｉＯＳ 11・４と一緒にリリースされたフレームワークおよびそれに付随するアプリを、学生や教師を対象に値引きすることで、今後の変革の役に立つことを願っている。

ＣｌａｓｓＫｉｔにより、開発者は生徒と教師がこれまでにないほど連携できる機能を提供する教育アプリを作成することが可能となった。このフレームワークを使用すると、教師がｉＰａｄアプリ内の特定の学習活動を簡単に発見し、必要なアプリ内で1度タップするだけで、生徒たちのｉＰａｄでそれを立ち上げることができるようになった。また、生徒は進捗状況を安全かつ個人的に教師と共有し、必要な指導をしてもらえるようになった。Ｓｃｈｏｏｌｗｏｒｋアプリは、このフレームワークと連携することで、教師が生徒のデバイスのiPadアプリに課題を送信し、その進捗状況を監視することができるようになった。

このように、アップルはクックのもとで、小学校から大学まで、将来ハイテク業界に進む女性と人種的マイノリティの数を増やすための包括的なイニシアティブを立ち上げてきた。「プログラミングを習得して大学を卒業する女性やマイノリティの数がいかに少ないかをただ傍観するのではなく、その数を増やす支援をするという根本的な結論を下したのです」。『USAトゥデイ』紙のインタビューでクックはこのように語った。「多様性を根本的に変革するためには、小学校と中学校の教育現場に徹底的に進出する必要があります」。

アップルは、特に女性の採用数を増やすことで進歩を遂げているとクックは語った。「ハイテク業界全体が劇的に変化するためには、時間以外の何かが必要なのです。そして私は、波を起こすことが重要だと考えています。その波は時間とともに大きくなって、そこで初めて変化が生じるのです」。

2017年12月に発行されたアップルの最新のインクルージョンおよび多様性に関する報告書には、同社における女性の割合は「着実に増えている」と記されていた。30歳以下の社員のうち、36％は女性であり、2014年と比べると5％増加していた。全体で見ると、労働力の32％は女性だった。管理職の女性率は29％だが、30歳以下にしぼると39％を占めていた。アップルが30歳未満の社員の割合を公表したのは、この層が新たな血――つまり企業の将来――を代表しているからだ。新たに若い社員たちが加わることで、アップルは少しずつ多様化している。

アクセシビリティ

またクックは、アクセシビリティ（利用しやすさ）を重視し、アップルのすべての製品とソフトウエアには、誰でも使えるように設計された支援技術が組み込まれている。「私たちは、テクノロジーの力によって実現される毎日の瞬間を、すべての人に楽しんでもらいたいと考えています」。アップルの公式サイトにはこのように書かれている。「だから、すべてのアップル製品が誰にでも最初から使いやすくなるように取り組んでいます」。

アップルが製造しているすべての製品——Mac や iPhone、iPad、そして Apple Watch——は、視覚や聴覚などに障害を持つ人でも使用できるように設計されている。たとえば、画面に表示されている文章を読み上げる VoiceOver テクノロジーは、視覚障害者が自分のデバイスを使用する際に役立つ機能の1つで、iPhone や iPad、Mac、さらには Apple Watch にも搭載されている。

iOS は25以上の言語の点字に対応しており、点字キーボードを内蔵している。また聴覚障害者のために、着信時に iPhone の LED ライトが点滅するように設定することができ、ビデオ通話の無料アプリである FaceTime は、手話を使って電話をかけるために広く利用されている。また視覚障害者を支援するため、iPhone のカメラアプリは顔認識と VoiceOver を利用して、誰かがカメラのフレーム内にいることを知らせる機能がついており、視覚に障害のある人でも写真を撮ることができるようになっている。また、Apple Watchの着用者は、車椅子でのトレーニングをトラッキングすることができる。さらに、iOS 12で新たに導入されたLive Listenは、iPhoneに内蔵されたマイクで音声を増幅させることで、AirPodsを補聴器のように使うことを可能にした。

「障害を持つ人々は、自らの人間としての尊厳を認めてもらえずに苦しむことが多いのです」。2013年に母校のオーバーン大学で行われたインターナショナル・クオリティ・オブ・ライフ・アワード（IQLA）の受賞スピーチで、クックはこのように語った。「技術的な進歩によって、多くの人が自信を与えられ、目標を達成していく中、彼らはその恩恵にあずかることができない場合が多いのです。しかしアップルのエンジニアたちは、このような不平等に対抗し、視覚障害から聴覚障害、さまざまな筋疾患にいたるまで、あらゆる障害を持つ人々がわが社の製品を利用できるようにするための労力を惜しみません」。

クックは、製品をアクセスしやすいものにすることで、アップルが金銭的な不利益を被る可能性があることを認識していたが、彼は気にしていなかった。「我々は、わが社の製品を使用するすべての人を驚かせ、喜ばせるために設計しており、投資収益率を気にかけることは決してありません」と彼は語った。「我々は、それが正しいことだからやっているのです。そしてそれは、人間の尊厳を尊重するために必要なことであり、私はアップルのこのような一面を非常に誇りに思っています」。

クックは、アクセシビリティに対するアップルの取り組みを頻繁に取り上げている。毎年夏に開催されるアップルのWWDCプログラマーズ・カンファレンスでの基調講演では、ステージ上または動画内で、アクセシビリティの話題を取り上げている。さらに同社は、アプリストアでもアクセシビリティを強調し、障害を持つアメリカ人法の記念日ならびに自閉症啓発月間に合わせて特集を組んでいる。

またアクセシビリティは、アップルのウエブサイトでも大々的に取り上げられており、消費者向けの情報やサードパーティのソフトウエア開発者向けのリソースが数多く載せられている。アップルは数年にわたって、グローバル・アクセシビリティ・アウェアネス・デイを祝福し、毎年5月にアクセシビリティに関するイベントや講演会、ワークショップを小売店で開催している。２０１７年以来、アップルは1万回を超えるアクセシビリティのセッションを開催している。

２０１８年のＧＡＡＤ（全世界でデジタルのアクセシビリティと、障害を持つユーザーについて語り、考えて学ぶ日）を記念して、アップルは米国全土の視覚障害者および聴覚障害者のコミュニティにおける主要な教育機関と提携し、彼らの学校にエブリワン・キャン・コードプログラムを適用する計画を発表した。プログラムをできるだけアクセスしやすいものにするために、アクセシビリティ・コミュニティの多くのエンジニアや教育者、プログラマーと提携し、必要に応じて学校と協力してカリキュラムを増やしていくことを約束した。

「私たちはアップルとの提携を始めることに興奮しています」。カリフォルニア聾《ろう》学校の校長であるクラーク・ブルックはこう語った。「このプログラムは、プログラミングを通じて、聾学生のアイデアや想像力を刺激すると同時に、ソフトウエア開発とテクノロジー業界における将来のキャリアの基盤を築くための素晴らしい方法です」。

アップルは、アクセシビリティへの取り組みが認められ、これまで数々の賞を受賞しており、例えばVoiceOverがアメリカ盲人援護協会のヘレン・ケラー功績賞を受賞している。グレッグ・ジョズウィアックによると、アップルがこの賞を受賞した後、「アクセシビリティは、会社のDNAの一部になった」という。「アップルの製品は、箱から出した瞬間から直観的に操作でき、障害を持っていてもすぐに使用することができます」。AFBの社長兼CEOであるカール・R・オーガストは、このように語っている。「アップルは他社とは異なる独自の土俵で戦っているのです」。

「我々は、アクセシビリティを基本的人権だと考えています」。アップルの世界におけるアクセシビリティ・ポリシーならびにイニシアティブ担当シニアマネージャーを務めるサラ・ヘルリンガーは、テッククランチの記者で障害者のスティーブ・アキーノにこう語った。アキーノによると、iOSのユーザー補助機能は業界で最も優れているとほとんどの人が考えているという。この功績は決して小さなものではなく、特にiPhoneが登場する前の携帯電話がどんなものだったか覚えているならば、見落としてはならないものだという。

「視力が著しく悪い人のことを考えてみてください」と彼は言った。「その人は、切手サイズのディスプレイといちいち文字を打ち込む必要のあるキーボードを備えた『能なし電話』を使うのに苦労していたかもしれません。しかしiPhoneに出会って、すべてが変わったのです……。家族や友人とメッセージのやり取りや、ルートの検索などが、それまでとは比べ物にならないほど簡単にできるようになりました。iPhoneが大衆向けの電話市場を大きく変えたように、iOSのアクセシビリティ機能は、障害者の人生を大きく変えたと言っても過言ではありません」。これらの支持や賞は、アップルがアクセシビリティに関して大きな進歩を遂げたこと、そしてその製品が世界をより良く、より包括的な場所に変えていることを示している。

2016年10月、クックは主要な製品イベント（MacBook Proラップトップのラインナップを紹介した）の最初に、『サディ』というタイトルの動画を公開し、アップルがアクセシビリティ向上のためにいかに努力しているかを顧客に思い出させた。この動画には、障害のある人々がアップル製品を使って学び、コミュニケーションを取り、仕事をし、趣味を楽しむための独特の方法が紹介されていた。この動画に登場した動画編集者のサディ・ポールソンは、脳性麻痺で身体を思うように動かすことができないが、MacのSwitch Controlを使ってこの動画を作成していた。「私の人生において最高の経験でした。忘れることはできません」。ポールソンは後に自らのブログにこう書いている。「私は本当に幸運で、自分が持っているすべてに感謝しています。このような素晴らしい機会を与えてくださったアップルならびにティム・クック氏に感謝しています。あなたがたがそのテクノロジーを皆のために使ってくださっていることを、本当にありがたく思っています」。

2017年のGAADを祝うために、クックは3人のユーチューバーとアップル製品に内蔵されたアクセシビリティの機能について話し合った――そして、なぜ誰もが使えるデバイスを追求するために、アップルは労力を惜しまないのかを説明した。「アップルは人々に物事を創造する力と、これまではできなかったことを実現する力を与えることを1番の目的としています」。クックは、聴覚障害者の支援活動をしているブロガーのリッキー・ポインターにこう語った。「そして我々は、常にアクセシビリティを人権の1つだと考えています。そのため、人権が皆のためのものであるのと同じように、我々はわが社の製品を皆が利用できるものにしたいと考えているのです」。

クックは、利益のためではなく、正しいことを推進するためにアクセシビリティを向上させていることを繰り返し強調した。「我々は、すべての人が平等な機会とアクセスを得る権利があることを非常に強く感じています」。彼は続けた。「そのため、我々がこれを投資利益率の視点から考えることはありません。全く気にかけていないのです」。クックは自らの発言に誇りを感じているようだった。

支援技術を提供している企業は他にもあるが、アップルのようにアクセシビリティを最も重要な価値観だと考える企業はほとんどない。ジョブズがずっと前にアップルに根付かせたこの価値観は、クックのもとで成長し、さらに重視されるようになっている。

第11章 ロボットカーとアップルの未来

２０１８年８月２日、アップルは歴史上初めて１兆ドル（約１１０兆円）の市場価値を持つ企業となった。これは１の後に12個のゼロがつく――１０００００００００００００ドル――という途方もなく大きな数字だ。アップルの株価は、その日の正午直前に２０７・０５ドル（約２万２６００円）に達した。ここまで株価が上昇したのは、ティム・クックがＣＥＯになったことが原因だと言っても過言ではなく、実際に彼がトップに立ってから、株価は以前の３倍になっていた。

一部の専門家は、同社が１兆ドル規模にまで成長したのは、ｉＰｈｏｎｅ――特にｉＰｈｏｎｅＸ――の成功によるものと考えている。ｉＰｈｏｎｅＸは、それまでのｉＰｈｏｎｅと比べると販売台数自体は少ないが、その斬新なデザインは価格の引き上げにつながり、大幅な収益増加に貢献していた。ｉＰｈｏｎｅに命を吹き込んだのはスティーブ・ジョブズだったかもしれないが、自社製品を新たな高みへと導き、アップルを繁栄させたのはティム・クックだった。

１兆ドルという評価額は、アップルがクックのもとで驚くほどの成長を遂げた証である。社内連絡の中で、彼は自社の成功を称え、社員たちのこれまでの努力に感謝した。ここで彼は、社員たちにこの功績を誇りに思うべきだとつづっていたが、同時に「金銭的な価値は、我々の成功を測る最も重要な尺度ではない」ことを明確にした。彼は同社が掲げる価値観の重要性をいつものように強調し、「経済的な利益は、製品とお客様を第一に考え、我々の掲げる価値観に常に忠実であり続けるという革新の結果にすぎない」と主張した。クックが新入社員から幹部社員まで、アップルの全社員の貢献に深く感謝していることはこのメモからも明らかだ。

そして最後に、この素晴らしい会社を創設し、世界中の人々の生活に大きく貢献する製品を作ってきたスティーブ・ジョブズに対して、次のような賛辞の言葉をつづり、このメモを締めくくった。

「スティーブは、人間の創造力にはどんな大きな問題をも解決する力があり、世界を変えることができると思っているクレイジーな人々が、実際にそれを実現できるという信念に基づいてアップルを創設しました。今日の世界では、我々の使命はこれまで以上に重要なものとなっています。わが社の製品は、驚きと喜びの瞬間を生み出すだけでなく、世界中の人々の生活と、その周囲の人々の生活をも豊かにする力を与えるものです。スティーブがいつもそうしていたように、我々は皆、アップルの明るい未来と、これから一緒に行うことになる素晴らしい仕事を楽しみにしていましょう。」

未来の取り組み

アップルが次に何を計画しているかは不明だが、明るい未来が待っていることは確実だ。しかし、アップルのこれまでの成功の影には、必ず挫折があった。クックとアップルが、iPhoneをこれからも同社で最も成功をおさめている製品にし続けるには、多くの努力が必要になるだろう。また、同社が次に支配する業界を検討しているとすれば、それは自動車とヘルスケアである可能性が高い。この2つは、地球上で最も大きな産業なのだ。

『インク（Inc.）』誌が毎年発表している米国で最も急成長している民間企業のリストであるInc.5000によると、ヘルスケアは米国最大の産業であり、2016年の市場規模は2450億ドル

（約2兆6700億円）に達している。物流と輸送関連の産業は年間128億ドル（約1兆3900億円）で第4位だ。Apple Watchは、ヘルスケア業界において新たなジャンルを開拓することに成功したが、アップルの自動車プロジェクトであるプロジェクト・タイタンは、瀕死の状態と言っていいほど行き詰まっているようだ。

クック主導で行われているプロジェクトの中で、最も野心的かつ興味をそそる開発の1つであるプロジェクト・タイタンは、多くの工夫を凝らした自動運転車を秘密裏に開発するというものだが、そこには多くの紆余曲折があった。

2015年、マサチューセッツ州に拠点を置く電気自動車のバッテリーメーカーであるA123システムズが、同社の多くのエンジニアをアップルに引き抜かれたと訴えたことで、この極秘プロジェクトの存在が初めて明るみに出た。「アップルは現在、A123と全く同じ分野で競合するため、大規模なバッテリー部門を開発している」。A123はこの訴訟で、アップルが「A123の社員を引き抜く攻撃的なキャンペーンを行って」おり、事業の「乗っ取り」を画策していると主張した。A123は、アップルが非常に多くの専門技術者を引き抜いたことで、自社プロジェクトを閉鎖することを余儀なくされ、「すぐに代わりの社員を見つけるために、かなりのコストをかけざるを得なかった」と主張した。

この数カ月後、億万長者のアップル投資家であるカール・アイカーンがクックへの公開書簡を発表し、その中で2020年までに自動車市場に参入すると予想されていた「Apple Car（アップル・カー)」を取り巻く噂が増えていることに触れると、この話題はさらに熱を帯びた。「我々はこの噂を信じています」とアイカーンはつづった。「アップルの機密性を尊重し、賞賛していることに変わりはありませんが、研究開発費を大幅に増加していることは、アップルが2つの新たなジャンル――テレビと自動車――に参入するという我々の確信につながっています。この2つの市場を合わせると、その規模は2兆2000億ドル(約240兆円)となり、これはアップルの既存市場の3倍の規模になります」。

情報によると、クックは、2014年にプロジェクト・タイタンを承認し、フォードの元エンジニアで、当時はアップルの製品デザイン担当副社長だったスティーブ・ザデスキーを責任者に任命した。しかし、Apple Carをめぐる議論は、iPhoneを世界に紹介したばかりだったジョブズが、テスラモーターズの新たな電気自動車――当時の自動車業界で大きな話題となっていた――に興味を持ち始めた2008年までさかのぼる。当時iPod部門を統括していたトニー・ファデルは、この議論の渦中にいた幹部の1人だった。

ファデルはアップルが自動車を作ることができると信じており、自動車のデザインを同社の既存製品のデザインと比較した。「自動車にはバッテリーがあり、コンピューターやモーターがあり、機械的な構造をしています。次にiPhoneを見ると、そこにも全く同じものがあるのです」とファデルは語っている。当時のアップルは、すでに自動車産業に参入する準備ができているようだった。「しかし、難しいのはコネクティビティと、自動運転の技術を開発することでした」と彼は続けた。

最終的にジョブズは、当時の自動車業界が苦しい状況に直面していたこともあり、自動運転車を追求しないという決断を下した。しかしその5年後、クックはアップルが巨大な自動車業界を揺るがし、世界に新たな衝撃を与える好機を見出した。

ザデスキーは、2015年はじめまでにプロジェクト・タイタンチームを編成するため、最大1000人の社員を雇用する許可を与えられた。そして、アップルが引き抜いたのはA123システムズの社員だけでなく、BMWやメルセデス・ベンツのデザイナーやエンジニアも、アップルの最初の自動車を作るチームに加わるために、クパチーノへやってきた。

彼らは、音もなく開閉する自動ドアや、仮想現実または拡張現実のディスプレイ、そして他社の多くの自動運転車のセンサーよりも目立たないものに改良されたセンサーシステムを含む、自動車のほとんどの構成要素を新たに作る方法を研究することから始めた。チームは、ハンドルさえも既存のものとは違うものにしようとし、横方向の動きにより柔軟に対応するために、地球のような球体にすることを検討していた。

アップルは、才能あるテスラの社員たちにも目を向けていた。テスラの元社員を数多く引き入れたことから、同社のCEOのイーロン・マスクは、Apple Carプロジェクトを「テスラの墓場」と呼んだことがあった。「アップルは、我々が解雇した社員たちを雇ったのです」。2015年の終わりに、ドイツの『ハンデルスブラット』紙にマスクはこう語っている。「テスラで無理なら、アップルで、という風に」。彼は自動車がアップルにとって「大きな革新の機会を与える新たな分野」であると確信していたが、自動車の製造は非常に難しいものだと同社に警告した。そしてアップルは、その難しさを身をもって体感することになる。

それまで16年間アップルで働いてきたザデスキーが、2016年1月に「一身上の都合」を理由に退社したことで、プロジェクト・タイタンチームがいかに混乱状態にあるかが公になった。Apple Carの開発者たちに、達成不可能な期限を守るよう求める一方、経営陣は、自分たちがプロジェクト・タイタンに望むものを明確にしていなかったと報じられた。

ザデスキーの計画では、ロボットによる自動運転技術を取り入れるものの、最終的には人間による運転に依存する半自動運転車を作ることになっていたが、ジョニー・アイブ率いるインダストリアル・デザインチームは、「自動車体験を全く新しいものにする」完全自動運転システムの開発を推し進めていた。しかしどういうわけか、独自のアップルブランドの自動運転車を製造することを目的として始まったこのプロジェクトは、他のメーカーが製造した自動車を動かすシステムの構築に焦点を移した。

2016年7月、アップルは、プロジェクト・タイタンの責任者にボブ・マンスフィールドを任命した。彼は13年アップルに勤め、Macハードウエア・エンジニアリング担当上級副社長となった後退職していたが、そのたった4カ月後には、テクノロジー担当上級副社長として、「未来のプロジェクト」に取り組むために再び同社に加わっていた。2016年9月、アップルは真の目的を達成するためにプロジェクトを「再起動」し、何十人もの社員を解雇したと報じられた。その1カ月後には、さらに100人以上の社員が解雇され、ブルームバーグは、アップルは2017年末にこのプロジェクトの今後について最終判断を下し、それまでは自動運転車の開発に取り組んでいくことを決定したと報じた。

この時点で、プロジェクト・タイタンの未来は暗澹《あんたん》たるもので、Apple Car――あるいは少なくとも、アップルのシステムを搭載した自動車――が日の目を見ることはないように思われた。2014年、iOS 7と同時にリリースされたiOSベースのインフォテインメント・システム（情報と娯楽の両方を提供するシステム）であるCarPlayは、アップルの自動車分野での努力の限界を表していたようだった。しかし、他の多くのプロジェクトと同様に、厄介な問題が山積みのスタートに耐えたプロジェクト・タイタンは、2017年に入っても存続し、より有望なものへと成長していた。

2017年1月、カリフォルニア州自動車局から公道での自動運転車のテストを許可されると、アップルは独自の自動運転プラットフォームを路上に出した。船舶が自動的に障害物を検出して航行するのをサポートするベロダイン社の最高性能の64チャンネル・レーザーレーダーを含む、大量のカメラやレーダー、そしてセンサーを車体の上に搭載した数台のレクサスRX450h SUVが目撃されていた。2017年6月、クックはプロジェクト・タイタンについて初めて公に語り、ブルームバーグに対し、「自動運転システムに焦点を合わせている」ことを認めた。「これは、我々が非常に重要視する核となるテクノロジーです」。そしてクックはこう付け加えた。「我々は、これをすべてのAIプロジェクトの母であると考えています。おそらく現存するAIプロジェクトの中で、最も難しいものの1つです」。

2018年に入ると、アップルは自動運転車の艦隊を作り上げ、今では約45台の自律型レクサスSUVを所有していると考えられており、シリコンバレーを走り回る姿が目撃されている。同社の自動運転技術は、「パロアルトからインフィニット・ループへ」の頭文字を取って「PAIL」と称される計画にも取り入れられており、シリコンバレーにある2つのオフィス間で、社員向けの自動運転シャトルバスを走らせることが計画されている。このプロジェクトに詳しい社員たちは、『ニューヨーク・タイムズ』紙に、アップルは独自の自動運転技術を搭載した商用車を再び走らせることを計画していると語った。

今のところ、プロジェクト・タイタンの現状は明らかになっておらず、軌道に乗っているのか、いないのかさえわからない。しかし、アップルの最大のプロジェクトの多くは、開発の際に地獄を経験してきた。例えば、アップルストアを作るプロジェクトは土壇場で廃案となり、また最初からやり直された。同様に、iPhoneの開発は、最後の数カ月まで何一つうまくいっていなかった。

しかし、プロジェクト・タイタンの失敗は、これとは違う種類の失敗に見える。製品開発だけではなく、雇用やマネジメント、そしておそらくビジョンにおいてもすでに失敗しているのだ。アナリストのホラス・デディウは、これは「ティム・クック時代における最大の失敗だ」と語った。「彼らがこのプロジェクトに多くを注ぎ込んだことは明白です。多くの人を雇ったにもかかわらず、それに見合う成果を得られていないのです」。

アップルは製造に重点を置いているが、そのことがプロジェクト・タイタンに貢献しているようには見えない。彼らは自動車を製造する新たな方法を見つけようとしており、代替となるボディ素材――現在の自動車業界の大部分は、鉄板に大きく依存している――からさまざまな購買モデルに至るまで、あらゆるものを検討しているようだ。そして、その問題のいくつか、あるいはほとんど、もしくはすべてに対して、良い答えを思いつくことができていないようだ。最終的な判断を下すのは取締役会だが、噂によると、これまでアップルは自動車業界に風穴を開けるために非常に多くの人材と資金をつぎ込んできたが、それに見合った結果を出していないと彼らは考えているようだ。

クックは、アップルのような機能的組織にとって非常に大きな罪――あまりにも多くの部外者を、あまりにも短期間のうちに雇うという罪――を犯していた。噂が本当なら、アップルは1000人以上の外部の自動車専門家を雇い、数年以内に解雇している。このプロジェクトを少しずつ社内に根付かせるのではなく、あまりに早く成長させてしまったのだ。

デディウは、アップルで長年働いているプログラマーのダグ・メルトンが、2000年代初頭にSafariブラウザを開発したときの話を例に挙げた。当時、同社はマイクロソフトのInternet Explorerを使用していたが、スティーブ・ジョブズは重要なアプリケーションを他社に依存することは望ましくないと考えていた。メルトンがサファリを開発するために雇われたとき、彼は自分の他にもう1人選んで雇うことを許可された。そして2人は、Safariがどのように機能するかをシミュレートしたデモを作成した。ジョブズがそれを承認すると、彼らは本格的な開発に向けてさらにもう1人だけ雇うことを許された。「新たな事業を始めるには、この方法が1番なのです」とデディウは語った。「いっきに大きくするのではなく、少しずつ着実に進歩させていくのです」。クックがこの過ちから学ぶとよいのだが、プロジェクト・タイタンが今後どうなるかは、時間が経ってみなければわからない。

アップル・パーク

アップルの巨大な宇宙船型新本社は、スティーブ・ジョブズの最後に携わった作品であり、ある意味では、クックが最初に携わった作品の1つだった。まだキャンパスは建設途中だったが、アップル・パークは2017年4月にオープンした。建設作業員たちが、その巨大な建物と美しい景観を仕上げる作業を行う中、アップルの社員たちは小さなグループごとに新しいオフィスに引っ越してきた。引っ越しは大仕事で、1年以上かかった。数マイル離れた古いインフィニット・ループのキャンパスから社員たちが引っ越した一方、シリコンバレーに点在する賃貸オフィスで働いていた社員たちは、空になったインフィニット・ループに引っ越していた。ある社員に言わせると、これは「悪夢のような人の流れ」だったという。

2006年4月、ジョブズは、アップルが第2のキャンパスを建設するために、9つの隣接する土地を取得したことをクパチーノの市議会に報告した。彼が設計に大きく携わり、さまざまな意味でアップル・パークのプロトタイプと言えるエメリービルのディズニー／ピクサーの本社がそうだったように、一つ屋根の下に全社員（もしくは可能な限り多くの社員）を収容することがジョブズの理想だった。

ジョブズは自分の人生の最後の2年間において、アップルキャンパスに多くの時間を費やした。彼がCEOを退任するわずか2カ月前、そして亡くなる4カ月前の2011年6月、彼は再びクパチーノの市議会に赴いて、キャンパスを建設する許可を求めた。1万2000人を収容できるこのキャンパスは、ノースタンタウ通りとノースウルフ通り、ホームステッドロード、高速280号線に隣接する旧ヒューレット・パッカードの所有地に建設された。今日、この住所はアップル・パーク・ウェイ1番地となっている。


それは合計175エーカー（約70万平方メートル）におよぶ広大な土地だった。ジョブズは、建物を巨大な円形状にすることを提案し、それがUFOに似ていることから、すぐに「マザーシップ（母船）」という愛称が付けられた。「着陸した宇宙船のようだ」とジョブズは語っている。何年も前に、彼は初代iMacが「他の惑星――ここよりも優れたデザイナーのいる惑星で作られた」ようだと冗談を言ったことがあった。アップル・パークの建物は、その惑星から地球にやってきた宇宙船のようだった。

「この建物には、平らなガラスは1枚もない」とジョブズは語った。また、巨大な地下駐車場があるため、キャンパス内に車はほとんど見えない。地下に駐車場を作ることにより、地上の駐車場は90％減少し、1200台分のスペースだけになった。そして新しいキャンパスは、既存の電力よりも「天然ガスなど、よりクリーンで安価な電力」の使用量を増やし、独自の動力源としても機能することになっていた。キャンパスには、ジョブズが得意としていたメディア向けイベントで使う講堂も建設される予定だった（これは後に、スティーブ・ジョブズ・シアターと名づけられた）。さらにビジターセンターや7500万ドル（約82億円）をかけて建設されたジム、そして1度に3000人を収容でき、毎日1万4000人の全社員の食事をまかなうことができるカフェテリアがあった。ジョブズは、自らの大志を躊躇することなく表明していた。「我々は、世界最高のオフィスビルの建設に挑戦しているのです」。市議会の議員たちに対して、彼はこのように語り、「建築を学んでいる学生たちが、この建物を見学しにやってくるでしょう」と豪語した。

アップルの計画は壮大なものだった。建設予定地には、すでに3700本の木が植えられていたが、ジョブズはこのほぼ倍の6000本まで増やすことを望んでいたため、彼はスタンフォード大学の樹木の専門家を雇い入れた。敷地内を緩やかな起伏のある緑地にするという計画は、スタンフォード大学の近くにある「ディッシュ」と呼ばれるハイキングコース――緩やかな起伏があり、上のほうに巨大な電波望遠鏡が立っている――から着想を得たものだという。さらにこの緑地計画には、近くの丘から建物に風が吹きつけるようにし、天然のクーラーのような効果をもたらすという目的もあった。

ジョブズは相変わらず厳しかった。彼は建築家のノーマン・フォスターとアップルの主任デザイナーであるジョニー・アイブの両方と緊密に協力した。このときのアイブは、インダストリアル・デザイン・スタジオを運営する日常の業務を一時的に離れ、キャンパスの建設を監督していた。

スティーブン・レビィによるアップル・パークの紹介記事には、その設計において「ジョブズ風」

の完璧主義が見られたことが指摘されていた。レビィは、「巨大なガラスパネルや、オーダーメイドのドアノブ、そして2階建てのヨガスタジオを備えた10万平方フィート（約9290平方メートル）のフィットネス&ウェルネスセンター」にどれほどの熱意が注がれたかを説明した。「フィットネスセンターの外壁に使われている石は、カンザス州の最適な採石場から切り出されたもので、ヨセミテにあるジョブズお気に入りのホテルの石壁にそっくりになるよう、まるでジーンズのように特殊なダメージ加工が施された」。

フォスターのパートナーで、このプロジェクトのリーダーの1人となったステファン・ベーリングは、ジョブズの具体的な要求を次のように回想した。「彼は、自分が望む木材を正確に知っていました。『オークがいい』や『カエデにしよう』ではなく、柾目《まさめ》で、樹液と糖分の含有量を最小限に抑えるため、冬の間に——できれば1月に伐採されたものでなくてはなりませんでした。私たちは彼の話を座って聞いていたのですが、白髪交じりの建築家たちは『なんてこった！』と思ったに違いありません」。

キャンパスがオープンした日

当初の計画では2015年にオープンする予定だったが、工事の遅れが原因で、2017年4月まで延期された。アップル・パークにおける最初のイベントは、2017年9月12日にスティーブ・

ジョブズ・シアターで開催され、iPhone XとiPhone 8が発表された。この年は、アップルで最も人気のある製品であるiPhoneが発売されて10周年となる記念の年でもあった。このイベントは、クックからジョブズに向けた感動的な言葉で幕を開けた。「スティーブは私個人にとっても、私たち皆にとっても、とても大きな存在です」と彼は語った。「私が彼のことを思い出さない日はありません」。

アップル・パークという名前は、2017年2月に初めて公表された。Apple Watchと同じようにシンプルで、ジョブズ時代によく使われていた最初に「i」を付ける名前を踏襲していなかった。建設中のキャンパスを訪れた際、スティーヴン・フライ（イギリスの著名な俳優。作家やコメディアン、司会者などマルチに活躍している）は「スティーブ・ジョブズ・キャンパスにしたほうが良かったのでは？」とクックに尋ねたが、彼は「スティーブは、名前についてもこだわっていましたから」と返している。キャンパスの名前にまつわる話は、ジョブズ時代からクック時代にかけての変遷を総括するものと言える。ジョブズは依然としてアップルを導く光であり続け、彼の完璧主義は、新たな本社の名称に影響を与えはしたが、そのシンプルなネーミングは、クックによる新時代の象徴でもあるのだ。

すべてが成功したわけではない

新しい本社のすべてがうまくいったわけではなかった。オープンしてから数週間のうちに、透明なガラスでできた壁やドアに気づかなかった社員たちが頭をぶつけてケガをし、救急車を呼んでいたことがわかっている。

誰もが新しい本社に夢中になっていたわけでもなかった。アップル・パークには、関係者以外は誰も立ち入ることができなかった。背の高いフェンスで囲まれており、一般市民が行き来することは不可能だった。『ワイアード』誌には、意図的に世間の目から隠すようになっている構造を批判する記事が掲載された。「世界で最も優れたデザイナーや建築家たちが集まっていたのだから、何か新しいことができたのではないだろうか」。記事にはこのように書かれていた。「しかし代わりに彼らが作ったのは、まるでヘソのような形をした内向きの建物だった」。

インテリアデザインと建築を専門にしたオンラインサイトのカーベッドで、ライター兼エディターを務めるアリッサ・ウォーカーも、アップル・パークの孤立性を批判した。「アップルは、これから植える予定の500億本の木を楽しむことができるように、敷地を一般に公開するつもりはないのだろうか？」と彼女は記した。「この新たな講堂で、若い世代をテクノロジーやサイエンス分野でのキャリアに触れさせるようなプログラムが開催されることはあるのだろうか？　またパーク内の素晴らしい交通システムを一般の人々と共有することはできるのだろうか？」。

建築およびデザイン分野の著名なライターであるアリソン・アリエフは、キャンパスが周辺の住宅供給と交通の両方から目を背けているとして批判した。彼女は、すでに通勤ラッシュがひどいことで有名な地域にアップルがやってきたことで、さらにひどくなることが確定したと語った。「孤立した郊外の一画にキャンパスを建設することは、そこへの通勤時間が長いものになることを意味する。アメリカ全土でも最悪の長さだ」と彼女は記した。また、このキャンパスはオフィスと同じくらい駐車スペースの確保に力を注いでいるが、託児所は1つもないことにも言及した。彼女は、アップル・パークを1950年代に多く見られた郊外のオフィスパークに例え、なぜアップルは時代錯誤な決定を下してしまったのかに疑問を呈した。「それまでの規範を壊して、新たに作り替えることで成長してきた地域において、なぜ数十年前の古臭いオフィス形態を採用してしまったのだろうか」。

2018年3月に、幹部へのインタビューのためにアップル・パークを訪問したとき、私はその建物に、印象的ではあるが生気が感じられないという感想を抱いた。多くのアップルストアと同様に、建物自体は目を引くものだが、均等に並べられた木と石の壁からは生命力を感じることができなかった。建物の内部は同じ仕様――テーブルや椅子、スツール、コーヒースタンドにいたるまで、すべて同じものが置かれていた。個々のオフィスは、どこも同じレイアウトが施され、同じ家具が設置されていた。巨大な建物全体が1つのコンセプトで統一されており、奇抜なものや人間味を感じられるものは何一つ存在しなかった。まるでコンクリートとガラスでできた巨大で完璧な大聖堂のようで、細部にいたるまで緻密に作られていたが、人間味を欠いていた。

協調を促す

アップル・パークのメインの建物は、最初から完全な円形として設計されていたわけではなかった。

円形に決定する前、ジョブズは大きなクローバーの葉のような形にしようと考えていたという。彼が家族にその図面を見せると、息子のリードは、上から見ると巨大な男性器のようだと指摘した。「一度そのイメージが頭に浮かぶと、追い払うことができなくなるんだ」。建築チームにこのニュースを伝えたとき、ジョブズはこのように語っていた。

円形にするアイデアは理にかなっていた。そこには純粋な理由があった。280万平方フィート（約26万平方メートル）の円形の建物は、アップルが1つの建物に使われる最大の湾曲ガラスの記録を破ることを可能にしたが、同時に社内の協調を促すことにもつながっていた。マーシャブルでエディターを務めるランス・ウラノフは、このことをフィル・シラーに質問した。「あるチームが円の片側にオフィスを構え、もう1つのチームは反対側にいた場合、どうなりますか？　遠すぎるがゆえに協力体制が損なわれることにならないのでしょうか」と尋ねると、シラーはすぐにこれに反論した。「むしろその反対です」と彼は答えた。「新しいキャンパスのデザインは、社内の協調を促すためのものなのです。リングの内側と外側は通路になっていて、空間を完全に横断しています。そのため内側と外側の両方から、リング全体を歩いて、セクションからセクションへと移動することができるのです」。

ほとんどの人は、この開放性をクックと結びつけて考えるだろうが、ジョブズとも関連がないわけではなかった。確かにジョブズは、個々のチームを分断させ、それぞれのプロジェクトに集中させるのを好んでいた。しかしピクサーに移ってからは、より協調的なアプローチも取り入れるようになっていた。彼は、協調と分断という相反する衝動を持っていたのだ。

ピクサーのエド・キャットムルは、著書『ピクサー流 創造するちから』の中で、何年も前にジョブズがピクサー本社の設計に取り組んでいたときに、これら2つの衝動がどのように対立していたのかを回想している。「スティーブはまず初めに、社員たちがお互いに交流せざるを得ない状況を作り出すための独特のアイデアをデザインに取り入れようとしていました」とキャットムルはつづった。ジョブズは、建物の中央にあるアトリウムの共用部だけにトイレを作るという計画を立てていた。トイレの場所を1カ所に絞ることで、社員たちはその都度建物の中心まで歩いて行かざるを得ず、その道すがら他の社員たちと交流することになるだろうと彼は考えていた。しかし、この計画はうまくいかなかった。ジョブズが社外会議でこの計画を発表すると、社員から不満の声が上がったため、渋々棚上げにしたのだった。

しかし、ジョブズとキャットムルがディズニーのオフィスを訪問したとき、ジョブズは「ディズニーの社員たちが開放的なフロアを活用し、情報を共有したり、ブレインストーミングを行ったりしているところを目の当たりにしたのです。スティーブは、何気ない会話から優れたアイデアが生まれることを強く信じていました。孤独に努力していても、創造性にはつながらないことを知っていたのです」。

ピクサーに戻ったジョブズは、建築家たちと会い、社員たちの交流を妨げるものが何一つ存在しない建物を作る計画を話し合った。階段は「開放的で、誰でも歓迎する」ことをコンセプトに設計され、昇降する社員たちがお互いの目を見て挨拶したくなるような作りになっていた。建物の共用部の大半

──トイレや会議室、メールルーム、シアタールーム、そして食事をするスペース──は、吹き抜けになっている中央1階部分に集まっていた。「この場所のすべては、社員たちが落ち合い、話をし、コミュニケーションをとることを促すために設計されています」とキャットムルはつづった。「社員たちには、1日の間で意図せずに顔を合わせる機会がたくさんあります。そうすることで、より良いコミュニケーションの流れを作り出し、社員たちが偶然出会う可能性を高めました。建物の中に、人々のエネルギーが満ちあふれているのを感じることができるはずです」。

うまくいっているようだ

アップル・パークでも同じことが言える。一般には公開されていないが、私個人は2018年3月に2、3度訪れる機会に恵まれ、そのときは人々が活発に交流する中心地という印象を抱いた。キャンパスのいたるところで、アップルの社員たちが外の敷地や建物内の内側と外側の通路を歩いているのを見ることができた。すべての回廊と吹き抜けの部分には、コーヒーの飲めるカウンターが設置されており、その場で話し合いができるようにテーブルと椅子が並んでいた。その多くは、話をする社員たちで占められていた。彼らの話の内容はもちろん明かすことはできないが、顔を合わせて交流するという、ジョブズがまさに望んでいたことが現実となっていた。

ワールドワイド・プロダクト・マーケティング担当副社長のグレッグ・ジョズウィアックもこれに同意している。彼は、建物の構造を通して、より多くの話し合いと協力体制を促進するというジョブズの計画はうまく機能していると考えている。キャンパス内のコーヒースタンドでは、話し合いをする社員たちの姿を常に見ることができる。「時には、私もそこに座って、10～15分で終わるようなちょっとした会議を行っています。そうすることで、その都度社員を集めて長時間の会議を開く必要がなくなったのです」。また、「キャンパスを横切って違うセクションに行くとき、その道すがら誰かに会うことになり、立ち止まって話をする時間ができる」ため、開放的な作りの社屋を非常に気に入っているとジョズウィアックは語った。これは社内文化が変化していることを示している。「日々の仕事のやり方は、着実に変化しています。その成果を実感できるのは素晴らしいことです」。革新的な新本社は、アップルをより良い方向に変えつつある。

次世代のiPhone、Xの到来

2017年9月12日の午前10時を過ぎたとき、ティム・クックは新たにオープンしたばかりのアップル・パークのスティーブ・ジョブズ・シアターで、最初のプレスイベントをスタートさせた。地下講堂の1000の座席は、選ばれたアップルの社員たちと、幸運にも招待状を受け取ることができた記者たちですべて埋まっていた。そして彼らは皆iPhoneの10周年を記念して発売される新機種がお披露目されるのを待っていた。

「初代iPhoneは、10年を通して技術に革命をもたらし、その過程で世界を変えました」。クックは出席者たちにこう語った。「それから10年が経った今日、この場所で、これからの10年間のテクノロジーの指標となる製品を発表するのは、まさに最適なタイミングだと言えます」。その製品とは、もちろん、アップルが「スマートフォンの未来」と称したiPhone Xだった。

iPhone Xを特別なものにしていたのは、それがiPhoneのこれまでの10年間を象徴していたことだけでなく、新しいテクノロジーを導入するため、初代iPhoneの時代からファンたちが慣れ親しんでいたデザイン言語を廃止したことだった。前面が端から端までSuper RetinaディスプレイでFace IDを搭載した初のiPhoneであるこの機種を、クックは「初代iPhone以来、最大の飛躍」と称した。

彼はフィル・シラーをステージに上げ、iPhone Xのガラスとステンレススチールの筐体、そして新たにHDRとTrue Toneに対応したシャープなOLEDスクリーン――iPhoneに初めて搭載された――について熱心に説明させた。シラーもクックと同様に、アップル史上最も素晴らしいスマートフォンを観客に見せることに興奮しているようだったが、ファンや批評家たちは、この劇的な変化をそれほど歓迎してはいなかった。

多くの人は、iPhone Xの前面を覆うスクリーンに、Touch ID指紋認証スキャナーを備えた物理的なホームボタンがないことに憤慨《ふんがい》している一方、ディスプレイの一番上に、カメラやスピーカー、Face IDセンサー用の「切り欠き」があることを醜く目障りだと感じる人もいた。また、アップルのこの進歩を歓迎した人たちでさえ、最低でも999ドル（約11万円）、容量の大きいものを選ぶ場合は1149ドル（約12万6000円）という、泣きたくなるような価格設定を受け入れるのは難しかった。

クックは、iPhone Xにこれまでのi Phone史上最高のプレミアム価格をつけるというアップルの決定を喜んで擁護した。「我々は、製品の価値に見合った値段設定を行っています」。iPhone Xの発売日直前に行われた投資家向けの収支報告で、クックはこのように説明した。「iPhone Xには、業界をリードする多くの優れた新技術が使用されており、我々はそれに適した価格を設定しました。本当に素晴らしい製品なのです」。

アナリストらは、アップルのこの強気な価格設定が報われるとは思っていなかった。彼らの多くは、iPhone Xが失敗に終わり、翌年には値下げを余儀なくされるだろうと予測していた。また一部の人は、アップルの熱狂的なファンによる初期需要の波が引くと、その後は十分な台数を販売することができなくなり、iPhone Xの生産は通常よりも早く終了することになると示唆していた。

しかし、現実は全く異なっていた。

2017年11月、クックはiPhone Xの注文数が「非常に多い」ことを明らかにしたが、その後も勢いは止まらなかった。四半期ごとに、アップルの他のスマートフォンよりも高い売り上げを記録し、2017年は「最新のiPhoneモデルが最も人気を集めている初めての年」となった。

2018年5月の収支報告で、クックはこの功績をアメフトのチームに例えて次のように語った。「iPhone Xは、スーパーボウルで優勝したチームのようなものです。もっと高い点で勝ってほしかったと思う人もいるかもしれませんが、チャンピオンであることに変わりはないのです。私は、この製品を非常に誇りに思っています」。

・iPhone Xは、ティム・クックのもとでも、アップルは依然として革新性のある製品を作ることができ、それに応じたプレミアム価格を設定しても顧客は離れていかないことを証明した。

第12章
アップル史上最高のCEO？

ジョブズはユニークなCEOだった。彼のような人物が現れることは、もう二度とないかもしれない。彼は単にCEOであっただけでなく、最高製品責任者――製品に関する重要な決定を下す人物――でもあった。

一方でクックが製品の開発に深く関わることはないが、そもそもその必要はない。多くの人は、彼が「製品畑の男」ではないことを理由に失敗すると予想していたが、ホラス・デディウに言わせれば、「むしろそれが良かった」のだという。

アップルとは違い、他の多くの企業では、製品畑の男がCEOになることはまれである。彼らはデザイナーやエンジニアとして、ヒエラルキーの比較的下のほうに位置することが多く、替えのきく存在であると言っても過言ではない。

もちろん、中にはジョニー・アイブのような逸材もいる。現在、アップルの最高デザイン責任者を務めているアイブは、スティーブ・ジョブズと長年にわたって緊密に協力してきた。部外者たちは、彼が素晴らしい製品をデザインし続けるために、依然としてジョブズのフィードバックやアイデア、そして手助けを必要としているのではないかといぶかっているが、ジョブズが亡くなった後に発売された一連の製品を見るに、どうやらそうではないらしい。彼の死後も、アップルはユニークで革新的な製品を生み出し続けている。

しかし、アップルのような成熟した企業に最も重要なのは、製品ではなくロジスティクス――効率的なサプライチェーンや流通、財務、およびマーケティング――だということだ。そしてクックは、このすべてに対する才能を持っていることを証明してきた。このことからデディウは、クックをアップル史上最高のCEOに位置付けたのである。

ただしデディウは、この発言が多くの人に否定されることをよく知っている。一体どう考えれば、クックがスティーブ・ジョブズよりも優れたCEOになるのか……？　ジョブズは神格化され、手の届かない存在となった。多くの人は、彼がアップル史上最高のCEOだと主張するだろう。アップルを作り、そして救済した立役者であり、最初のPC（AppleⅡ）から始まって、誰でも使いやすい初のPC（Mac）、iPod、iPhone、iPad、その他多くの製品に至るまで、テクノロジー業界における最大の発明をいくつも生み出した張本人だった。

しかし、「スティーブ・ジョブズはCEOの仕事を全うしていなかった」とデディウは説明する。それどころか彼は、ジョブズはひどいCEOだったと考えているのだ。「彼は、製品にしか興味がありませんでした」。そしておそらくそのキャリアの大半においてひどいCEOだったが、それにもかかわらずジョブズは成功をおさめていた。アップルを創設した当初、彼はそのすべてを支配する存在だったが、会社が生き残ってこられたのは、他の社員たちがしっかりと管理していたからだ。アップルへ戻ったとき、彼は素晴らしい働きをしたが、会社の規模は以前よりもかなり小さくなり、危機的状態に陥っていた。その状態から抜け出すと、彼は会社の運営をクックに任せ、自分が1番好きなこと――ジョニー・アイブと新製品を作り出すこと――に集中することができた。

つまりクックは、ジョブズが健在だった頃からすでにCEOの仕事を任されており、彼が亡くなってからも同じ役割を果たし続けているのだ。そしてクックはジョブズとは違い、アップルを経営するのに適した才能を持っている。「多くの社員を抱え、多方面にビジネスを広げている巨大企業のCEOは、ゼネラリスト（多方面の才能を持った万能型の人物）である必要があります。つまりティム・クックは、この役職に最適な人物なのです」。デディウはこのように語っている。

アップルの社員たちも、クックの能力に自信を持っている。「私たちは、わが社の将来はいまだ輝きを失っていないと考えています」とジョズウィアックは語っている。クックがCEOになってからも、「アップルの製品開発のスピードが落ちたことはありませんし、社員たちはティムのリーダーシップに強い自信を持っています。どこへ行っても彼のことを賞賛する声が聞こえてくるんです」。

クックは革新できるのか？

クックは、その背後に彼をサポートする多くの社員を有しているが、彼がCEOになってからもアップルはジョブズがいた頃のように革新的な企業であり続けることができるのか？という大きな疑問は常について回っている。

ジョブズには華々しい実績があった。キャリアの初期において、彼はApple Ⅱを開発し、自らパーソナルコンピュータ時代の到来を告げた。その後は初代Macintoshや iPod、iPhone、iPadの開発を主導し、Mac OS Xや iTunes、App Storeのような複数の革新的なソフトウエアの開発にも携わった。

しかし、ジョブズがCEOだったとき、彼は今のように尊敬されてはいなかった。当時のアップルは、PC市場で苦戦していた。ほとんどの専門家たちは、マイクロソフトがやっていたように、ソフトウエアを他のPCメーカーにライセンス供与することを強く勧めたが、もしそうしていれば、おそらくアップルは倒産していただろう。さらに、iPodは1度限りの幸運なヒット作と見られていた（そしてここでも専門家たちは、他の企業にiTunesのライセンスを供与することをアップルに強く勧めていた）。iPhoneは当初、高価な失敗作だと馬鹿にされていた。あまり知られていないが、当時マイクロソフトのCEOだったスティーブ・バルマーは、「iPhoneが市場で大きなシェアを獲得する可能性はない」と語っていた。その後ジョブズは、バルマーが間違っていたことを証明した。

ジョブズはその頃ちょうど、がんで体調を崩していたが、iPhoneが発売されてようやく彼の評判は好転した。しかし彼が存命の間は、彼の革新能力に不安を感じていた人が多かった。「人々はそのことを忘れています」とジョズウィアックは語っている。「我々は長い歴史の中で、革新的な製品――つまりジャンルそのものを根本から変えてしまう製品――を頻繁に生み出し続けていたわけではありません」。実際、ジョブズのキャリアを見ると、ジャンルそのものを変えた製品を発売するまでには、何年もの空白期間が存在している。AppleⅡが発売されたのは1977年だが、その後最初のMacが発売されたのは7年後の1984年である。ジョブズがアップルに戻った後、最初のiMacが発売されたのは、それからさらに14年後の1998年である。iPodとMac OS Xは、iMacから3年後の2001年に発売され、iPhoneは、iPodから6年後の2007年に発売されている。そしてiPadは、それから3年後の2010年に発売されている。

そしてこれらの主要製品の多くは、軌道に乗るまでに時間を要した。ｉＰｏｄは、発売されてから3年後、ＵＳＢを追加してＷｉｎｄｏｗｓフレンドリーな製品にするまで、大ヒットすることはなかった。ｉＰｈｏｎｅは、最初に発売されてから約3年経つまでヒットしなかった。アップル製品が発売後すぐに成功をおさめることは非常にまれである。

スティーブ・ジョブズは、今ではこれらの素晴らしい製品の立役者として然るべき名声を得ているが、彼がそこまで到達するのは決して簡単ではなかったという事実は覚えておくべきだろう。そして、革新的な製品が受け入れられるには時間がかかるという問題に直面しているのはクックも同様である。

革新には時間がかかる

クックの時代では、Ａｐｐｌｅ Ｗａｔｃｈがこれと同じパターンをたどっている。クックのもとで発売された最初の主要な新ジャンルの製品であるＡｐｐｌｅ Ｗａｔｃｈは、当初は不信感をもって迎えられ、一笑に付されることもあった。初期のレビューでは、面白いおもちゃではあるが、世界を変える製品ではないという評価を得ていた。

しかし3年後、Ａｐｐｌｅ Ｗａｔｃｈはスマートウォッチ市場で最大の勢力となり、スイスの時計業界全体よりも大きな規模となっていた。アップルはこれまでに4600万台を売ったと推定されており、今後数年間でさらに大きく成長する可能性がある。

Apple Watchは、アップルの健康とウェルネスに対する熱意を形にしたプラットフォームである。HealthKitやResearchKitのようなソフトウエアによって、着用者が自分の健康とフィットネスをモニターし、改善するのをサポートする手首装着型コンピューターの基礎を築いている。またアップルは、血糖値のモニタリングのために、新たなセンサーを追加すると噂されている。これは特に、糖尿病の人にとって役に立つ機能だが、食事やドーナツが自分の血糖値に与える影響を見たいと思う人たちにも受け入れられるだろう。ダイエットの方法が変わることになりそうだ。

アップルはクックのもとで、世界を席巻している主要製品以外に、他の多くの分野でも革新を続けてきた。AirPodsは大ヒットをおさめ、ワイヤレスヘッドフォンの分野を再構築している。Apple Payはゆっくりと軌道に乗って、アメリカで最大の非接触型決済システムになりつつあり、2022年までには、全支払いの3分の1を占めると予測されている。

またクックは、拡張現実を強く支持している。この分野はまだできて間もないが、我々が自分のデバイスを使って世界と関わり合う方法を変えるであろうと予測している専門家もおり、おそらくその市場はアプリよりも大きいものとなるだろう。さらに、iPhone Xに搭載されている顔認識システムのFace IDは、セキュリティを簡単かつ手間のかからないものにしたことで高く評価されている。

Apple Watchを使ってMacのロックを解除するといった小さな改善も、その裏では複雑な作業が必要とされており、クック時代における目立たないが効果のある変革の一例である。

クック自身と同じように、これらの小さな改善は飛躍的な進歩としてもてはやされることはないが、より良い顧客体験につながり、これを積み重ねることによって、アップルはハイテク業界をリードする存在となっているのだ。

しかし、アップルが実はこれまでもずっとこの方法でやってきたことに気づいていない人は多いようだ。同社は飛躍的な発明を頻発してきたのではなく、小さな改善を重ねることで、世界を変えるような新製品の開発につなげてきたのだ。


革新は常にアップルにいる全員の頭の中にあり、社員たちはときどき、社内の壁には「今日はもう革新したかい?」と書かれたポスターが並んでいると冗談を言うほどだ。しかし、「革新とは、あなたが承認すれば、部下たちが実現できるというような簡単なものではありません」とジョズウィアックは語っている。「優れたアイデアを生み出すのは我々のような幹部だけとは限らないので、たとえ誰のものであっても良いものは尊重するようにしています。素晴らしいアイデアは、組織の下のほうに埋もれている優秀なエンジニアから出てくる可能性があります。我々はさまざまな社員の意見を聞くように心がけています」。クックは、あらゆるレベルにおける革新を重要視していることを明白にしている。そしてクック自身、新しいテクノロジーに対する眼識を持っている。「彼は、どんなテクノロジーが最終的に素晴らしい成果を生むのかを見分ける優れた才覚を持っています」とジョズウィアックは語っている。「彼は、これまでもその能力を活かして素晴らしい成果を上げてきたのです」。

教訓を得る

書類の上では、クックがアメリカをリードする活動家のCEOになる可能性は低かった。彼は共和党支持者の多い深南部に生まれた白人で、労働者階級だった。学校ではエンジニアリングやビジネスのような手堅い学問を選択し、卒業後は何十年もの間、列車を時間通りに走らせる仕事に従事していた。早期のキャリアにおいて、在庫の管理を任されていたときには、いささか冷徹で無慈悲なところがあるという評判を築いていた。サプライヤーとの不要な取引を削減したことで、収益しか気にかけていないように見えたらしい。

それに比べると、彼の前任者ははるかにリベラルな人物に見えた。穏健なカリフォルニアで育ったスティーブ・ジョブズは、長髪でヒッピーのような服装をし、ロックスターと付き合い、ベジタリアンだった。彼はボブ・ディランの熱狂的なファンで、コミューンに住んでいた。

ジョブズは、アップルをアメリカ最大の進歩的企業の1つにしたと考えられているが、そこには誤解がある。彼が主導していた頃のアップルは、常にリベラルな企業としての評判を得ていたが、実際の行動は特にリベラルであるとは言えず、それどころかフォーチュン500の殺人マシンと言っても過言ではなかった。納税を回避し、目に見える慈善寄付を行わず、アジア諸国の労働者を搾取し、中毒にしていたのだ。ジョブズがこれについて謝罪することはなく、アップルはその製品で十分世の中に貢献していると考えていた。

しかしクックが引き継いだ後、アップルは変わった。彼は、自分が倫理的な人物であることを証明し、彼の価値観は事業に不可欠なものとなっている。彼はアップルとハイテク業界全体を前進させ、倫理面での変革の後押しを行っている。少しずつではあるが、ブランド企業は、強い倫理観と核となる価値観が、もはや「持っていたほうがいい」ものから、「不可欠なものになった」という事実を認識し始めている。

倫理とコンプライアンスを管理するプラットフォームを販売しているハイテク企業、コンバーサントの共同創設者でCEOのパトリック・クインランは、レコードの論説にこう書いている。「インターネットは、消費者とブランド企業との間の障壁を取り除き、透明性と倫理観、価値観にかつてないほどの注目が集まっている。ブランド企業は早急に対応しなければならない。デジタル変革の犠牲者としてよく言及される企業——ブロックバスターやコダック、シアーズ——を忘れてはならない。倫理と価値観を優先できない、またはしようとしない企業には、同じ運命が待ち受けている」。

アップルは、労働者の搾取や納税の回避、計画的陳腐化（メーカーが商品の寿命を意図的に短く設定して製造・販売すること）など、いくつかの倫理的な過ちを非難されているが、プライバシーや環境などの問題に対する姿勢は、シリコンバレーや他の地域の競合企業とは対照的である。

ティム・クックは、アップルの環境への取り組みをはっきりと強調している。トランプ政権が気候変動への取り組みから手を引いている一方、アップルのような企業がその責任を積極的に果たしている。アップルは、再生可能エネルギーや森林の管理、および持続可能な製造業の分野に、世界を変えるほど巨額の投資を行ってきた。データセンターが中規模の町と同じくらい多くの電力を消費している中、太陽光と風力による発電所を建設するというアップルの取り組みは非常に重要なものとなっている。

同社の事業は、現在25カ国で100％再生可能なエネルギーで運営されており、これはサプライチェーンにまで拡大し始めている。リサ・ジャクソンの見積もりが正確ならば、アップルのサプライチェーン――同社の二酸化炭素排出量の70％を占めている――は、10年以内に100％再生可能エネルギーで運営されることになるだろう。さらに、他の製造業者がクックの後に従えば、製造業界全体が再生可能エネルギーに転換する可能性がある。

クローズドループのサプライチェーンも、クックの大胆なアイデアの1つである。まだ成功が証明されたわけではないが、価値のあるアイデアであることは間違いない。古い製品から新しい製品を作ることで、そのぶん新たに利用する天然資源の量を削減することができるのだ。このアイデアには長い歴史がある。環境保護活動家やデザイナーたちは、何十年もの間、「ゆりかごから墓場まで」の製造を追求してきたが、まだ実現には至っていない。しかしアップルのような規模の企業がこの取り組みに乗り出したことは、業界全体と世界にとって、大きく重要なステップである。

クックはサプライチェーンの労働条件を改善してきたが、まだ十分とは言えない。労働者の酷使はまだいたるところで行われているが、重要なのはアップルほどの規模の企業がその価値観を海外にまで広げていることなのだ。クックは、それが彼にとっての最優先事項であることを明白にし、他の企業からも注目を浴びている。

アップルによると、すでに1170万人以上の労働者が、自らの権利や、健康と安全に関する規則、およびアップルの行動規範を学んでいるという。アップルは、高度な製造技術と製造プロセスを開発するために多額の資金を費やしてきたが、それと同様の創意工夫が工場労働者の環境改善にも活用されるべきである。

またクックは、プライバシーとセキュリティに関しても同様に独創的な立場を取っている。彼は、プライバシーは基本的人権であり、言論の自由やその他の市民的権利と同様のものであると述べた。しかし、このような意見を持つ企業は珍しく、シリコンバレーの他の企業の多くは、これとは反対の意見を持っている。この地域の主要なビジネスモデルは、機器や端末の販売ではなく、広告であることはあまり知られていない。そして今日のデジタル時代においては、かつてないほどの広告であふれかえっている。フェイスブックやグーグルのリーダーたちは、顧客により多くのデータを共有することを強く勧めることで大きな利益を得ているが、アップルはそうではない。

結果的に、同社はユーザーの個人データを必要とするAIや他の技術の開発に遅れを取っているかもしれないが、クックは、アップルとその顧客にとって長期的な観点から見て良い結果をもたらすことになると考えている。クックがその価値観を貫く限り、アップルがフェイスブックのようなプライバシーに関するスキャンダルに見舞われることは決してないだろう。2018年3月、このスキャンダルによって、フェイスブックの時価総額はマイナス1000億ドル（約11兆円）を記録し、マーク・ザッカーバーグは議会に引きずり出されることになったのだ。

アクセシビリティならびに多様性とインクルージョンは、同じコインの表と裏のような存在である。クックは、その責任者にリサ・ジャクソンを選び、アクセシビリティ（および教育）の取り組み）を最優先事項の1つに設定することで、真摯に取り組んでいることをアピールした。

その結果、アップルの製品は、アクセシビリティの支援団体から高い評価を受けることになり、2017年には、その革新的な取り組みが認められ、3つの主要な賞を受賞した。盲目であることがiPhoneを使う上での障壁になるべきではないと考えるアップルは、その製品が誰にとっても使いやすいものになるよう努力している。

インクルージョンと多様性に対するクックの努力は、彼が南部の州で同性愛者として生まれ育った経験が源となっている。カミングアウトしたことは、市民の務めを果たす勇敢な行為だった。クックはおそらく、世界で最も注目されている企業のトップに立つ者の中で、最もプライベートを重視している人物だが、それにもかかわらず、そのプライバシーの一部をより大きな善のために犠牲にすることを選んだのだ。彼が公にカミングアウトをしたことによって、社会から取り残された多くのマイノリティを勇気づけることにつながった。そして彼は、同性愛者は人々が考えているよりも普遍的な存在であり、世界最大の企業をうまく運営することもできるということを世界に示した。

また彼は、将来的にアップルの労働力となる多くの才能を確保するための取り組みを始めた。さらにクックは、アメリカで最高の企業とは、最も多様性のある企業だと述べ、アップルはより多様な労働力を持つ企業になるために日々取り組んでいる。進歩は遅いが、2017年のアメリカ人新入社員の半数が、ハイテク業界で過小評価されているマイノリティグループ出身であることは、大きな励みになるニュースだと言える。

クックは、利益を上げることと、善行を行うことは両立可能だという格言を自ら証明している。かつてスティーブ・ジョブズは、企業は人の集団を同じ方向に向かわせるための人類史上最高の発明であると述べていたが、クックはその一歩先を進んでいる。「ビジネスは、商業的なものだけを扱うべきではないと考えています。私にとってのビジネスは、人々の集まりに他なりません。人間に価値観が必要だと言うのなら、その延長である企業にも全く同じことが言えるのです」。クックはこのように語っている。

彼のリーダーシップのもとで、アップルは世界初の1兆ドル企業になったが、クックの成し遂げたことはそれ以上の意味があった。彼はアップルをより良い企業にし、世界をより良い場所にしたのだ。

謝辞

はじめに、私の執筆活動をサポートし、励まし、夜や週末に家を空けることに辛抱強く耐えてくれた妻のトレイシーと子どもたちに感謝を述べたい。

そして次に、私の著作権代理人のテッド・ワインスタイン、ならびにポートフォリオ／ペンギン・ランダムハウスの編集部――特にステファニー・フレリッチとニッキー・パパドプロス、レベッカ・ショーンタール――の面々に感謝を述べたい。この本がまだ構想段階にあったときから、あらゆる手を尽くして完成まで導いてくれた彼らに大きな感謝を送りたい。

また、カルト・オブ・マックブログの同僚たちがいなければ、私はこの本を書くことができなかっただろう。その中でも特に、執筆活動とリサーチに大きく貢献してくれたキリアン・ベルとルーク・ドーメルに感謝を述べたい。そして、私の長期の不在時に、ブログとカルト・キャストのポッドキャストを運営してくれたルイス・ウォレス、バスター・ハイネ、エド・ハーディー、チャーリー・ソレル、スティーブン・スミス、デイビッド・ピエリーニ、グレアム・バウアー、イアン・フックス、アミ・アイカンベリー、ならびにエルフォン・エリヤにも賛辞の言葉を贈りたい。また、リサーチやインタビューを手伝ってくれたナタリー・ジョーンズにも感謝している。

多くの支援をしてくれたアップルの広報担当のスティーブ・ダウリングとフレッド・セインツにも大きな感謝を示したい。また、アップルとティム・クックについて話すことに同意してくれた幹部の皆さん――グレッグ・ジョズウィアック、リサ・ジャクソン、ディアドラ・オブライエン、ブルース・シーウェル、そして匿名希望の方々――にも感謝しなければならない。
また、アップルとティム・クックについて話すために快く時間を割いてくれたインタビューの対象者全員にも感謝を述べたい。最後に、この本は他の出版物――ケイン岩谷ゆかりの『沈みゆく帝国』、アダム・ラシンスキーの『インサイド・アップル』ならびに『フォーチュン』誌のいくつかの記事、ブレント・シュレンダーとリック・テッツェリの『スティーブ・ジョブズ 無謀な男が真のリーダーになるまで』など――から大きな恩恵を受けていることを記しておく。

リーアンダー・ケイニー

※本書の注釈・引用元については、弊社Ｗｅｂサイトにアクセスしていただき、『ティム・クック――アップルをさらなる高みへと押し上げた天才』の商品ページ下部にある「サポート情報」よりＰＤＦファイルをダウンロードすることができます。
本書サポートページのＵＲＬ↓https://isbn2.sbcr.jp/02505

著者略歴

リーアンダー・ケイニー (Leander Kahney)

WiredやMac Weekの元シニアリポーターで、Cult of Macの運営者。20年以上にわたって、コンピューターやテクノロジーに関する記事の執筆を行っており、４点の書籍を出版しているベストセラー作家。邦訳書に、アップルの最高デザイン責任者を紹介する『ジョナサン・アイブ』（日経BP社）がある。

訳者略歴

堤 沙織 (つつみ・さおり)

フリーランスの翻訳家。1989年生まれ、群馬県在住。津田塾大学学芸学部国際関係学科卒業。大学を卒業後、働きながら翻訳の勉強をし、主に実務翻訳、クラウド翻訳の仕事に携わる。

ティム・クック

アップルを
さらなる高《たか》みへと
押《お》し上げた天才《てんさい》

2019年9月3日　初版第1刷発行

著　者　リーアンダー・ケイニー
訳　者　堤 沙織
翻訳協力　株式会社トランネット（www.trannet.co.jp）
発行者　小川 淳
発行所　SBクリエイティブ株式会社
〒106-0032　東京都港区六本木2-4-5
電話：03-5549-1201（営業部）
装　丁　竹内雄二
本文デザイン・DTP　荒木香樹
校　正　宮川 咲
編集担当　杉浦博道
印刷・製本　三松堂株式会社

落丁本、乱丁本は小社営業部にてお取り替えいたします。定価はカバーに記載されております。本書の内容に関するご質問等は、小社学芸書籍編集部まで必ず書面にてご連絡いただきますようお願いいたします。

ISBN978-4-8156-0250-5